Singen in der Schule

AF209179

Waxmann Verlag GmbH
Steinfurter Straße 555, 48159 Münster
info@waxmann.com

Erlanger Beiträge zur Pädagogik

herausgegeben von
Michael Göhlich und Eckart Liebau

Band 12

Waxmann 2014
Münster • New York

Stella Antwerpen

Singen in der Schule

Ästhetische Bildungspotentiale
des Singens und des Gesangs

Waxmann 2014
Münster • New York

Die Arbeit wurde unter dem Titel „Singen in der Schule. Über die ästhetischen Bildungspotentiale des Singens und des Gesangs" an der Universität Erlangen-Nürnberg als Dissertation angenommen.

Bibliografische Informationen der Deutschen Nationalbibliothek
Die Deutsche Nationalbibliothek verzeichnet diese Publikation in der Deutschen Nationalbibliografie; detaillierte bibliografische Daten sind im Internet über http://dnb.d-nb.de abrufbar

Erlanger Beiträge zur Pädagogik, Bd. 12

ISSN 1614-3205
Print-ISBN 978-3-8309-3010-5
E-Book-ISBN 978-3-8309-8010-0

© Waxmann Verlag GmbH, 2014
Postfach 8603, 48046 Münster

www.waxmann.com
info@waxmann.com

Umschlaggestaltung: Christian Averbeck, Münster
Titelfoto: © Stella Antwerpen
Druck: CPI buchbücher, Birkach
Gedruckt auf alterungsbeständigem Papier, säurefrei gemäß ISO 9706

Printed in Germany

Meinen Chören und vokalpraktischen Kursen,
die mich immer wieder inspirieren und begeistern

Vorwort

„Die Welt ist Klang", hat Joachim-Ernst Berendt einst geschrieben[1]; und in der Tat hören Kinder die Welt lange, bevor sie sie tasten, sehen, riechen, schmecken können. Der Hörsinn ist der erste der klassischen fünf Sinne, der differenzierte sinnliche Wahrnehmungen ermöglicht; und wenn das Kind auf die Welt kommt, so tut es seinen ersten Schrei – und hört seine Stimme damit zum ersten Mal selbst. Das Wahrnehmen und das Erzeugen von Klang (keineswegs nur „Wohlklang") gehört also zu den elementaren Merkmalen von Menschen. Auch der Rhythmus ist anthropologisch fundiert; der Rhythmus des Herzschlags ist der grundlegende Rhythmus des Lebens. Nicht nur ontogenetisch, auch phylogenetisch gehört Musik zu den ursprünglichen, ältesten kulturellen Phänomenen. Sie ist ubiquitär, auch wenn die Formen und Gestaltungen sich kulturell in höchstem Maße unterscheiden.

Das Schicksal der Musik in der Moderne indessen ist zwiespältig und ambivalent. Niemals zuvor war Musik so allgegenwärtig und niemals zuvor war sie gleichzeitig so beliebig. Schon die Kinder werden überschwemmt von dem omnipräsenten musikalischen Rauschen in privaten, sozialen und öffentlichen Räumen; und auch die Kopfhörer gehören bald zur festen Ausstattung. Aber der musikalischen Dauerberieselung steht keineswegs musikalische Daueraktivität gegenüber: In vielen Familien wird nur selten gesungen; die Abend- und Koselieder, die fröhlichen Geburtstagslieder, die Weihnachtslieder kommen dann aus dem Radio, von der CD oder vom MP3-Player. Regelmäßiges gemeinsames Singen gehört nur in einer Minderheit der Familien zum Alltag. Und das regelmäßige Sonntagssingen in der Kirche ist bekanntlich auch aus der Mode gekommen. Auch der Stadion-Gesang kann das nicht ersetzen (und ist im Übrigen eine Minderheiten-Angelegenheit).

Umso wichtiger wäre es, das Singen von Anfang an in den Einrichtungen der Erziehung und Bildung intensiv zu fördern; und zwar nicht mit dem fragwürdigen Ziel einer allgemeinen Intelligenzförderung („Mozart macht schlau"), sondern mit dem Ziel, eine anthropologisch zentrale Dimension kultureller Praxis allen Kindern möglichst gut zugänglich zu machen. Singen muss daher von Anfang an zum genuinen Kanon von Bildung und Erziehung gehören. Indessen hat das Singen auch in der Schule seinen ehemals festen Platz verloren. Dazu beizutragen, ihn in neuer Form und in neuer Begründung wiederzugewinnen, ist das Ziel dieser Publikation.

---

1   Berend, Joachim-Ernst: Nada Brahma – die Welt ist Klang, Frankfurt a.M. 1983

Die Stimme ist das erste Instrument des Menschen. Was bedeutet das und was folgt daraus? Stella Antwerpen hat sich ein großes Thema gestellt. Mit der Frage nach den ästhetischen Bildungspotentialen des Singens und das Gesanges geht es um anthropologische und bildungstheoretische Dimensionen des Themas. Damit ist ein weiter Horizont eröffnet, der viele offene und umstrittene Fragen aufwirft.

Wenn die Grundthese stimmt und man sie politisch und pädagogisch ernstnimmt, dann gehört der Gesang an prominenter Stelle in die Schule. Darum geht es in dieser Arbeit, die mitten in die aktuelle Diskussion über die Weiterentwicklung des Musikunterrichts in der Schule führt. In Frage stehen musikpädagogische und musikdidaktische Grundsatzprobleme. Es geht nicht zuletzt um das Verhältnis von Gesangsunterricht und Instrumentalunterricht, insbesondere in der Grundschule. Durch die JeKi-Debatte (Jedem Kind ein Instrument) stehen diese Fragen auch im Zentrum öffentlicher Diskussionen und bildungs- und kulturpolitischer Entscheidungen.

Der wissenschaftliche Wert der Arbeit liegt insbesondere in der gut erschlossenen und aus der Fülle des Materials schöpfenden Darstellung sehr unterschiedlicher Zugänge zum Thema. Die Kombination aus historisch systematischen, empirisch-biografischen und empirisch-institutionellen Perspektiven erweist sich als hoch tragfähig.

Diese Herangehensweise eröffnet den Weg zu einem komplexen zugleich schul- und musikpädagogischen Konzept ästhetischer Bildung durch Singen und Gesang; darin liegt der besondere praktische und politische Wert dieser Publikation.

Ich hoffe, dass diese Stimme kräftige, vielstimmige Resonanz im Diskurs, in der Praxis und auch in der Politik findet!

Erlangen, November 2013

Eckart Liebau

Inhalt

Einleitung und methodische Gesamtdarstellung

Ästhetische Bildung und das Ermöglichen von ästhetischen Erfahrungsräumen, besonders in den sinnlichen Fächern, sollten eines der höchsten Anliegen dieser Zeit sein. Die Individualität, der Wunsch nach eigenem Selbsterfahrungsraum, wird heute abgelöst von Kompetenzzuweisungen, bestimmten Verordnungen und stark verschulten Systemen, die auch im hochschuluniversitären Bereich und der Erwachsenenbildung Einzug gehalten haben. Verfahren zur Standardisierung, zur Lernüberprüfung und Leistungsmessung werden aufwändig überarbeitet und erneuert. Von Verfahren zur Bildung der Persönlichkeit, zur Bereicherung des emotionalen Dispositionsgefüges ist hingegen kaum etwas bekannt. Und doch würde es dringend benötigt werden. Das Singen in der Schule bietet ein ungeahntes Potential als ästhetische Praxis in einer Schule, die auch „anders" kann.

In dieser Abhandlung sollen die ästhetischen Bildungspotentiale, die im Gegenstand des Singens in der Schule liegen, herausgearbeitet werden. Weniger jedoch sollen kompensatorische Möglichkeiten auf dem Weg zu einer neuen Sinnlichkeit und im Kampf gegen den Alltagsstress an einer Schule aufgezeigt werden. Es geht nicht nur um die Ventilfunktion einer ästhetischen Bildung, die diese im Kontext der Schule gerne zugewiesen bekommt. Auch wenn, und dies gilt es ebenfalls herauszustellen, das gemeinsame Singen von Liedern, das Ausprobieren neuer Stimm-, Körper- oder Atemübungen einen Ausgleich zum regulären Unterricht und vielleicht auch ein Entweichen aus den schulischen Alltagsstrukturen ermöglicht, kann dies nicht das erklärte Ziel einer ästhetischen Bildung sein. Sie lässt sich nicht auf ihre Kompensationsfunktion reduzieren und ebenso wenig auf ihre positiven Nebenerscheinungen, so zeigen doch viele Studien, dass durch das gemeinsame Musizieren kognitive, soziale, gar mathematische und sprachliche Kompetenzen gefördert würden, oder eben doch nicht, wie man in neuerlichen Studien feststellt. Dies alles genügt einer ästhetischen Weltansicht nicht, verlangt sie doch zu Recht wie auch andere Weltansichten, zum Beispiel die Naturwissenschaft, ebenso ernst genommen zu werden. Nur so genügt die ästhetische Bildung dem traditionellen Bildungsbegriff. Die Rede ist von einer Bildung, die gestaltet und formt, als etwas Prozesshaftes, stets der Entwicklung Anhaftendes. Bildung ist ein nicht endender, sich in der Zeit vollziehender Prozess. In dieser Arbeit wird die ästhetische Bildung als ein durch ästhetische Erfahrung entstehendes Konfrontieren bezeichnet. Ein Weg der Konfrontation mit eigenem ästhetischem Handeln, mit einer ästhetischen Praxis innerhalb eines Erfahrungsraumes, kann das Singen sein. In den für diese Arbeit durchgeführten Interviews mit Experten, Projekt-initiatoren und Gesangslehrenden finden sich immer wieder musikbezogene wie auch nichtmusikbezogene Argumente für das Singen in der Schule. Es wird zwischen Primär- und Sekundäreffekten des Singens zu unterscheiden sein. Beide Effekte und Argumentationen eröffnen interessante Perspektiven, doch stehen hier die musikbezogenen Argumente, die Primäreffekte des Singens, im Vordergrund. Die menschliche Stimme, die unmittelbar zu einem Menschen gehört, die in die Gesamtheit des Leibes eingegliedert den Menschen begleitet, steht im Mittelpunkt der Betrachtung.

Singen, als älteste, musikalische Betätigungsform, die Auseinandersetzung mit der eigenen Stimme, als körpereigenem Instrument, welches näher als jedes eingesetzte Medium am Menschen selbst ist, kann den Prozess der Selbstwahr-nehmung, der Reflexion des Selbst, sehr gezielt einleiten. Diese Behauptung gilt es in der folgenden Abhandlung genauer zu betrachten. Ziel ist nach Be-trachtung der Kulturgeschichte und der Anthropologie des Singens unter Ein-beziehung der aktuellen Singsituation an Schulen und der neueren Gesangskon-zeptionen, eine Rahmenkonzeption zum Singen in der Schule zu entwerfen. Viele Projekte und Konzepte der aktuellen gesangspädagogischen Arbeit und der „Singlandschaft" liefern hier eine Inspiration.

Zunächst jedoch wird darzustellen sein, wie die Geschichte der Stimme und speziell des Singens in den einzelnen Zeitepochen zur Kunst stilisiert wurde, wie sich eine Gesangspädagogik entwickelte, die zwar zunächst einmal deutli-che Unterschiede zu der heutigen Gesangspädagogik aufweist, jedoch ähnliche Ziele verfolgte: So besaß man schon sehr früh einen recht genauen ästhetischen Anspruch an die Stimme des Menschen. Singen ist ein Unterrichtsfach der ersten Stunde. Das Singen spielt in der Schule seit jeher eine Rolle, so ersetzte es lange Zeit das Schulfach Musik. Seine Bedeutsamkeit und seine Wirkung fanden ihre Anwendung jedoch nicht immer nur im Positiven. Gerade in Deutschland besitzt das gemeinsame Singen auch lange nach den Zeiten des Nationalsozialismus noch einen negativen Anklang. So erinnert man sich auch heute noch an den manipulativen Einsatz der gemeinsamen Gesänge. Erst in jüngster Zeit lässt sich eine neue Singbewegung feststellen. An vielen Grund-schulen wird das Singen wieder zu einer Grundmusikalisierung genutzt. Ju-gendliche singen wieder mehr und die Zahlen der gesangsunterrichtlichen Schülerschaft[2] an Musikschulen steigen. Eine Sehnsucht nach dem gemeinsa-

---

2   Die Verfasserin bemüht sich in der Dissertation darum geschlechtsneutrale Formulierungen zu wählen. Ist dies nicht möglich, so sollten beide Geschlechter genannt werden. Häufig leiden darunter jedoch die Lesbarkeit und die Stilistik

men Singen und der Erfahrbarkeit der eigenen Stimme im Singen ist zu verzeichnen. Ein Beispiel hierfür bot auf eindrucksvolle Weise der *Day of Song* in der Gelsenkirchener Schalke-Arena im Ruhrgebiet 2010. Dort wurden 50.000 Menschen dazu eingeladen, miteinander zu singen, denn, so riefen die Veranstalter aus, jeder könne singen, jeder miteinstimmen.[3] Hier sangen ausgebildete Sängerinnen und Sänger, über 600 Chöre mit insgesamt 26.000 Mitgliedern gemeinsam mit Passanten, Interessierten und geladenen Gästen. Gemeinsames Singen erlebt eine Wiedergeburt, die sich ganz unterschiedlich an vielen Orten zeigt.

Im empirischen Teil der Arbeit, den Kapiteln 2 und 3, wird sich mit den Potentialen von Singkonzepten auseinandergesetzt. In Kapitel 2 werden qualitative Interviews, die mit Gesangsexperten geführt wurden, ausgewertet und auf die allgemeinen Potentiale des Singens hin untersucht. Hierbei werden die Interviews besonders auf folgende Kriterien hin analysiert: Kindheit und frühe, musikalische Sozialisation, Aufnahmeprüfung und künstlerische Ausbildung, entscheidende Erlebnisse/traumatische Ereignisse, künstlerische Vielseitigkeit/Paralleldisziplinen, gesangspädagogische Grundsätze, Stimmtechnik und musikalische Arbeit, Nebeneffekte der gesangspädagogischen Arbeit, Erkenntnis über gesellschaftliche Probleme, die das Singen beeinträchtigen, und die Potentiale des Singens. Die Expertenperspektive ermöglicht auch für die Untersuchung der gesangspädagogischen Konzepte innerhalb der Schule, die im dritten Kapitel vorgestellt werden, eine weitere Tiefendimension. So werden die in Kapitel drei vorgestellten Gesangskonzeptionen nicht nur miteinander verglichen, es werden auch hier wieder einzelne Themen herausgearbeitet, die zu einer ausführlichen Auflistung von Primäreffekten und Sekundäreffekten – bezogen auf das Singen in der Schule – Auskunft erteilen.

Die Arbeit mündet in die Rahmenkonzeption einer schulischen Gesangspädagogik, die keine Eine-zu-eins-Anleitung bieten, sondern lediglich Hinweise und Anregungen für weitere Gesangskonzeptionen liefern möchte. Die Rahmenkonzeption profitiert im besonderen Maße von den vorangestellten Erkenntnissen des empirischen Teils. Zahlreiche Beobachtungen anderer Projekte und Interviews mit deren Leitern und Gesangspädagoginnen und Gesangspädagogen bieten einen umfassenden Einblick in das Thema. In der vorliegenden

---

des Textes. Sollten also an manchen Stellen nicht beide Geschlechter genannt werden, hat dies entweder inhaltliche Gründe oder es wurde bewusst so zugunsten der Lesbarkeit entschieden. An diesen Stellen werden die im Sprachgebrauch üblichen männlichen Bezeichnungen verwendet, beziehen Frauen aber mit ein.

3   http://www.essen-fuer-das-ruhrgebiet.ruhr2010.de/sing/programm/sing-day-of-song.html, 04.01.2013, 13:35 Uhr

Arbeit wird das Singen multiperspektivisch zu betrachten sein. Hierbei ist die Entwicklung der Kulturgeschichte des Singens ebenso wichtig wie die Darstellung aktueller Projektarbeit in Schulen, die den Gegenstand des Singens wieder in den Vordergrund rücken.

1.   Singen in Geschichte und Gegenwart

In der folgenden Abhandlung soll zunächst die Kulturgeschichte des westlichen Kunstgesanges betrachtet werden. Ihre Entwicklungen und die einzelnen gesangspädagogischen Strömungen werden vorgestellt. Ein wesentlicher Fokus wird auch auf das Singen in der Schule gerichtet. Dieses spielt für musikunterrichtliche Prozesse eine besondere Rolle. Der Stellenwert des Singens im Musikunterricht verändert sich im Laufe der Zeit sehr. Allmählich wird das Singen in seinen Potentialen wieder entdeckt. Singen ist zudem ein anthropologisch bedeutsamer Gegenstand. Riten, Mythen und Märchen der unterschiedlichen Völker werden uns begegnen und es wird sich zeigen, dass das Singen hier eine besondere Dimension besitzt, die gerade das obere Zitat aufnimmt. Blickt man hinein in die Kulturgeschichte des Singens der westlichen Welt, so offenbart sich, dass das Singen schon in frühster Zeit ein beliebtes Tätigkeitsfeld war. Gesungen wurde in ganz unterschiedlichen Zusammenhängen und zu verschiedenen Anlässen. Eine gesangliche Professionalität entwickelte sich jedoch erst im Laufe der Zeit. Der Schulung der Gesangsstimme ging zunächst eine Schulung der Sprechstimme voraus. Bereits in der Antike war die Schulung der Stimme zu ihrer Tragfähigkeit ein erklärtes Ziel. Besonders im Rahmen des Rhetorikunterrichts gab es bereits zu dieser Zeit zahlreiche Maßnahmen zur Stimmschulung. Die Pflege und Ausbildung der Stimme wurde sehr ernst genommen. Schon der griechische Philosoph Empedokles (um 490-430 v. Chr.) lehrte die Wichtigkeit der stimmlichen Betätigung. Schreien, Vorlesen, Ausrufen und freies Sprechen wurden praktiziert und geübt, diese Tätigkeiten gehörten zu einer Art allgemeiner Gesundheitspflege.

Durch alle Zeiten hindurch versuchte man Stimmschulungsprogramme zu entwickeln. Gesungen wurde innerhalb regulärer Schulen, es entwickelten sich spezifische Gesangsschulen, aber auch außerhalb von Schule und Institutionen wurde durch alle Zeiten hindurch gesungen. Im Mittelalter wurden schließlich die ersten Gesangsschulen gegründet, die einen weiteren Schritt in Richtung einer gesanglichen Professionalität gingen. Auch die Kirche mit ihren Klosterschulen war eine wesentliche Instanz in der musikalisch-gesanglichen Unterweisung. Ein bedeutender Meilenstein in der westlichen Kulturgeschichte des Singens sind die Entwicklung einer Belcanto-Gesangstechnik und die Erfindung der Oper im 16. und 17. Jahrhundert. Hier trennt sich einmal mehr das Singen vom Kunstgesang. Singen wird in der stilisierten Form des Gesanges zur Kunst. Die Aufgabe des Gesangspädagogen veränderte sich in ihrer Intensität, war und ist jedoch von großer Bedeutung. Auch in der Schule veränderten sich Intensität und Stellenwert des Singens. So findet man im 19. Jahrhundert an Schulen kein Fach mit dem Titel Musik, wohl aber das Fach Schulgesang. Dies ändert sich mit den Jahren, bis schließlich in Schulen kaum noch gesungen wird. Nichtsdestoweniger wird weiterhin gesangspädagogisch gearbeitet und die rechte Gesangsmethode gesucht. Im 20. Jahrhundert herrscht ein gesangspädagogischer Methodenpluralismus, dessen Ausläufer noch heute in Teilen vorzufinden sind, dies wird im Folgenden genauer zu beschreiben sein.

Die westliche Kulturgeschichte der Gesangskunst ist abzugrenzen von einer gesamtweltlichen, anthropologischen Sicht auf das Singen. In bestimmten Kulturen spielt das Singen eine alltagsbegleitende Funktion. In religiösen Praktiken, bei gemeinsamer Arbeit, aber auch in Mythen, Märchen, gar im politischen Kontext war und ist das gemeinsame Singen häufig von grundlegender Bedeutung. Sicherlich folgt das Singen hier keinem vergleichbaren Kunstvollzug, wie die professionalisierte Gesangskunst dies täte, es ist dem Anlass entsprechend größtenteils eine funktionale Tätigkeit. Doch nicht immer folgt die gesangliche Praxis hier nur der vorgesehenen Funktion. Es wird zu zeigen sein, dass beide Dimensionen, professionalisierter Kunstgesang und das Singen in anthropologischer Perspektive, Schnittmengen aufweisen, was die Art und Weise des praktischen Vollzuges und die Intention der Tätigkeit angehen.

An dieser Stelle sei bereits auf die grundlegende Gemeinsamkeit beider Ausrichtungen und eine Haupteigenschaft des gesanglichen Stimmgebrauchs hingewiesen: Kaum eine andere künstlerische Betätigungsform ist so stark an die Leiblichkeit gebunden wie das Singen. Der eigene Körper wird nicht nur benötigt, wie zum Beispiel die Hände beim Malen oder Klavierspielen, er wird selbst zum tönenden Instrument. Diese überaus starke Auseinandersetzung mit dem Selbst über das Medium der Stimme macht sowohl den Kunstgesang wie auch das Singen zu einer besonderen Tätigkeit für die Ausübenden. Singen wird zum körpereigenen Potential. Wird in dieser Arbeit vom „Singen" gesprochen, so ist damit die musikalische Verwendung der Stimme gemeint. Es geht nicht nur um den Kunstgesang, sondern um jeden Stimmgebrauch, der der Ausbildung der Stimme zuträglich ist oder auf eine tragfähige Nutzung der Stimme referiert; also sind im weitesten Sinne auch Beatboxing[4], Schreien, Lallen, Hecheln, Parlando[5], Rap, Vocussion[6] und Lippen-Propellern auf Ton[7] in der Definition „Singen" für diese Arbeit enthalten.

---

4   Beatboxing = bestimmte Rhythmen, Klänge oder Drumcomputerbeats werden mit Mund, Nase oder Rachen imitiert

5   Parlando = eine musikalische Vortragsbezeichnung, ähnlich dem Sprechgesang, aber doch gesungen, schnell, stark artikuliert und mit wenig Tongebung

Im folgenden Abriss der Kulturgeschichte des Singens geht es vorwiegend um die traditionelle, westliche Kunststimme, die sich über die Jahrhunderte entwickelt, mit dem Ziel, in Oper oder Konzert gehört zu werden. Dieser europäische Gesangsstil, der häufig als Belcanto bezeichnet wird, steht in seiner Tradition in den folgenden Ausführungen im Mittelpunkt. Ebenso wird der Blick auf das Singen in der Schule zu lenken sein. Hier sind die Entwicklungen im 19. und 20. Jahrhundert von besonderem Interesse. In einem weiteren Abschnitt geht es dann auch um die Verwendung der Stimme außerhalb der Schule und auch außerhalb eines direkten Kunstvollzuges. Der Kunststimme wird die anthropologische Dimension des Singens gegenüberzustellen sein, da sie einen erheblichen Teil der Kulturen bestimmt und ausmacht. Singen allgemein und gemeinsames Singen im Besonderen sind alte und vielseitige Gegenstände der Kultur. Gesungen wird vielerorts, zu ganz unterschiedlichen Anlässen. Schnittmengen zwischen Kunstgesang und der anthropologischen Sicht auf das Singen werden aufgezeigt. Der Gegenstand soll zunächst aus den unterschiedlichen Blickwinkeln betrachtet werden.

---

6   Ähnlich dem Beatboxing, Rhythmus- und Trommelsprache wird in vokale Phrasen integriert, die sehr rhythmische und stark akzentuierte Merkmale aufweisen.

7   Eine Übung aus dem Bereich der Stimmbildung, dabei werden die Lippen angefeuchtet, geschlossen und die Luft wird so durch die Lippen gepresst, dass sich die Lippen durch den Druck gleichförmig, flatternd bewegen. Das entstehende Geräusch wird mit dem Propeller eines Flugzeuges verglichen.

1.1 Zur Kulturgeschichte des Singens innerhalb und außerhalb der Schule

Die Stimme spielt seit jeher eine entscheidende Rolle für den Menschen, ist sie doch in ihrer besonderen Funktion, als Träger der Sprache, eine nur dem Menschen gegebene Erscheinung, damit also eine spezifisch menschliche. Auch wenn die Stimmapparate mancher Tiere deutliche Ähnlichkeiten zu denen des Menschen aufweisen, ist die menschliche Stimme in ihrer Beschaffenheit doch einzigartig und ermöglicht dadurch erst die Ausbildung der menschlichen Sprache. Somit ist die Stimme das wesentliche Kommunikationswerkzeug und bietet die Möglichkeit, Sprache direkt zu vermitteln. Darüber hinaus kann die Stimme ein Spiegel des seelischen Zustandes sein. Sie kann Gefühle und Stimmungen transportieren und dies nicht zuletzt in der Kunst durch den Gesang. Als ein Instrument, das dem Körper eigen ist, berührt sie Zuhörende auf eine besondere Weise. Die menschliche Stimme besitzt nicht nur die Möglichkeit des kunstvollen Ausdruckes, sondern auch der menschlichen Gefühlsäußerung, damit wiederum der Kommunikation und gar der seelischen Befreiung. So lehrt die Alltagspraxis, wie befreiend, sogar therapeutisch, Lautäußerungen, Schreien als Ausdruck von Zorn oder als Ausdruck von Jubel wirken können. Im Kindergarten, in der Schule und in anderen Bildungsinstitutionen wird schon früh gemeinsam gesungen. Das gemeinsame Singen verbindet die Gruppenmitglieder, ist Gefühlsausdruck und schult nebenbei noch viele Kompetenzen. In der Schule kann es als wesentlicher Baustein der Grundmusikalisierung und körpereigenes Instrument eingesetzt werden.

Singen ist ein ursprünglicher Gegenstand. Durch den Einsatz seiner Stimme entfaltet der Mensch seine Kultur, sprechend und singend trägt der Mensch die Erkenntnis über seine Kultur in die Welt hinaus. Mit Hilfe seines Stimmorgans gibt der Mensch sein Wissen und sein Wesen preis. Nicht ohne Grund spielte die Stimmschulung bereits in der Antike eine wesentliche Rolle, denn man erkannte ihre Wichtigkeit besonders für die Rhetorik. Und auch heute noch wird auf eine direkte Stimmerfahrung mit einem Menschen großen Wert gelegt: in einem Bewerbungsgespräch, einem Prüfungsgespräch, einem Telefonat vor dem ersten persönlichen Treffen zweier Menschen oder gar in der klassischen Vorlesung. Anneliese Riesch fasst die Zusammengehörigkeit von Stimme und Kultur zusammen:

„Je kultivierter der Mensch ist, je mehr sollte er bereit sein, diese Kultur nicht nur auf seine Ausdrucksweise in Wort und Ton zu übertragen, sondern auch das dazugehörige Organ, die Stimme, zu pflegen und zu schulen. Dies gilt nicht nur für Sänger, Schauspieler und Redner, die eine intensive Ausbildung brauchen. Stimmbildung sollte ein wesentlicher Bestandteil jeder Erziehung sein."[8]

Riesch appelliert für eine zur allgemeinen Erziehung gehörige Stimmbildung für alle. Sie sieht die nachlässige Behandlung der Stimme durch die Gesellschaft. Andere Bereiche des Körpers werden durch Sport und Training in Schule, Freizeit und Vereinen geschult und entwickelt, dies ist eine längst anerkannte Praxis. Sportliche Betätigung des Körpers gehört zu einem gesunden Leben dazu, die Relevanz der Ausbildung und Schulung der Stimme jedoch scheint den meisten Menschen noch nicht ersichtlich zu sein. Dennoch ist die Stimme des Menschen eine Eigenschaft, die ihn ein Leben lang beschäftigt – wenn, nicht in gesanglicher Hinsicht so in jedem Falle auf seine Sprechstimme bezogen. Das Singen steht von Beginn an auch im direkten Zusammenhang mit der Stimme und dem Sprechen, denn, so fasst Friedrich Klausmeier die Ergebnisse einer Untersuchung zusammen, es muss mit dem Sprechen zusammen gelernt werden. Die Fähigkeit, singen zu können, ist dem Menschen nicht angeboren. Nur die Fähigkeit zu saugen besitzt dieser von Natur aus. Singen muss gelernt werden. Diese Fähigkeit ist ein „Produkt der Kultur und des Lernprozesses".[9] Ethnologische Untersuchungen zeigen, dass es viele Möglichkeiten gibt, sich mit der Stimme zu äußern, und diese auch unterschiedlich praktiziert worden sind. Doch nur im Abendland entwickelte sich das „schöne Singen" zum Belcanto-Ideal.[10] Dieses Stimmideal soll im Folgenden besonders betrachtet werden. Im Bereich des Singens gibt es kein gemeinschaftliches Schönheitsempfinden. Es gibt nicht das eine ästhetische Ideal einer Singstimme, welches obligatorisch für die ganze Welt gilt, dieses hat es noch nie gegeben. Um das zu verdeutlichen, zieht Gerhard Faulstich drei Zitate heran. Das erste Zitat beschäftigt sich mit dem Phänomen des Stimmvibratos. Ein gesundes Stimmvibrato ist für den westlichen Kunstgesang ein unabdingbarer Bestandteil. Gemeint ist damit das freie, gleichmäßige Schwingen der Stimmlippen. Oft wird es auch als Beben oder Pulsieren der Stimme bezeichnet.

---

8   Vgl. Riesch, Anneliese: Lebendige Stimme. Stimmbildung für Sprache und Gesang, Mainz 2008, S. 9

9   Klausmeier, Friedrich: Belcanto oder Pop. Zwei Arten des Singens, Augsburg 1999, S. 50

10   Vgl. Klausmeier 1999: a.a.O., S. 50

„Ein ausgewogenes Vibrato gehört zu einem edlen Gesangsklang wie zu
einem beseelten Geigenton; es ist in seiner ungetrübten, gleichmäßig
schwingenden Form geradezu das Charakteristikum der Schönheit des
Stimmklanges."[11]

Die westliche Kultur sieht in einem ausgewogenen Stimmvibrato das wesentliche Merkmal einer schönen Stimme, sie charakterisiert diese über ihr Stimmvibrato. Faulstich gibt jedoch Folgendes zu bedenken:

„Schönheit der Stimme ist kein absoluter Wert, weil sie ja ganz und gar
abhängig ist von dem jeweiligen Kulturkreis und seinen stimmästheti-
schen Auffassungen, in dem sie produziert wird."[12]

Das Singen kann also immer nur auf den jeweiligen Kulturkreis bezogen untersucht werden. Es bleibt ein Phänomen mit kulturellen Ausprägungen:

„Die Japaner z.B. halten die ‚Knödelstimme' für schön [...]. Im Nahen
Osten wiederum bedeutet das höchste genäselte Falsett den Gipfel der
Schönheit einer Stimme [...]."[13]

Derartige Gesangsideale unterscheiden sich sehr stark vom westlichen Belcanto-Ideal. Aus diesem Grunde wird im ersten Kapitel besonderes Augenmerk auf
die westliche Gesangskultur gelegt. Nach der Darstellung der westlichen Kulturgeschichte des Gesanges wird das Singen auch unter anthropologischen
Gesichtspunkten zu betrachten sein. Hier verlassen die Ausführungen den westlichen Kulturkreis.

Geht es jedoch um ästhetische Aspekte des Kunstgesanges, so beschränkt
sich die vorliegende Arbeit auf die westliche Gesangskultur. Auch in dieser
verändert sich der Umgang mit der Stimme im Laufe der Jahrhunderte. Es gibt
unterschiedliche Gebrauchsweisen und stimmliche Betätigungsfelder. Die
Stimme wandert von ihrem in der Antike wesentlichen Wirkungsfeld der Rhetorik im Mittelalter in den Dienst der Kirche. Erste Gesangsschulen und Gesangsideale entwickeln sich und werden in der Renaissance weitergeführt.
Bereits im Barock erlebt das Singen eine Blütezeit, da die Gattung Oper neu
entdeckt und ausgiebig praktiziert wird. Es entstehen zahlreiche Gesangsschu-

---

11 Habermann, Günther: Stimme und Sprache. Stuttgart 1986, S. 129, zitiert nach
    Faulstich, Gerhard: Singen lehren – singen lernen: Grundlagen für die Praxis des
    Gesangsunterrichtes, Augsburg 1997, S. 110
12 Faulstich, Gerhard: Singen lehren – singen lernen: Grundlagen für die Praxis des
    Gesangsunterrichtes, Augsburg 1997, S. 110
13 Habermann 1986, zitiert nach Faulstich 1997: a.a.O., S. 110

len und Ideale, die zum Teil auch in den folgenden Jahrhunderten Bestand haben oder verändert werden. Im 19. und 20. Jahrhundert kämpft eine Vielzahl von Gesangspädagoginnen und Gesangspädagogen um die Anerkennung ihrer Methode. Ein Methodenpluralismus entsteht. Ausläufe dieser Tendenz finden wir auch heute noch im gesangspädagogischen Bereich. Im Folgenden werden beispielsweise unterschiedliche Auffassungen, gar Rivalitäten, zwischen den Gesangsschulen der funktionalen Gesangstechnik und der Belcanto-Technik verdeutlicht. Auch in schulmusikalischen Zusammenhängen lassen sich Unterschiede in der Wahl der Methode und der zu vermittelnden Technik nachweisen.

1.1.1 Vom ersten Stimmgebrauch

Was heute wie selbstverständlich erscheint, nämlich der Gebrauch der Stimme, machte wie vieles andere auch eine große Entwicklung im Laufe der Jahrhunderte durch. Eine genaue Antwort, ein Datum oder Jahrhundert, in dem man anfing seine Stimme tragfähig zu benutzen, kann man heute nicht mehr benennen. Jedoch stellt sich die Frage, wie Menschen in den frühesten Urzeiten ihre Stimme gebrauchten. Ernst Haeflinger gibt darauf eine Antwort:

> „Versetzt man sich zurück in Zeiten, in denen es noch keine Siedlungen, nur vereinzelt Menschen oder kleine Menschengruppen gab, so ist anzunehmen, dass der Gesang oder vielmehr der Ruf der Sprache vorausging. Der Wunsch, einen Menschen oder ein Tier herbeizurufen, ließ wohl als erstes die Tragfähigkeit der Stimme entdecken."[14]

Der erste Stimmgebrauch vollzog sich also funktional aus praktischen und sozialen Gründen. Ein Stimmgebrauch im Sinne einer künstlerischen Betätigung war noch nicht abzusehen. Die künstlerische Dimension des Stimmgebrauchs wird erst zu einem späteren Zeitpunkt relevant. So blieb die Stimme Medium, um in sozialen Kontakt zu treten, und Möglichkeit, sich künstlerisch Ausdruck zu verleihen. In der Antike wurde die musikalische Ausübung schließlich durch Vorschriften und Festschreibungen in 2 der 42 Weisheitsbüchern, den Büchern des Sängers, festgelegt und dadurch sehr begrenzt, wie Platon beklagte.[15] Auf der anderen Seite entfalteten sich aber auch freie Formen

---

14   Haeflinger, Ernst: Die Singstimme, Bern 1983, S. 8
15   Haeflinger 1983: a.a.O., S. 11

und neuartige Elemente. Die Musik der unterschiedlichen Kulturen befruchtete sich gegenseitig und hierbei wird eine Tendenz ganz deutlich: Bei allen Völkern und Gruppierungen lag ein Glaube an eine transzendentale Macht der Musik als Grundvoraussetzung vor. Musik wird also schon hier als etwas Außergewöhnliches gesehen. Sie besitzt eine besondere Kraft, etwas Magisches und schafft Situationen, die nicht immer rational greifbar sind. Dieses Potential gilt es im Folgenden näher zu betrachten.

1.1.2 Von der Antike bis zur Renaissance

Beschäftigt man sich mit der Kulturgeschichte des Singens in der Antike, so muss man sich zunächst vergegenwärtigen, dass sich die Ergebnisse dieser kulturellen Entwicklung keineswegs in jedem Falle zuverlässig darstellen lassen. Die mündliche Überlieferung hatte zu dieser Zeit einen sehr hohen Stellenwert. Viele Aspekte wurden nur mündlich tradiert und somit muss man bei der Beurteilung der Vokalkultur sehr vorsichtig vorgehen.[16]

Als gesichert erscheint in jedem Falle, dass man bereits im antiken Griechenland den Gewinn der musikalischen Ausbildung besonders als Erziehungselement der Jugend erkannte. Die Ausbildung und Pflege der Stimme hatte hier bereits einen besonderen Stellenwert. Die Stimmbildung stand zu dieser Zeit besonders im Dienste der Redekunst. Die Rhetoriker nutzten die Musikalität des griechischen und lateinischen Lautstandes. Führt man sich nur die zahlreichen Mythen, in denen Musik bereits in der Antike eine wesentliche Rolle spielt, vor Augen, so ist mit ziemlicher Sicherheit davon auszugehen, dass sich schon damals intensiv mit der Stimme und dem Singen beschäftigt wurde.[17] Einige Rhetoriker des klassischen Griechenlands vergleichen die Kunstrede mit einer musikalischen Komposition und stellen Gemeinsamkeiten heraus. Eine gelungene Kunstrede ist wie eine musikalische Komposition.

Aus dieser Zeit gibt es jedoch kaum Quellen, die etwas über den musikalisch-gesanglichen Bereich preisgeben. Besonders über die Bedeutung der ausschließlich künstlerischen Unterweisung gibt es keine genauen Aussagen.[18]

---

16   Pachner, Rainer: Vokalpädagogik. Theorie und Praxis des Singens mit Kindern und Jugendlichen, Kassel 2001, S. 11
17   Tesarek, Leopold: Kleine Kulturgeschichte der Singstimme von der Antike bis heute, Wien 1997, S. 11
18   Vgl. Pachner 2001: a.a.O., S. 9

Fest steht, dass die Musik schon bei den Griechen eine selbstständige Kunstform war. Man versuchte den damaligen Schülerinnen und Schülern ein Gefühl für Rhythmus und Melodie zu vermitteln. Ebenfalls legte man Wert auf die Schulung des deutlichen Sprechens, die formale Gestaltungskraft und die Sensibilisierung des sprachlichen Ausdrucks. Atemschulung und die Vergrößerung des Stimmvolumens waren bedeutsame Inhalte der Stimmentwicklung.[19] Die musikalische Unterweisung war zu dieser Zeit stark politisch motiviert und stand im Dienste der Redekunst. Herbert Biehle beschreibt die Musik als Teil der Musenkunst, die zudem die Poesie und den Tanz beinhaltete. Ihr gegenüber stand die Bildende Kunst: Architektur, Plastik und Malerei.[20] Diese Einteilung der Künste ist auch heute noch nachvollziehbar und durchaus anwendbar, wenn man nach einer Einteilung der Künste sucht. Für das Singen in der Antike wurden Handzeichen (Cheironomie) und auch Solmisationssilben benutzt. Gelehrt wurde das Singen durch die ständige Repetition des Vorgemachten. Besonders wichtig war dies für den Chorgesang, welchem zu dieser Zeit schon eine besondere Aufmerksamkeit galt. Das Prinzip des Vor- und Nachsingens hielt sich über viele Jahrhunderte.[21]

Auch Arnold Geering beschreibt noch einmal zusammenfassend, worauf die Griechen bei der Stimmbildung, welche für die Praxis der Rhetorik von großer Bedeutung war, Wert legten: Auf die entsprechende Atmung, Artikulation, Vokalisation und die Steigerung der Stimmkraft kam es an.[22] Die Stimme und ihr rechter Klang, der sogenannte „Wohlklang", waren sowohl für die Rhetorik als auch für den Vortrag von entscheidender Bedeutung.[23] Schon früh erkannte man also, dass eine tragfähige, gut gebildete Stimme einen besonderen Stellenwert für die Qualität eines Vortrages besitzen kann. Man beschäftigte sich bereits in der Antike mit der Bildungsfähigkeit der Stimme und entdeckte, dass diese veränderbar und trainierbar ist. Auch im Bereich der gesanglichen Stimmbildung sind Werke bekannt, die eine rechte Sängerausbildung beschreiben. Früh schon wurde eine spezielle Gesangsausbildung entwickelt, die aus dem Werke Aristides Quintilians und dem Anonymus Bellermanns bekannt

---

19   Vgl. Pachner 2001: a.a.O., S. 9
20   Vgl. Biehle, Herbert: Die Stimmkunst. 1. Band: Geschichtliche Grundlagen. Leipzig 1931, S. 2
21   Vgl. Wehmeyer, Simone: Singen in der allgemeinbildenden Schule – Musikalische und soziale Erfahrungen am Beispiel des Musicalprojektes Tabaluga und Lilli, Norderstedt 2007, S. 8
22   Vgl. Geering, Arnold: Gesangspädagogik. In: Die Musik in Geschichte und Gegenwart, Band 4, Kassel 1955, S. 1890
23   Biehle 1931: a.a.O., S. 2

war. Im Artikel „Gesangspädagogik" des MGGs (Musik in Geschichte und Gegenwart) stellt Geering die genaue Vorgehensweise in der Gesangsausbildung dieser Zeit dar. Man bediente sich der Tonsilben *ta, te* und *to*, wobei der tiefste Ton die Silbe *to* erhielt. Die Übungen wurden durch zwei Oktaven geführt und stiegen tetrachordal[24] auf und ab. Legato und Staccato übte man mit Hilfe von Silbenvariationen und Silbenverbindungen.[25] Wie die Experteninterviews und die Darstellungen der schulischen Modelle zur Stimmbildung zeigen, werden manche der einst verwendeten Übungen in ähnlicher Weise noch immer im Bereich der gesanglichen Stimmbildung eingesetzt. Die Ausbildung der vokalen Stimme war, wie schon Platon angibt, nur Jungen vorbehalten und bildete diese früh für das Singen in Chören aus. Die musikalische Ausbildung bis zum 30. Lebensjahr wurde staatlich unterstützt.[26] Schon circa 405 v. Chr. gab es Berufssänger in Griechenland, die sich die wohlklingende griechische Sprache für ihren Gesang zu eigen machten. Friedrich Herzfeld beschreibt, wie die Stimmkünstler im klassischen Griechenland behandelt wurden: Man ließ sie in eigenen Häusern wohnen und beaufsichtigte ihre Lebensweise, Verpflegung und Leibesübungen. Ihnen wurde viel Wertschätzung entgegengebracht, aber man verlangte auch Höchstleistungen von ihnen.[27] Die Menschen nahmen die Rede- und Vortragskunst, so wie die Bedeutung der Stimme bei dieser Tätigkeit, sehr ernst. Schon früh machte man sich Gedanken über den rechten Effekt eines Vortrages und differenzierte zwischen wahrer Ergriffenheit und Effekthascherei. Biehle zitiert die Worte des griechischen Philosophen Theophrast, Lieblingsschüler und Nachfolger des Aristoteles:

> „Der Redner oder Sänger muss selbst seelisch ergriffen sein, um vortragen zu können."[28]

Die Verbindung zwischen der emotionalen Verfassung, dem seelischen Zustand, und dem Stimmgebrauch wird schon zu dieser Zeit wahrgenommen. Das erste rhetorische Werk, das bis heute erhalten ist und in welchem man ausführliche Angaben über den Gebrauch der Stimme beim Vortrag findet, ist das *De rationedicendi ad C. Herennium*, welches auf die rhodische Schule des Molon zurückzuführen ist und in vier Bänden die vollständige Systematik der antiken

---

24   Viertönig
25   Geering 1955: a.a.O., S. 1910
26   Pachner 2001: a.a.O., S. 11
27   Herzfeld, Friedrich: Magie der Stimme, Berlin 1961, S. 20
28   Biehle 1931: a.a.O., S. 3

Rhetorik darstellt.[29] Das Werk stammt vermutlich aus den 80er Jahren des 1. Jahrhunderts v. Chr., ähnlich wie auch Ciceros Werk *De inventione.* Beiden Werken wird ohnehin eine gewisse Verwandtschaft nachgesagt. Ebenfalls beschäftigte man sich auch mit der medizinischen Seite des Singens, also mit Anatomie, Physiologie und Therapien für das Stimmorgan.

Bemerkenswert ist, dass in dieser Zeit bereits Gesang und Rezitation als Therapieformen für körperliche Leiden eingesetzt werden. Man kannte, so Tesarek, Therapieformen durch Gesang oder Rezitation, mit denen Magenleiden, Verdauungsstörungen und Schnupfen behandelt wurden.[30] Sowohl im Sinne der Rhetorik als auch als Ausdrucksmöglichkeit seelischer Zustände, sowie im medizinischen Bereich als Therapieform unterschiedlicher Beschwerden, wird das Stimmpotential genutzt.

Die Römer führten die von den Griechen übernommene Tradition fort. Besonderen Einfluss hatte zu dieser Zeit der Rhetoriklehrer Marcus Fabius Quintilianus, der in seinem Lehrwerk *Institutionis oratoriae. Libri XII* die Besonderheiten der Stimme beschrieb.[31] Sein Werk bestimmte über viele Jahrhunderte das Verhältnis zwischen Musik und Sprache und auch noch die Vortragslehren des deutschen Spätbarocks.[32] Bereits 80 v. Chr. kamen die Römer nach Griechenland mit dem Anliegen, die Rednerschule des Molon zu besuchen und sich in Vortrags- und Sprechtechnik ausbilden zu lassen, so zum Beispiel der römische Staatsmann Marcus Tullius Cicero.[33] Cicero hatte, wie es scheint, eine besondere stimmliche Begabung. Er konnte in seinen Reden durch seine Stimmfärbung „jede Gemütsregung"[34] deutlich machen. Ebenfalls bekannt ist, dass er sich vor einer Rede immer einsprach. Ihm war bereits bewusst, dass die Übung des Stimmausdruckes und der Stimmgebung besonders für die Rhetorik von größter Bedeutung war. Er besprach in seiner gegründeten Rednerschule deshalb nicht nur den Inhalt einer Rede, sondern auch die Stimmtechnik, also Atmung, Zungenstellung und den Klang der Stimme. Diese Parameter, so stell-

---

29 De Ratione Dicendi ad C. Herennium. ed. Fridericus Marx. Teubner, Lipsiae 1894. Nachdruck Olms, Hildesheim 1966
30 Tesarek 1997: a.a.O., S. 14
31 Quintilianus, Marcus Fabius: M. Fabii Qvintiliani Oratoriarum Institvtionum Lib. XII, ApvdSanctam Coloniam: in aedibus Eucharij Ceruicorni, & Heronis Fuchs, M. D. XXI. mense Martio
32 Pachner 2001: a.a.O., S. 11
33 Biehle 1931: a.a.O., S. 5
34 Herzfeld 1961: a.a.O., S. 29ff.

te er fest, bieten sich dem Redner, wie dem Maler seine Farben, zur Abwechslung an.[35]

Auch Nero unterzog sich bewusst dem Stimmtraining, stärkte seine Stimme und achtete sehr auf diese, indem er zum Beispiel kein Obst und Speisen, die den Hals aufrauten, zu sich nahm.[36] Er unternahm Konzertreisen und nahm auch an Musikwettbewerben teil, die für die damalige Zeit von Bedeutung waren. Zu dieser Zeit gab es schon musikalische Wettbewerbe, oder Konzerte, die für das kulturelle Leben wichtig waren. Neros künstlerische Bemühungen galten seinem Status entsprechend als unerhört, es gehörte sich nicht für einen Prinzeps. Skandalös daran war vor allen Dingen, dass ein Mann in seiner Stellung sich vor einem Publikum zu profilieren suchte. In der Aristokratie gab es gewisse Konventionen, die nicht vorsahen, dass sich der Herrscher eines Staates so verhielt.[37] Bemerkenswert ist weiterhin der von ihm selbstgewählte Art des Suizids: Als Nero von seinen Konzertreisen nach Rom zurückkehrte und sich von seinen Rächern bedrängt vorfand, nahm er seinen Dolch zur Hand und stieß sich diesen mit den Worten „Welch ein Künstler stirbt in mir" in die Kehle.[38] Nero beendete sein Leben vermutlich nicht von ungefähr mit einem Stich in die Kehle, hätte er doch ebenfalls in die Brust oder ein empfindsames Organ stechen können, oder eine andere gängige Suizidpraxis verüben können. Er wählte jedoch den Stich in die Kehle und übernahm so in gewisser Form die Herrschaft über sein Stimmmaterial, sinnbildhaft für seine künstlerische Orientierung, und vernichtete dieses gleichzeitig mit seinem Leben.

Im Mittelalter änderte sich die Schwerpunktsetzung in der gesanglichen Entwicklung. So stand die Stimmbildung nun nicht mehr im Dienste der Rhetorik, also im Dienste der Politik, sondern im Dienste der Kirche. Die Ausbildung der Stimme war ab diesem Zeitpunkt nur noch auf die Bedürfnisse des Kirchengesanges ausgerichtet.[39] Gesungen wurde in der Messfeier, durch die Gemeinde oder Chöre. Im Klosterleben sind die musikalische Schulung und das Chorsingen ein wesentlicher Bestandteil. Klöster fungierten als Hauptzentren der Chormusikschulung.[40] Das musikalische Leben und die Weiterentwicklung der musikalischen Kultur fanden zu dieser Zeit hauptsächlich hinter den Klostermauern statt. Man fixierte sich zusehends auf ein ganz bestimmtes Stimmideal. Die Stimmen sollten hoch, süß und hell klingen und somit „die Seelen

---

35 Vgl. Cicero, Marcus, Tullius: De oratore/Über den Redner, Stuttgart 1976
36 Tesarek 1997: a.a.O., S. 14
37 Waldherr, Gerhard: Nero. Eine Biografie, Regensburg 2005, S. 128f.
38 Herzfeld 1961: a.a.O., S. 29ff.
39 Tesarek 1997: a.a.O., S. 16
40 Tesarek 1997: a.a.O., S. 18

der Zuhörer gewinnen".[41] Das Ideal des Knabengesanges war geboren und wurde immer beliebter. Die Kirche richtete Knabengesangsschulen ein. Papst Gregor der Große setzte sich ab circa 600 sehr stark für die *Scholacantorum* in und führte diese unter Papst Sylvester gestiftete Schule fort.[42] Die kirchengesangliche Unterweisung hatte zwar schon System und Regel, jedoch fehlte zu diesem Zeitpunkt noch immer eine bestimmte, einheitliche Notation. Die Übungen und Gesangstechniken wurden weiterhin mündlich überliefert. Dies änderte sich erst um 1050, als Guido von Arezzo, der unter anderem bedeutendste Musiktheoretiker seiner Zeit, eine Notenschrift entwickelte, die aus Neumen bestand, welche in Terzabständen angeordnet waren.[43] Von nun an konnten die Sänger die Neumen auch selbst entziffern und waren nicht immer auf eine Unterweisung ihrer Gesangslehrer angewiesen. Guido von Arezzo entwickelte ebenfalls ein Solmisationssystem, welches die Sängerknaben erlernen mussten.[44] Auch war es Arezzo, der erste Anweisungen zum Legatosingen gab. Was vorher mündlich und ungenau überliefert wurde, konnte nun schriftlich festgehalten werden. Die Ansprüche an einen Sänger waren hoch. Er musste nicht nur über eine schöne Stimme verfügen, die wie zu dieser Zeit erwünscht einen besonders süßen und klaren Klang hatte, er musste zudem auch noch ein breites Repertoire an Verzierungsformen und Ziermitteln vorweisen. All diese Anforderungen, die an den Sänger gestellt wurden, gingen auf die gregorianische Sängerschule zurück. Sie wurde bald zur Mutter und Verbreiterin des Gesanges für die ganze Christenheit.[45] Ihre Schüler folgten strengen Regeln, der Erfolg der Sängerschule war jedoch offenkundig. Gesang und Kirche bedingten einander. So kam es, dass besonders gute Sänger des Öfteren zu Erzbischöfen oder sogar Päpsten auserwählt wurden, und auch kein Mann zum Priesteramt zugelassen wurde, der nicht sehr erfahren im Gesang war.[46] Die Stimme eines Priesters war sehr wichtig. Man hatte genaue Vorstellungen von ihrem Wohlklang. Insgesamt wurde das Singen in der Kirche nun Sache der Männer. Bis zum 7. Jahrhundert war es Frauen in Klöstern gewährt am Kirchgesang teilzunehmen. Nun wurde den Nonnen nach und nach das Singen wäh-

---

41   Tesarek 1997: a.a.O., S. 16

42   Mannstein, Heinrich Ferdinand.: Das System der großen Gesangsschule des Bernacchi von Bologna. Dresden/Leipzig 1834. Geschichte, Geist und Ausübung des Gesanges. Leipzig 1845, S. 12-40

43   Vgl. Bautz, Friedrich Wilhelm: Guido von Arezzo. In: Biographisch-Bibliographisches Kirchenlexikon (BBKL). Band 2, Hamm 1990, S. 391-392

44   Mannstein 1845: a.a.O., S. 42

45   Tesarek 1997: a.a.O., S. 19

46   Tesarek 1997: a.a.O., S. 19

rend der Messfeier untersagt und Paulus' Wort aus dem ersten Korintherbrief 14.34 wurde in die Tat umgesetzt: „Mulieres taceant in ecclesia." Ersetzt wurden die Frauenstimmen durch Knaben und Falsettisten.[47] Die Kirche bestimmte zu dieser Zeit einen großen Teil der Musikerziehung.

In der Renaissance, ab dem 15. Jahrhundert, blieb es weitestgehend bei der mündlichen Überlieferung der Stimmbildung. Der wesentliche pädagogische Grundsatz lautete: „Nachahmung und Übung".[48] Man war sehr praxisorientiert und erprobte vieles. Es gab sogar schon eine Unterrichtsmethode „senza maestro", also ohne Lehrer. Diese Methode stieß jedoch auf sehr viel Widerstand und Unmut, so führt Hermann Finck auf diese Methode zurück, dass viele Sänger geschmacklos interpretierten und mit den schönsten Kantilenen so umgingen, als wenn „junge Hunde Tücher zerfetzten".[49]

Die Stellung und die Wichtigkeit des Gesangslehrenden sind damals wie heute unbestritten und die Voraussetzung für eine entsprechende musikalische Entwicklung. Gesang funktioniert nicht adäquat im Selbststudium. Die persönliche Unterweisung wurde sehr geschätzt und die Lernenden hatten einen sehr engen Kontakt zu ihren Lehrenden, auch dadurch, dass sie häufig zusammen mit ihnen wohnten. So konnte eine bessere Kontrolle gewährt werden.[50] In den Sängerschulen wurde neben dem Gesang und der Stimmtechnik sowie phoniatrischen Kenntnissen der Stimme, ihrer Stärken und Schwächen auch sehr viel Allgemeinbildung vermittelt. Die Sängerschulen besaßen zudem auch eine soziale Funktion. Durch Armut und nicht vorhandene Schulpflicht gab es kaum eine Möglichkeit zur geistigen Weiterbildung für Kinder und Jugendliche. Hier fingen die Sängerschulen einige Schwächergestellte auf und ermöglichten ihnen so ein gewisses Maß an Bildung. Zu den kirchlichen Schulen entwickelten sich auch Hofschulen, in denen ebenfalls vokale Musikerziehung stattfand.[51] Zur Erörterung der Stimme bediente man sich noch immer der Kenntnisse der Antike und vermittelte die Schriften.

Wie auch im Folgenden noch festzustellen sein wird, ist ein wesentliches und auch heute unverzichtbares Prinzip im Bereich der Stimmbildung das Prinzip des Nachahmens. Aus diesem Grunde muss der Schüler auch ein so enges Verhältnis zu seinem Lehrer besitzen. Er muss versuchen zu imitieren, was der Lehrende vorgibt. Der muss also höchste pädagogische sowie sängerische

---

47   Vgl. Tesarek 1997: a.a.O., S. 19
48   Tesarek 1997: a.a.O., S. 20
49   Vgl. Tesarek 1997: a.a.O., S. 21
50   Tesarek 1997: a.a.O., S. 23
51   Vgl. Pachner 2004: a.a.O., S. 12

Kompetenz mitbringen. Friderici sagt in seiner *Musicafiguralis* von 1624 Folgendes dazu:

„Die Discipuli sollen nachsingen, was der Praeceptor vorsingt."[52]

Die große Verantwortung, welche dem Lehrenden somit zukommt, ist ein komplexer Aspekt. Er muss sich gesangspädagogisch und auch zwischenmenschlich mit seinem Schüler auseinandersetzen. Im Mittelalter sind Lehrer und Schüler viel näher aneinander gebunden als heute. Dies zeigt sich schon in einer räumlichen Nähe. Sie leben häufig gemeinsam und arbeiten nicht nur ein bis zwei Mal in der Woche miteinander, wie es an heutigen Musikhochschulen der Fall ist. Eine ständige Korrektur des Schülers wird so ermöglicht. Gerade beim Gesang ist es von enormer Wichtigkeit, dass die Übungen stets wiederholt und vom Lehrer korrigiert werden. Wichtigstes Instrument beim Prozess der sängerischen Ausbildung ist das Ohr des Schülers und auch das Ohr des Lehrers, dieses ist der Meister der wahren Gesangskunst.[53] Cerone spitzt dies sogar noch weiter zu, indem er angibt, dass der vollendete Sänger mehr mit dem Ohr als mit dem Mund singe.[54] Auch heutzutage gehört diese Erkenntnis für viele zu den wesentlichen Aspekten in der Gesangsausbildung. Im Gesangsunterricht geht es immer wieder um Imitation und um das Hören richtiger Positionen. Der Gesangslehrer leiht dem Schüler dabei sein Ohr und gibt ihm so die Möglichkeit der stetigen Korrektur. Nachahmung und Hören sind also noch immer wesentliche Prinzipien in der Gesangsausbildung. Natürlich hat man heute noch andere Möglichkeiten, auf stimmliche Fehler hinzuweisen, indem man den Gesang zum Beispiel aufzeichnet und die Aufnahmen später gemeinsam reflektiert.

Bereits damals erkannte man, dass ein gewisses Talent zum Singen schon vor Beginn der stimmlichen Ausbildung gegeben sein sollte. Jedoch wussten viele Theoretiker wie Maffei, Mersenne, Cerone und Chr. Praetorius ebenfalls, dass sich die Stimme durch die entsprechenden Übungen und ein besonderes Stimmtraining deutlich verbessern und entwickeln konnte. Hierzu merkte Mersenne an:

---

52   Friderici: Musica figuralis, 1624, Kapitel 7
53   Tesarek 1997: a.a.O., S. 23
54   Cerone, El melopeo y maestro, Neapel 1613, S. 72

Es entwickelten sich sehr genaue Vorstellungen von einem ästhetisch korrekten Stimmgebrauch. Hier wäre besonders Conrad von Zabern zu nennen, welcher klare Regeln aufstellte, die noch immer Bedeutung haben. Er monierte das Singen durch die Nase, die undeutliche Vokalfärbung, das Herauspressen von Tönen, die schlechte Körperhaltung beim Singen und sprach sich für ein Ausgleichen der Vokale aus, für die richtige Einteilung der Atemluft beim Singen und ein entsprechend körperlich gestütztes und unterstützendes Singen. Zudem sprach er zum ersten Mal von einem Mischen der Kopf- und Bruststimme. Er hatte eine genaue Vorstellung davon, wie tiefe und hohe Töne zu verbinden wären, und betonte die konkrete Überbrückung der Bruststimme und ein Mischen der Stimme mit Kopfanteilen.[56] Wie sich all diese Vorstellungen und Forderungen auch im heutigen Stimmbildungsunterricht finden lassen, wird noch gezeigt. Elementare Erkenntnisse der Phoniatrie[57] und Stimmbildung wurden also schon in der Renaissance erkannt und vermittelt.

1.1.3   16. bis 19. Jahrhundert

Die Untersuchungen des Universalgelehrten Leonardo da Vinci, der bereits um 1500 Zeichnungen des Kehlkopfes, der Zunge und der Lippen angefertigt hatte, die dem menschlichen Original sehr nahekamen, und auch Experimente zur Funktionsweise des Stimmapparates durchgeführt hatte, wurden im 16. Jahrhundert an den italienischen Universitäten fortgeführt. Die Erkenntnisse über das Stimmorgan lagen zwar in Ansätzen vor, die Funktionsweise war jedoch noch nicht hinreichend erklärt.

---

55   Ulrich, Bernhard: Über die Grundsätze der Stimmbildung während der Acapella-Periode und zur Zeit des Aufkommens der Oper (1474-1640), Leipzig 1910, S. 5
56   Vgl. Tesarek 1997: a.a.O., S. 23f.
57   Die Phoniatrie beschäftigt sich, wie der Name schon vermuten lässt, mit der Stimmheilung. Störungen der Stimme, des Sprechens und des Schluckaktes gehören zum Aufgabenfeld dieser Disziplin, die sich sowohl diagnostisch wie auch therapeutisch und wissenschaftlich mit den Symptomen auseinandersetzt. Die Einrichtung dieser Disziplin ist für Sänger ein entscheidender Gewinn. Auch heutzutage ist der Besuch bei einem Phoniater irgendwann innerhalb der Gesangskarriere kaum umgänglich; so braucht man häufig schon für die Aufnahmeprüfung an einer Musikhochschule ein Attest über die Stimmgesundheit, welches von einem HNO-Arzt ausgestellt wird, aber oftmals nicht ausreicht, weshalb ein Phoniater aufgesucht werden muss.

Besonders die Gesangspädagogen hatten auch ohne nähere anatomische und physiologische Kenntnisse der menschlichen Stimme Normen für die Ausbildung der Stimme gefunden, die auch heute noch von Aktualität sind.[58] Sie gingen dabei hauptsächlich empirisch vor und entwickelten aus ihrer Unterrichtserfahrung heraus neue methodische Ansätze für die Gesangspädagogik.

Im Zeitalter des Barocks blüht die Oper als Kunstform auf und wird zum maßgeblichen Kunstwerk der Zeit. Dahinter steckt der Wunsch, den Menschen mit seiner Stimme exponiert zu sehen. Es geht um das menschliche Schicksal, welches in der Oper zum Ausdruck kommt. Sie erhebt den Virtuosen als menschlich-kulturelles Ideal auf die Bühne und verleiht ihm zugleich etwas Erhabenes. Die Singstimme, der solistische Gesang des Menschen wird zum Sinnbild des menschlichen Geistes.[59] Aus diesem Grunde entwickelt sich mehr und mehr der Sologesang. Der Ensemblesänger löst sich aus dem Verbund des Ensembles zugunsten des begleiteten, kunstvollen, freien Sologesangs.[60] Der bekannte Komponist Giulio Caccini bemerkt hierzu im Vorwort seines 1601 erschienenen Werkes *Le nuovemusiche*, dass er sich in seiner Handhabe ganz an die von Plato und anderen Philosophen gerühmte Methode, nämlich, dass die Musik in erster Linie Sprache und Rhythmus sei und erst in zweiter Hinsicht Ton, hielt.[61] Die Rückbesinnung auf antike Ideale war für diese Zeit im Übrigen nicht ungewöhnlich. Anfang des 16. Jahrhunderts prägt die Wiederentdeckung der spräthellenistischen Lakoon-Gruppe nachhaltig die Bildende Kunst. Ebenso orientiert sich die Musik allgemein nun wieder an griechischen Vorbildern und Motiven.[62]

Caccini misst dem Sprachrhythmus für die Musik eine besondere Bedeutung bei. Im Wort-und-Ton-Verhältnis darf das sprachlich Intendierte nicht untergehen. Caccini hatte ab 1564 eine Anstellung am Florentiner Hof als Sänger inne. Für ihn war zu dieser Zeit „ein Vertiefen in den geistigen Inhalt, die Aneignung dichterischer Gedanken, und die Wiedergabe im Sinne der Dichtung" von allergrößter Wichtigkeit.[63] Diese Grundsätze verankert Caccini in seinem Werk und gibt damit wesentliche Eckpfeiler einer Ästhetik und Aufführungspraxis der neuen Vokalmusik.[64] Hugo Goldschmidt erkannte, dass Caccinis Gesangsmethode eine deutliche Phasierung in Grundstufen aufweist: Solmi-

---

58   Geering 1955: a.a.O., S. 1917
59   Goldschmidt, Hugo: Die italienische Gesangsmethode des 17. Jh., 1890, S. 3
60   Geering 1955: a.a.O., S. 1917
61   Goldschmidt 1890: a.a.O., S. 16
62   Haeflinger 1983: a.a.O., S. 3
63   Tesarek 1997: a.a.O., S. 36
64   Göpfert, Bernd: Handbuch der Gesangskunst, Wilhelmshaven 1988, S. 16

sation, Vokalisation, Messa di voce, Ausführung der improvisierten Verzierungen.[65] Caccini führte die Unterweisung der einzelnen Grundstufen genau aus und hatte eine klare Vorstellung von diesen. Ziel dieser Übungen sollten die Stärkung der Stimme und die Kontrolle über diese sein. Die Oper entwickelte sich weiter und wurde immer beliebter. War sie am Anfang nur einem geringen Teil des Publikums zugängig, so weitete sie sich immer mehr aus und war nun für ein breiteres Publikum verfügbar. Zu Zeiten Caccinis sprach man zum ersten Mal von „Buoncanto", was als Vorläufer zum allgemeingültigen Begriff des Belcantos verstanden werden kann. Neben Caccini, Cavalieri, Durantes und dem Tenor und Gesangspädagogen Lodovico Zacconi, die alle Gesangsanleitungen und Unterrichtswerke herausgaben, hielt der Kastrat Piero Francesco Tosi (1647-1732) in seinem *Opinioni de' cantoriantichi e moderni* (Bologna 1732) erstmalig die Grundsätze des Balcanto-Gesanges fest.[66] Der Begriff des Belcantos, der im Folgenden Verwendung findet, kam in seiner heutigen Verwendung jedoch wahrscheinlich erst im 19. Jahrhundert als nostalgischer Rückblick auf vergangene Glanzzeiten auf.[67] Die Festlegung der Belcanto-Prinzipien war eine Maßnahme, von der noch heute profitiert wird, vergegenwärtigt man sich einmal, dass aktuelle Gesangstechniken noch immer, in zum Teil hohem Maße, Prinzipien des Belcanto-Gesanges beinhalten. Auch in Deutschland wurde dem Erfolg der Italiener folgend das Belcanto-Ideal eingeführt. In der deutschen Gesangsausbildung waren Klangschönheit, Eleganz und Ausdruck im Gesang sowie ein besonderes Verständnis für die maßvolle Nutzung dieser Ressourcen ebenso wichtig wie in Italien.[68] Schon aus dem 15. und 16. Jahrhundert findet man Schriften, die die stimmlichen Anforderungen an den Choralsänger aufzeigen. So wäre hier die Schrift *De modo bene cantandi choralem in multitudine personarum* von Chorad von Zabern zu nennen, die von 1474 stammt, weiterhin die *Practica musica* von Hermann Finck, die 1556 erschien, und das *Compendium musices* von Petit Coclicus von 1552 sowie das *Compendium musices pro incipientibus* von Sethus Calvisius von 1602. Schon aus diesen Schriften ist herauszulesen, dass zu dieser frühen Zeit auch in Deutschland genaue Erwartungen und Anforderungen an einen Sänger, besonders den Choralsänger, gestellt wurden. Auch im 17. Jahrhundert gab es in Deutschland durchaus Ansätze zu einer nationalen Oper, die von bekannten Formen, wie Schulkomödie, Singspielen, Mysterien und liturgischen Dramen,

---

65   Goldschmidt 1890: a.a.O., S. 26ff.
66   Haeflinger 1983: a.a.O., S. 37
67   Haeflinger 1983: a.a.O., S. 73
68   Tesarek 1997: a.a.O., S. 50

inspiriert werden sollte.[69] Doch Deutschland war besonders zu dieser Zeit durch gravierende Ereignisse, wie den Dreißigjährigen Krieg, gerade kulturell geschwächt. Es ging um das zur Existenz Notwendige, häufig schlicht um das Überleben. Kunst und Kultur waren in dieser Zeit nicht allzu bedeutsam.

Schließlich fungierten in Deutschland dann Caccini und die Belcanto-Methode als Vorbild. In diesem Zusammenhang ist ein Name von besonderer Bedeutsamkeit: Michael Praetorius stellte gemäß Caccinis Ausführungen neue Forderungen an einen Sänger. Er strebte eine schöne, liebliche, bebende Stimme an, die mit langem Atem und hellem Stimmklang die Töne hervorbringen sollte.[70] Insgesamt lehnte er seine Ausführungen sehr an das italienische Ideal an und übernahm dies in weiten Teilen. Zudem beschäftigte er sich auch mit Grundsätzen, die bereits in der Antike festgelegt wurden.

Tesarek arbeitet heraus, dass Praetorius eben in eine Zeit hinein wirkt, in der die früheren Gesangsmittel nicht mehr ausreichen. Spürbar wird ein Drang nach neuer Ausdrucksmöglichkeit, nach neuem Affekt und dessen Darstellung in der Musik:

> „Die affektbedingte Ornamentik der Italiener wurde ein neues Moment der deutschen Gesangskunst."[71]

Neben aller Stimmtechnik, Stimmführung und Bildung der Stimme wird nun die Vortragsweise, die unmittelbare Vermittlung von Gefühlen durch den Stimmvortrag, in den Fokus genommen. Gesang dient der Weitergabe von Affekten und wird durch diese genährt. Eine neue Ära im Bereich des Gesanges beginnt. Für Praetorius hieß dies, dass dreierlei erfüllt werden sollte, wenn es um die schöne Art zu singen ging: 1. Natura (Intonation und Exclamatio), 2. Doctrina, 3. Exercitatio.[72] Praetorius erkannte also die auch heute noch maßgeblichen Eckpfeiler einer Gesangsausbildung, die in der natürlichen Gegebenheit der Stimme liegen, im Lernen des Gesanges durch einen Lehrer und eine bestimmte Gesangsschule und in der stetigen Übung der Stimme, dem ständigen Stimmtraining. Dennoch unterschied sich der Gesangsstil der Deutschen noch deutlich von dem der Italiener. Der Komponist und Flötist Johann Joachim Quantz wirft den deutschen Sängern dieser Zeit vor, dass sie nur die Worte sängen, ohne deren Inhalt, deren Bedeutung und Affekt zu transportieren. Auch den Chorsängern sei das stimmliche Differenzieren unbekannt. Man-

---

69   Tesarek 1997: a.a.O., S. 50
70   Praetorius, Michael: Syntagmamusicum, Tom. III, Wolfenbüttel 1619, S. 231
71   Tesarek 1997: a.a.O., S. 51
72   Tesarek 1997: a.a.O., S. 51

che Passagen klängen bei ihnen „abgehackt" und die Vereinigung von Bruststimme und Falsett sei ihnen ebenso wenig vertraut, wie sie den Franzosen bekannt gewesen wäre.[73] Das italienische Ideal wird also laut Quantz zu dieser Zeit weder von den Deutschen noch von den Franzosen erreicht.

Eine weitere wichtige Station in der deutschen Gesangspädagogik findet man im Werk eines Bach-Schülers. Friedrich Agricola übersetzt das Werk Tosis *Anleitung zur Singkunst* in Berlin 1757 und legt damit einen Grundstein für viele andere Gesangsschulen und gesangspädagogische Konzepte.[74] So bezog sich Johann Adam Hiller in seinen Schriften auf Agricola, aber auch auf das Belcanto-Ideal. Er fragte sich,

> „[...] ob die Deutschen je Lust bekommen sollten, sich in der guten Art zu singen, einen Schritt weiterbringen zu lassen. An der Lust möchte es ihnen wohl ebenso wenig fehlen, als am Talente, aber Gelegenheit und Ermunterung fehlen gar sehr."[75]

Die deutsche Gesangspädagogik scheint also unter Beobachtung zu stehen und deutlicher Kritik ausgesetzt zu sein. Die Kritik wurde besonders an der nicht recht ausgebildeten Stimme vieler Sänger geübt. Hiller strebte eine große, nationale deutsche Oper an, deren Sänger mit den Italienern mithalten konnten und die dem Belcanto-Ideal folgen sollten.[76] Auch in Frankreich interessierte man sich für die italienische Gesangskunst und lud auch Italiener zu Hofe. Dennoch verbreitete sich die italienische Gesangskunst hier nicht, es gab dort aber auch keine Gesangsvirtuosen, wie etwa Caccini und Peri in Italien.[77] Die Barockzeit ist jedoch auch in besonderem Maße die Zeit des Kastratengesanges. Der Kastratengesang bediente für die meisten Menschen das Stimmideal dieser Zeit. Man bewunderte die Höhe und Leichtigkeit der Stimme, die mit dem Lungenvolumen eines Erwachsenen transportiert werden konnte, aber dennoch knabenhaft zu vernehmen war:

> „Sie sangen mit der Lungenkraft eines Erwachsenen und mit dem Kehlkopf eines Kindes. Hierdurch wurde es möglich, dass sie lange musikali-

---

73   Biehle, Herbert: Die Stimmkunst, Leipzig 1931, Bd. I, S. 112

74   Agricola, Friedrich-Johann: Anleitung zur Singkunst. Aus dem Italienischen des Herren Peter Franz Tosi, Mitglieds der philharmonischen Akademie mit Erläuterungen und Zusätzen von Johann-Friedrich Agricola, Berlin 1757

75   Hiller, Johann Adam: Anweisungen zum musikalisch zierlichen Gesang, Leipzig 1780, Vorrede, S. II-III

76   Vgl. Tesarek 1997: a.a.O., S. 54

77   Vgl. Tesarek 1997: a.a.O., S. 55

sche Phrasen auf einem Atem singen konnten (Tonhaltedauer oft bis 60 sec.)."[78]

Man kann den Stimmklang eines Kastraten durchaus mit dem eines Knaben vergleichen, die Stimme ist durch das größere Lungenvolumen nur stärker und durchdringender. Den Kastraten wurde bei Zeiten sogar vorgeworfen, dass ihre Stimmen etwas Hartes und Trockenes an sich haben. Ebenso wird immer wieder der Vergleich zur Stimme der Frau herangezogen. Dennoch waren die Kastraten die Prominenten ihrer Zeit, sie reisten durch die Welt, ihnen wurde Ruhm zuteil und besonders hohe Gehälter. Sie ersetzten die Frauenstimmen dieser Zeit, da in Rom Frauen schon zu den Anfängen der Oper mit Auftrittsverboten belegt worden waren. Dieses Verbot wurde 1686 für sämtliche römischen Theater gültig und zwischen 1700 und 1721 durch Papst Clemens XI. mehrfach erneuert. Er versah es mit dem Zusatz, dass keine Frau bei Strafe Musik aus Vorsatz lernen sollte, um Sängerin zu werden, denn es würde nicht funktionieren, dass eine schöne Frau auf der Bühne ihre Keuschheit behielte, sie würde sich dazu hinreißen lassen, mit ihren Reizen zu spielen und diese einzusetzen. Es waren also die Kastraten, die die hohen Frauenstimmen ersetzten und ihre Rollen übernahmen, auch wenn die Kirche die Kastration schon 1587 verboten hatte. Ebenso gab es aber auch Frauen, die Hosenrollen übernahmen und so weiterhin auf der Bühne in Kleidung von Männern sangen. Die systematische Schulung der Kastraten begann jedoch meist schon sehr früh. Auch hier war Italien wieder führend. Es gab in den unterschiedlichen italienischen Städten zahlreiche Kastraten-Gesangsschulen. Das italienische Gesangsideal gefiel jedoch nicht allen. Frankreich lehnt den italienischen Stil und Kastratengesang ab. Außerdem „missfiel das überzüchtete Virtuosentum der Italiener" auch den Engländern und den Österreichern.[79]

Das Barockzeitalter ist das Zeitalter des Kastratengesangs, aber auch das Zeitalter, in dem man dem Belcanto-Ideal folgte. Dieses Ideal wird auch heute noch als Basis einiger Gesangsmethoden verstanden, es ist aber auch immer wieder in der Kritik. Tesarek gibt an, dass die Frage nach dem rechten Klangideal stets neu gestellt werden müsse und die Antwort „im Spannungsfeld zwischen absoluter Werktreue einerseits und dem Zeitgeschmack andererseits"[80] zu finden wäre. Das eine und rechte Gesangsideal gibt es so wohl nicht, es gibt nur Vertreter des einen oder anderen und deren Kritiker.

---

78   Vgl. Tesarek 1997: a.a.O., S. 61
79   Haeflinger 1983: a.a.O., S. 43
80   Tesarek1997: a.a.O., S. 81

Am Ende des 18. Jahrhunderts, mittlerweile in der Epoche der Klassik, beginnt ein Kampf zwischen dem Belcanto-Ideal und der nationalen Gesangsschule, zudem vollzieht sich ein allgemeiner Wandel in der Rangordnung der an der musikalischen Interpretation Beteiligten. Durch die Opernreform Christoph Willibald Glucks gelangte der Sänger zur Rolle des Reproduzierenden: Wurde von ihm zuvor Freiheit und Kreativität in seiner Interpretation gefordert, bekommt er nun klare Vorgaben und der Gesang wird zunehmend bis ins Detail festgeschrieben.[81] Die Aufgabe des Sängers wandelt sich also zu dieser Zeit und damit auch seine Position im Ausüben der Kunst. Die Komponisten legten immer mehr fest, auch im Bereich der Verzierungen gab es feste Vorgaben. Glucks Reform verhalf der Oper zwar zu einer klareren Melodieführung und textlichem Gehalt, für die Gesangskunst stellte das an die Neuerungen gebundene Wachstum des Orchesters jedoch eine Bedrohung dar. Man erkannte, dass die starken Orchesterakzente, die die Vorboten der romantischen Musik waren, die Gesangskunst gefährdeten. Eine Vernachlässigung der Gesangskunst war nicht von der Hand zu weisen. Gegen diese kämpften die Komponisten Cherubini, Musiktheoretiker wie Padre Martini und nicht zuletzt der Kastrat Mengozzi.[82]

Die deutschen Bestrebungen, eine eigene Gesangsschule ins Leben zu rufen, wurden intensiver. Ein Name taucht in diesem Zusammenhang immer wieder auf: Johann Adam Hiller. Sein größtes Verdienst lag wohl darin, dass er „das gute technische Rüstzeug der Italiener zwar anerkannte und übernahm, aber vor allem die deutsche Sprache als Singsprache ins rechte Licht rückte".[83] Seine Methode war leicht, aber effektiv. Durch das stetige Singen von Skalen aus der Brust heraus, in allen Lagen und Modifikationen, erweiterten und festigten sich die Organe der Sänger und auch die Töne selbst. Er lehrte ebenfalls das deutliche Sprechen und besprach mit den Sängern den Textinhalt; die Interpretation und Auszierung des zu Singenden überließ er aber seinen Schülern selbst und stand nur beratend zur Seite.[84] Hiller sucht also zunächst die Vorzüge des italienischen Systems vollends auszukosten und entwickelt dann seine eigenen Übungen zur Stärkung des Stimmapparates. Er fördert die inhaltliche Deutung des Textes, erkennt ihre Wichtigkeit für den Interpretationsprozess, überlässt die eigentliche, musikalische Ausdeutung der Musik in der stimmlichen Interpretation jedoch des Schülers Sinnen und Trachten und unterstützt

---

81   Vgl. Tesarek 1997: a.a.O., S. 82
82   Vgl. Haeflinger 1983: a.a.O., S. 46f.
83   Tesarek 1997: a.a.O., S. 86f.
84   Tesarek1997: a.a.O., S. 86f.

diesen nur dabei. Er kommt somit den Forderungen dieser und der vergangenen Zeit nach und bedient die Ansprüche. Zusammengefasst fordert er von einer Stimme: „Helligkeit (frei aus der Brust, ohne Drücken aus der Kehle), Reinheit (Intonation), Stärke und Fülle, Biegsamkeit, Leichtigkeit, Ausgeglichenheit (in allen Lagen), Ausgeglichenheit (in allen Registern), qualitative Gleichwertigkeit der Töne im zweiten Oktavraum".[85]

Mit dieser genauen Vorstellung einer Gesangskunst, welche die richtige Stimmintensität, den Vortrag, die Anwendung von Verzierungen im rechten Maße und wichtige stimmbildnerische Parameter mit einbezieht, entwickelt Hiller eine eigene, deutsche Gesangsschule und hält diese in seinem Werk *Anweisung zum musikalisch zierlichen Gesange* fest. Diese sollte nicht nur als historisch-interessantes Dokument verstanden werden, sondern auch als Anregung für die moderne Gesangspädagogik. Darüber hinaus ist sie „bei manchen strittigen Problemen der Interpretation unseres klassischen Erbes als eines der wichtigsten Quellenwerke für die vokale Auszierung zu sehen".[86]

Die Epoche der Klassik brachte für Deutschland nicht nur die Entwicklung der deutschen Oper mit Joseph Haydn und Wolfgang Amadeus Mozart, sondern auch das deutsche Kunstlied, welches zunächst durch Franz Schubert in Deutschland als neue gesanglich-musikalische Form etabliert wurde.[87] Die Interpretation des deutschen Kunstliedes forderte durchaus neue stimmliche Bestrebungen. Gerade auch Wolfgang Amadeus Mozart bringt hier eine neue Natürlichkeit in die Musik, wird er doch in die bedeutende Wende des Barocken, Schwülstigen zum Klassisch-Natürlichen hineingeboren. Mozart ist beeinflusst durch eine italienische Sanglichkeit und die neue deutsche Deklamation.[88] So ist aus zahlreichen Biografien Mozarts bekannt, dass Mozart schon in jüngsten Jahren Gesangsunterricht von einem italienischen Kastraten namens Giovanni Manzuoli erhielt. Er wurde nach Idealen des Belcantos unterrichtet und machte sich diese zu eigen. In seinen Vokalwerken hört man häufig die italienische Beeinflussung, wie Tesarek angibt: „Schöne Melodien mit poetischem Gehalt."[89] Mozart gibt der Natürlichkeit der Klassik einen besonderen Wohlklang durch die italienischen Elemente in seiner Musik. Er schafft hiermit etwas, was vielen verborgen blieb, bei ihm verschmilzt italienische mit deut-

---

85   Tesarek 1997: a.a.O., S. 87f.
86   Tesarek 1997: a.a.O., S. 87
87   Haeflinger 1983: a.a.O., S. 46
88   Tesarek 1997: a.a.O., S. 89
89   Tesarek 1997: a.a.O., S. 89

scher Kunst.[90] Mozart übernahm auch Elemente der französischen Oper, verband diese mit dem Belcanto, bewegte sich frei in den unterschiedlichen Opernstilen und reicherte seine Opern damit an. Diese Besonderheit der Mozart-Opern, die Stellung des Sängers, das Bedachtsein auf Affekt und Dramatik, ohne künstlich zu werden, das Ausdeuten der Handlung durch das Orchester und die Einzigartigkeit vertonter Inhaltlichkeit, findet sich so nur bei Mozart. Seine Musik kann auch so beschrieben werden:

> „Sie ist Studium der Sprache, die er musikalisch behandelt. Er verschnörkselte seinen Gesang nicht mit unnötigen und seelenlosen Koloraturen."[91]

Mozart besitzt musikalische Natürlichkeit und handelt kompositorisch so viel wie nötig und dem Inhalt zuträglich ist, geht aber nicht über dieses rechte Maß hinaus. Gesangspädagogen setzen gerade einfachere Opernarien Mozarts auch im Anfängerunterricht ein, weil sie oft gut singbar sind und die Stimme nicht übermäßig anstrengen. Hierbei wird die Schwierigkeit der korrekten Interpretation doch häufig unterschätzt. Die Interpretation einer Mozart-Arie ist eine außergewöhnlich anspruchsvolle Aufgabe für den Sänger.

Im Laufe des 18. Jahrhunderts wandeln sich die Anforderungen an den Sänger. Der Opernstil verändert sich und die Gesangsmethoden müssen auf diese Veränderung reagieren. Es entsteht ein neues Gesangsideal, das zum Belcanto im klaren Gegensatz steht und den gesanglich-musikalischen Ausdruck hinter einer sehr dramatisch-akzentuierten Darstellungsweise zurücktreten lässt.[92] Auch waren die Geläufigkeit der Kehle sowie ein angemessener, möglichst großer Stimmumfang nicht mehr vorrangig, vielmehr interessierte eine starke Tonentfaltung.[93] Alle Erkenntnisse und Errungenschaften der alten Gesangspädagogik und besonders des Belcantos schienen vergessen und nicht mehr erforderlich. Man sang in der Tiefe die Bruststimme voll aus und verlor dabei häufig deutlich an Höhe, laut und hoch sollten die Töne sein.[94]

Im 18. Jahrhundert vollzogen einige Ärzte und Physiologen bereits phoniatrische Experimente. So fand der Arzt und Physiologe Antoine Ferrein an einem toten Kehlkopf heraus, dass die aus der Luftröhre strömende Luft die

---

90   Goldschmidt, Hugo: Handbuch der deutschen Gesangspädagogik, I. Teil: Das erste Studienjahr, Leipzig 1896, S. 11
91   Biehle, Herbert: Die Stimmkunst, Bd. 2: Ästhetische Grundlagen, Leipzig 1932, S. 149f.
92   Mannstein 1835: a.a.O. 42
93   Tesarek 1997: a.a.O., S. 92
94   Tesarek 1997: a.a.O., S. 93

Stimmlippen in Schwingung versetzt, und folgerte daraus, dass die Kehlkopf-einstellung bei den tiefen Tönen tief sein müsste und der Kehlkopf bei den hohen Tönen zu heben sei.[95] Diese Annahme ist jedoch aus heutiger Sicht voll-kommen inkorrekt. Der Kehlkopf muss beim Singen stets die gleiche Position behalten. Eine weitere Errungenschaft dieser Zeit ist die vom Wiener Hofrat Johann Wolfgang von Kempelen erfundene Sprechmaschine, die mechanisch Vokale und Konsonanten erzeugen und dann zu Silben und Sätzen zusammen-fügen konnte. Auch Johann Wolfgang von Goethe hörte diese Maschine und urteilte darüber, dass diese „einige Worte sehr gut sagen kann, jedoch nicht geschwätzig ist".[96] Mit der Entwicklung dieser Maschine ist von Kempelen seiner Zeit deutlich voraus und entwickelt nahezu ein Wunder der Technik. Ebenso ist die Erfindung des Sängers Emanuel di Garcia im 19. Jahrhundert zu sehen. Er selbst, ein Sänger, der schon früh seine Stimme ruinierte, widmete sich der Stimmheilkunde und wurde bereits mit 30 Jahren auf diesem Gebiet Professor am Pariser Konservatorium. Er erfand die Methode der Kehlkopf-spiegelung, die noch heute für jede Stimmuntersuchung von großer Bedeutung ist. Als mitunter wichtigstes Instrument der Stimmheilkunde wird der Kehl-kopfspiegel auch heute noch auf der ganzen Welt verwendet.[97] Garcias Sohn gab als Gesangslehrer und durch seine eigene Gesangsschule die Grundprinzi-pien, das Erbe des Belcantos, weiter an prominente Schüler und bleibt somit Meister des Belcantos, der bis ins 20. Jahrhundert großen Einfluss auf den Gesang besitzt.[98]

Das 18. Jahrhundert ist im Zuge der Industrialisierung bekannt für seine zahlreichen Experimente und Erfindungen. In diesen Kontext sind auch die genannten phoniatrischen Erkenntnisse und Errungenschaften einzuordnen. Auch die Epoche der Aufklärung, eine Zeit, in der Rationalismus und Wissen-schaft im Vordergrund standen, verhilft besonders der Technik und der Indust-rie zu deutlichem Fortschritt. Die Denker dieser Zeit hingegen betonen immer wieder die Relevanz des Empfindungs- und Wahrnehmungsvermögens. So ist also für diese Zeit auch immer der Wandel der musikalischen Bildungswelt mitzudenken. Cornelie Dietrich spricht vom kulturellen Umfeld der Aufklärung und Empfindsamkeit, „in das das musikalische wie auch pädagogische Gesche-

---

95   Geering 1955: a.a.O., S. 1924ff.
96   Mathelitsch, Leopold; Friedrich, Gerhard: Die Stimme. Instrument für Sprache, Gesang und Gefühl, Heidelberg 1995, S. 6
97   Mathelitsch, Friedrich 1995: a.a.O., S. 7f.
98   Haeflinger 1983: a.a.O., S. 54

hen eingebettet ist".[99] Das rationalistische Denken weicht immer mehr zugunsten des Gedankengutes der Empfindsamkeit zurück. Gegen Ende des Jahrhunderts herrscht der „musikalische Sturm und Drang" immer mehr vor.[100] Zuvor einer musikalischen Aufklärung zu sprechen, ist mit deutschen Sprachgebrauch nicht üblich und wohl auch nicht angebracht. Der musikalische Sturm und Drang jedenfalls äußert sich im 19. Jahrhundert insofern, als man von der Stimme immer mehr Höhe und dramatische Ausdruckskraft sowie Ausdauer des Sängers fordert. Italienische Komponisten wie Bellini und Donizetti verlangten von den Stimmen besonders hohe Lagen. Der Komponist Giuseppe Verdi verlangt für seine Opern zusätzlich das größte Volumen in der Höhe.[101] Stimmlicher Belastung waren nicht nur die Sänger der Verdi-Opern ausgesetzt, auch Wagner strapaziert die Stimmen seiner Sänger sehr durch Partien, in denen die Sänger eine unglaubliche Ausdauer beweisen müssen und oftmals bis zu einer halben Stunde am Stück singen.[102] Wagner schätzte den Belcanto-Gesang nach eigenen Aussagen sehr, dennoch wurden viele andere Interpretationsmöglichkeiten, die jedoch häufig recht „unwagnerisch" klangen, an seinen Werken ausprobiert. Die große Frage der Gesangspädagogik des 19. Jahrhunderts war also die nach der rechten Gesangstechnik: Wieder einmal auf zu einer neuen Methode, oder doch die Rückbesinnung auf die alten Ideale? In dieser Zeit wurden einige gesangspädagogische Irrlehren verbreitet. Außerdem empfand man den Belcanto-Stil als nicht ausreichend, um den Anforderungen gerecht zu werden. Durch größere Orchesterbesetzungen stiegen Anforderungen an die Lautstärke der Stimme. Es entstanden neue Stimmfächer, wie das Fach des Heldentenors, Tenore robusto, dramatischer Sopran, Liricospinto, und so weiter. Nach zahlreichen Bestrebungen, die dahin gingen, den Stimmklang zu vergrößern, Stile zusammenzufassen, was zum Teil deutlich in die Irre führte, setzte sich die Gesangslehre Garcias durch. Er legte Wert auf die Mischung der Register, verband die Belcanto-Methode mit neuen stimmphysiologischen Erkenntnissen und passte sich somit den Anforderungen der Zeit an.[103] Garcia wird häufig als der letzte große Lehrer des Belcantos angesehen. Parallel und inspiriert durch ihn entstehen zahlreiche weitere Methoden und Gesangsschulen im 19. Jahrhundert, die alle unterschiedliche Schwerpunkte setzen und sich auf verschiedene Aspekte der Stimmschulung konzentrieren. Man kommt zur An-

99   Dietrich, Cornelie: Wozu in Tönen denken. In: Musik im Diskurs, Band 13, Kassel 1998, S. 18
100 Dietrich 1998: a.a.O., S. 18
101 Haeflinger 1983: a.a.O., S. 49
102 Haeflinger 1983: a.a.O., S. 51
103 Tesarek 1997: a.a.O., S. 95ff.

sicht, dass eine ausgebildete Stimme vor allem ausgeglichen sein muss und alles singen können muss; Sprechen und Atmen sind ebenso schulungsbedürftig wie die Stimme selbst. Es entsteht eine Fülle an Übungsmaterial und an neuen Gesangsschulen. Ebenfalls kommen aus phoniatrischer Sicht immer neue Informationen auf. Stimmhygiene und Kampf gegen die Misshandlung der Stimme standen auf der Tagesordnung. Zahlreiche Verbote und schwarze Listen für Speisen und Tätigkeiten von Sängern wurden schon zu dieser Zeit entwickelt.[104] Im Kontext der „Stimmhygiene" etablierten diese Bestrebungen eine neue Ära der Bewusstwerdung über die Empfindsamkeit der menschlichen Stimme und deren bewusste Pflege. Derartige schwarze Listen mit Speisen und Getränken sowie Tätigkeiten, die ein Sänger nicht ausüben sollte, werden auch heute noch von Phoniatern oder Hals-Nasen-Ohren-Ärzten verteilt. Die Aufklärung über die rechte Stimmhygiene ist demnach ein im 19. Jahrhundert stark praktiziertes Phänomen, das bis in die heutige Zeit anhält und weitergegeben wird. Die Verbindung der stimmphysiologischen Erkenntnisse über die Funktion der Stimme und des Körpers und die Einflussnahme dieser Kenntnisse auf gesangspädagogische Methoden nennt sich „Funktionale Stimmbildung". Man geht hierbei von den physiognomischen Gegebenheiten der Stimme aus und versucht diese für die Stimmbildung zu nutzen. Diese Methode besitzt jedoch auch Gegner, die zum Beispiel für eine Aktivierung der Vorstellungskraft plädieren und über entsprechende Bilder einen Zugang zur rechten Gebrauchsweise der Stimme anstreben. Auch hier wird wiederum ersichtlich, dass zwischen den einzelnen Methoden deutliche Kontroversen vorherrschen und die Konzepte nicht immer miteinander zu verbinden sind. Im 20. Jahrhundert entwickelt sich innerhalb der Gesangspädagogik eine Art Gesangsmethodenpluralismus.

1.1.4 Zur Geschichte des Singens in der Schule des 19. Jahrhunderts

Der Übergang ins 19. Jahrhundert war geprägt von kontinentalen Auseinandersetzungen mit dem von Napoleon beherrschten Frankreich. Es kam zum Zerfall des Heiligen Römischen Reiches Deutscher Nation im Jahre 1806, in dessen Folge sich die einzelnen Nationalstaaten emanzipieren mussten.[105] Besonders Preußen spielte in Hinsicht auf die Entwicklung der Schulpolitik eine entschei-

---

104 Vgl. Tesarek 1997: a.a.O., S. 106f.
105 Vgl. Gruhn, Wilfried: Geschichte der Musikerziehung. Eine Kultur- und Sozialgeschichte vom Gesangsunterricht der Aufklärungspädagogik zu ästhetisch-kultureller Bildung, 2., überarbeitete und erweiterte Auflage, Hofheim 2003, S. 35

dende Rolle und wurde hier zum Vorreiter. Was die musikalische Unterweisung anging, so wurde wenig reformiert oder entwickelt. Die Könige Preußens legten zwar Wert auf Kunst und verkehrten mit namhaften Musikern, die kulturell-ästhetische Bildung in Schule und Kirche wurde jedoch immer mehr vernachlässigt. Der emanzipierte, aufgeklärte Geist der Zeit durchdrang das Bürgertum immer mehr und man interessierte sich wenig für die Weitergabe der künstlerischen Werte. In der neu errichteten Akademie der Künste war die Musik nicht enthalten. Es gab lediglich die von Carl Friedrich Fasch gegründete Singakademie.[106]

Carl Friedrich Zelter und auch Johann Wolfgang von Goethe setzten sich dafür ein, dass die Musik durch den Kirchengesang rehabilitiert werden sollte. Auch Friedrich Schiller zielte in diese Richtung. Zelter wandte sich einige Jahre später an Wilhelm von Humboldt, der die Gedanken Zelters und Goethes übernahm und umsetzte, indem er der musikalischen Bildung die Rolle der einheitlichen „Gemütsbildung" zuteilwerden ließ und ihr die Aufgabe der sittlichen und religiösen Veredlung des Menschen antrug.[107] Zelter und von Humboldt sprechen auch davon, dass die Musik einer „religiösen Erbauung" dienen sollte.[108]

Die Musikerziehung der Schule sollte bewusst eng an die Kirche gebunden werden. Schon damals war das Singen für die religiöse Praxis wesentlich. Musik und Kirche, Gesang und Kirche sind über die Jahrhunderte eng miteinander verwoben. Für die Schule bedeutete dies, dass sie gegen den damaligen Trend der Zeit vorging. Dem Fach Musik kam nämlich zu dieser Zeit gerade mehr Bedeutung zu und es wurde als eigenständige Kunst, auch unabhängig von der Vokalmusik, betrachtet. Der Unterricht an den Schulen beschränkte sich allerdings weiterhin auf den Gegenstand des Singens, man bezeichnete den Unterricht als „Schulgesangunterricht".[109]

Das Schulfach Musik ist erst eine Errungenschaft des 20. Jahrhunderts. Zuvor gab es das Fach in der heutigen Form nicht. Es existierte nur das Fach Singen in der Schule. Im 19. Jahrhundert gab es an Schulen zunächst kaum musikalische Erziehung, wenn sie also stattfand, dann nur im Bereich des Singens.[110] An den damaligen Volksschulen gehörte das Singen zu den Unterrichtspflichten, weshalb die musikalische Grundausbildung zur Ausbildung der

---

106   Vgl. Gruhn 2003: a.a.O., S. 40
107   Vgl. Gruhn 2003: a.a.O., S. 41
108   Gruhn, 2003: a.a.O., S. 51
109   Schatt, Peter W.: Einführung in die Musikpädagogik, Darmstadt 2007, S. 87
110   Vgl. Gruhn 2003: a.a.O., S. 51

Lehrer dazugehörte. Die Erwartungen waren hier allerdings in den einzelnen Ländern sehr unterschiedlich.[111] Insbesondere an den Volksschulen zählte das Singen zu den wichtigsten Lehrfächern, mit dem man zur Bildung der Jugend und auch zur Gemütsbildung beitragen wollte.[112] Im Gymnasium gab es lange Zeit keine eigenen Musiklehrer, die Singklassen wurden von den Kantoren geleitet. Ihr Unterricht bereitete die Kinder auf das Singen im Schul- oder Kirchenchor vor, damit zu gegebenem Anlass Auftritte erfolgen konnten. So lag die Überlegung nahe, die emotionale Wirkung der Musik für die Nationalbildung zu nutzen.[113] Von Humboldt wandte sich an König Friedrich Wilhelm und schlug vor die Musik zur Bildung des Charakters und der Nation einzusetzen. Damit dies gelänge, so gibt er an, müsste in der Schule endlich das Fach Musik eingerichtet werden.[114] Der König griff diesen Vorschlag von Humboldts auf und errichtete eine Professur in der Akademie der Künste mit der Auflage, die Kirchenmusik besonders in den Vordergrund zu stellen. Carl Friedrich Zelter wurde diese Aufgabe zuteil. Zelter und von Humboldt hatten geschickt argumentiert. Sie folgten dem allgemeinen Grundkonsens und argumentierten von der Religion her. Zelter wurde also Professor in der Akademie der Künste und setzte sich für die Ausbildung der Kantoren ein.

Die preußische Schulreform erneuerte Schulaufsicht, Schulorganisation und schließlich auch die Lehrerausbildung. Von besonderem Interesse ist an dieser Stelle die Ausbildung der gymnasialen Gesangslehrer, die ebenso wie die Vorbereitung der Lehrer in den Volksschulseminaren am Königlich Akademischen Institut für Kirchenmusik in Berlin erfolgte.[115] Man übernahm weitestgehend die Methodik Heinrich Pestalozzis. Besonders die Volksschule war stark geprägt von der Elementarmethodik der Gesangbildungslehre nach Pestalozzi. Da man dem Gesang eine so zentrale Stellung beimaß, die das Gemüt und den Charakter bilden würde und die Gottesdienste bereicherte, spielte in der Seminarausbildung besonders die musikalische Ausbildung eine große Rolle.[116] Schon an dieser Stelle lässt sich ein starkes Instrumentalisieren und Funktionalisieren der Musik betrachten und herausstellen, was im weiteren Verlauf der Arbeit besonders von Seiten der Politik und der Kirche noch thematisiert und

---

111 Vgl. Gruhn 2003: a.a.O., S. 51
112 Vgl. Nolte, Eckhard: Musikpädagogik. Forschung und Lehre, Band 3, Lehrpläne und Richtlinien: für den schulischen Musikunterricht in Deutschland vom Beginn des 19. Jahrhunderts bis in die Gegenwart, Mainz 1975, S. 146
113 Vgl. Gruhn 2003: a.a.O., S. 41
114 Humboldt, Wilhelm von: Über geistliche Musik. In: Werke, Band 4, S. 38
115 Vgl. Gruhn 2003: a.a.O., S. 45
116 Vgl. Gruhn 2003: a.a.O., S. 47

diskutiert wird. Insgesamt lässt sich aber zu jener Zeit eine große Konzeptlosigkeit im Bereich der schulischen Gesangspädagogik konstatieren. Das Fach Musikpädagogik war im Lehrplan des Berliner Instituts nicht enthalten.[117] Die Auffassungen über Musik und deren didaktische Vermittlung zu dieser Zeit sind nicht eindeutig. Was Musik sei und was sie zu bewirken habe, wird im 19. Jahrhundert nicht einheitlich gesehen, es gibt unterschiedliche ästhetische Positionen: Musik wurde als Gefühlsausdruck aufgefasst, so beschrieb sie Friedrich von Hausegger, Eduard von Hanslick sprach von Musik als tönend bewegter Form und Hermann Kretzschmar von „Musik als Sprache".[118] Die Gedanken über das, was Musik sein sollte oder sein könnte, gingen unterschiedlichen Schwerpunkten nach. Hinsichtlich der Ziele des schulischen Gesanges war man sich jedoch recht einig:

> „Das Singen sollte zur Erbauung des Gemüts, der Förderung einer patriotischen Haltung und der Einübung religiöser Gehalte dienen. Von daher war bestimmt, was gesungen wurde, auch über die Frage, wie gesungen werden sollte, war man sich einig: richtig und schön."[119]

Diese Ausrichtung bedient funktional gesehen sowohl die Intentionen der Kirchenmusik wie auch die der Schulmusik, was aus heutiger Sicht durchaus kritisch zu beleuchten wäre. Was diese Ausrichtung aber nicht besitzt – und dies macht der zweite Teil des Zitats deutlich –, ist ein durchdachtes gesangspädagogisches Konzept, an diesem mangelte es. Im Laufe der Zeit wurden die Kantoren, die auch an den Schulen den Gesangsunterricht übernahmen, durch die Einrichtung einiger Stellen für „Musikdirectoren" abgelöst.[120]

Im 19. Jahrhundert gibt es durchaus schon einige Bestrebungen hin zu einem autonomen Musikunterricht. Doch finden diese spätestens nach der 1848er Revolution ein jähes Ende. Ab diesem Zeitpunkt bestimmten Staat und Kirche wieder streng das Liedgut. Kirchenlieder, Volkslieder und patriotische Lieder wurden für angemessen befunden.

1.1.5   Ausblick ins 20./21. Jahrhundert

In Hinblick auf die Kulturgeschichte des Gesanges ist festzustellen, dass besonders die Jahrhundertwende die Aufgaben des Sängers noch einmal steigert.

---

117   Vgl. Gruhn 2003: a.a.O., S. 47
118   Schatt 2007: a.a.O., S. 87
119   Schatt 2007: a.a.O., S. 88
120   Vgl. Gruhn 2003: a.a.O., S. 51

Das neue Gesangsrepertoire wie zum Beispiel die Opern Richard Strauss oder die zeitgenössische Musik fordern vom Sänger eine noch besser beherrschte Technik. Im 20. Jahrhundert vollzieht sich eine Umwandlung aller Werte, nun herrschen Atonalität und der instrumentale Geist der Zeit vor.[121] Die Instrumentalmusik gewann an vielen Stellen den Kampf zwischen vokaler Musik und instrumentaler Musik. Herzfeld stellte heraus, dass Atonalität und Vokalität häufig nur schwer zusammenfänden, sich sogar nahezu ausschlössen. In der Atonalität werden hauptsächlich große Intervalle verwendet, die schwerer zu singen sind und immer gewisse Intonationsschwierigkeiten mit sich bringen. Die Atonalität müsste also weitestgehend auf vokale Elemente verzichten, wie Herzfeld betont.[122] Einige Komponisten versuchten der Stimme eine neue Aufgabe zu erteilen und sie somit in die Werke mit einzubinden. Häufig arbeitete man auch mit der Sprechstimme oder ließ die Stimme im selben Stück sowohl sprechen als auch singen. Insgesamt gibt es in der neuen Musik jedoch keine Gesanglichkeit in der gewohnten Form. Stimmsprünge, neue Klanggebung und stückhafte, oft zerrissene Elemente machen diese Musik aus.

Ebenfalls entwickelt sich zu dieser Zeit die elektronische Musik, die nun noch ganz andere Möglichkeiten bietet, die Stimme einzubeziehen. Tesarek beschreibt, dass im 20. Jahrhundert die Stimme zum „Experimentierfeld für Klänge" wird.[123] Es werden keine klanglichen Grenzen mehr gesetzt. Alles ist möglich und wird erprobt.

Gesangspädagogisch profitiert man von den Ergebnissen der vorherigen Jahrhunderte und übernimmt viele Ergebnisse. Andererseits herrscht aufgrund der Vielfalt der Gesangsschulen und Techniken eine große Desorientierung vor. Gesangslehrer versuchen ihre eigenen Erkenntnisse durch wissenschaftliche Ergebnisse zu belegen und somit eine Legitimation für ihre Singmethoden zu erhalten und diese als allgemeines Prinzip geltend zu machen.[124] Die neue Methodenvielfalt und die Vielzahl an Gesangskonzepten irritieren jedoch sehr und bringen eine große Unübersichtlichkeit mit sich. Mit der Zeit verlieren viele Gesangspädagogen jedoch ihre Befangenheit gegenüber anderen Methoden und besonders gegenüber der anderen Nationalität. Ebenso entwickeln die Stimmphysiologen ein umfangreicheres Verständnis für die Stimme des Sängers, was die Erfordernisse der Stimmausbildung transparenter werden lässt; ging man zuvor stets von einer unausgebildeten Stimme aus, so kommt nun die Stimme

---

121 Vgl. Herzfeld 1961: a.a.O., S. 145ff.
122 Vgl. Herzfeld 1961: a.a.O., S. 145ff.
123 Tesarek 1997: a.a.O., S. 109
124 Vgl. Tesarek 1997: a.a.O., S. 109

des Sängers ins Blickfeld.[125] Die Ergebnisse von Untersuchungen zeigen klare Unterschiede zwischen einer gebildeten Stimme und einer ungebildeten. 1905 gründet der Mediziner Hermann Gutzmann schließlich das Fach Phoniatrie in Berlin.

Die unterschiedlichen gesangspädagogischen Strömungen, die nun weiterhin innerhalb des 20. Jahrhunderts entstehen und Einzug erhalten in das Feld der gesanglichen, sind zum Teil sehr verschieden und einander entgegengesetzt. So unterscheiden sich direkt zu Beginn des 20. Jahrhunderts die Techniken George Armins und die Methode Paul Bruns. Armin entwickelt das sogenannte „Stauprinzip", in dem die Bruststimme im Vordergrund steht und nur über diese ein stimmbildnerischer Erfolg erzielt werden soll. Bruns Konzept steht diesem diametral entgegen. Er entwickelt die „Minimallufttheorie" oder die Lehre vom „Freilauf", in der eine absolute Lockerheit vom Falsett aus angestrebt wird, umso optimale Stimmerfolge zu erzielen.[126] Man sieht hier bereits, dass die unterschiedlichen Gesangspädagogen völlig verschiedene Wege gehen. Die stimmlichen Ergebnisse sind genauso verschieden, und häufig geht hiermit auch eine bestimmte ästhetische Vorstellung einher. Eine spezielle Technik produziert einen speziellen Klang. Dieser obliegt nun der geschmacklichen Einschätzung des Publikums.

1907 veröffentlicht Franz Wethlo seinen Aufsatz zum *Singenlernen und Singenlehren*. Im selben Jahr erscheint zum ersten Mal die Zeitschrift *Die Stimme*. Besonders die Forderung nach fundierten Erkenntnissen über die Physiologie der Stimme wurde durch Wethlo und andere laut:

> „Genaueste Selbstbeobachtung, eingehende Beschäftigung mit Anatomie und Psychologie, Akustik und den besten Werken der Gesangspädagogik könnte dazu führen, dass eine Anzahl guter Lehrer in ihren Anschauungen einander nahe kommen, und eine Einigung auf bestimmte Tonbildungsprinzipien in Zukunft nicht ausgeschlossen erscheint."[127]

Wethlo spricht damit ein wesentliches Merkmal der Gesangspädagogik des 20. Jahrhunderts an: Es gibt nahezu so viele Methoden wie Funktionen im Stimmorgan. Ebenfalls lässt sich eine auffallende Feindschaft zwischen den einzelnen Schulen feststellen.[128] 1937 wurde ein Kongress einberufen, zudem sich alle Gesangspädagogen, Stimmbildner, Stimmphysiologen und Sprecherzieher

---

125   Vgl. Geering 1955: a.a.O., S. 1929
126   Sittner, Emmie: Wege zum Kunstgesang, Wien 1968, S. 16
127   Wethlo, Franz: Singenlernen und Singenlehren. In: Die Stimme, Heft 12, Berlin 1907, S. 7
128   Tesarek 1997: a.a.O., S. 121

einfanden. Der Kongress trug den Namen *Allgemeiner Stimmbildungskongress*. Hier beschloss man eine allgemeine Grundlage für die Gesangspädagogik zu schaffen, indem man alle Ergebnisse der Stimmphysiologie zusammenfasste und auf ihre Gültigkeit und Eignung für die Stimmbildung überprüfte.[129] Auf diese Art und Weise wollte man eine allgemeingültige Basis für die Gesangspädagogik schaffen, eine solide Substanz, auf der alles Weitere aufbauen sollte und durch welche die Beständigkeit der gesangspädagogischen Zukunft gegeben sein sollte.

Trotz aller Bemühungen und der zahlreichen Erkenntnisse, die bereits über die menschliche Stimme gewonnen wurden, aller wissenschaftlichen Arbeiten und Veröffentlichungen, herrschte auch in den 1950er Jahren nur sehr wenig Einigkeit über die einzelnen Methoden. Wilhelm Ruth spricht davon, dass es kaum zu begreifen wäre, dass trotz aller „treffenden Einzelerkenntnisse" diese keinen „bleibenden Einfluss auf die Methodik des Unterrichts im Kunstgesang ausgeübt" hätten.[130] Auch in den 1980er Jahren blieb dieser Wunsch oder diese Forderung, wie es scheint, unerfüllt. Richard Jacoby forderte ein fundierteres Grundwissen über psychische und physische Prozesse beim Singen, um die Zufälligkeit und Unwissenheit beim Umgang mit Schülerinnen und Schülern zu vermeiden.[131]

Am 16. April 1988 wird der Bundesverband deutscher Gesangspädagogen gegründet. Es handelt sich dabei um einen Zusammenschluss von Professoren und Dozenten aus Musikhochschulen, Musikakademien, Konservatorien und Musikschulen sowie Lehrern aus der privaten Gesangspädagogik in Deutschland. Sein Ziel sind der intensive fachliche, interdisziplinäre Austausch und die Förderung des Gesanges national und international sowie die spezifische Förderung der jungen Gesangsbegabungen.[132] Mit der Gründung dieses Verbandes kommt ein Austausch über gesangspädagogische Fragestellungen in Gang, der eine positive Zukunft verspricht.

Im 21. Jahrhundert kann man nun sicherlich noch immer nicht von einer Einigung über Methoden und Gesangsprinzipien sprechen. Es gibt jedoch mehr Austausch und Transparenz in dieser Hinsicht. Allen Epochen der gesanglichen Kulturgeschichte sind wohl die stetige Bemühung um die richtige Technik des

---

129   Vgl. Tesarek 1997: a.a.O., S. 121

130   Ruth, Wilhelm: Stimmen aus der Praxis. In: Fol. Phon. 4, 1953, S. 254

131   Jacoby, Richard: Berufspolitische und didaktische Perspektiven im Bereich der Instrumental- und Gesangspädagogik. In: Musik und Bildung, Heft 10, 1983, S. 4-7

132   Vgl. http://www.bdg-online.org/index.php?art_id=default1, 30.01.2013, 13:28 Uhr

Singens und das Suchen nach der richtigen Gesangsschule gemein.[133] Befragt man einzelne Sängerinnen und Sänger nach ihren Erfahrungen mit unterschiedlichen Stimmschulen und gesangspädagogischen Ausrichtungen ihrer Lehrer, so hört man nicht selten, dass die Sängerinnen und Sänger im Prozess der Stimmbildung und Stimmentwicklung unterschiedliche Wege kennengelernt und aus diesen ihren eigenen Weg erschlossen haben. Gerade in der Gesangspädagogik gibt es wohl kein Einheitskonzept, das für jede Stimme tauglich ist. Das Gegenteil ist wohl der Fall: Was dem einen Sänger zum derzeitigen Stand seiner Entwicklung zum Wohle kommt, kann für den anderen Sänger gerade unpassend sein. Der Gesangspädagoge kann bei diesem Prozess nur Anleitung und Hilfestellung geben und gemeinsam mit den Schülerinnen und Schülern einen Weg suchen. Was er jedoch nie vollständig kann, ist an den Ort der Tonproduktion vorzudringen. Der Gesangsapparat des Sängers ist nicht sichtbar, oder direkt spürbar, der Gesangspädagoge nutzt einzig sein Gehör und seine Empathiefähigkeit, um dem Schüler beim rechten Ausbilden der Stimme zu helfen.

1.1.6 Schulgesang im 20. Jahrhundert

Mit den Reformlehrplänen nach 1908 durch Hermann Kretzschmar kam dem Schulgesang eine neue Funktion zu. Seine Inhalte wurden klarer, das gesangspädagogische Konzept jedoch nicht. Nolte beschreibt dies so:

> „Der Gesangsunterricht der Schule hat den Grundstein für die allgemeine musikalische Erziehung zu legen. Daraus erwachsen ihm folgende Sonderaufgaben:
> 1. Erziehung zum Musikhören;
> 2. Die eigentliche Gesangslehre;
> 3. Aneignung der im geistlichen und weltlichen Liede niedergelegten Schätze der Tonkunst;
> 4. Bildung des musikalischen Geschmackes;
> 5. Vermittlung der für jeden Gebildeten wünschenswerten Kenntnisse nicht nur aus dem Gebiet des Gesanges, sondern der Musik überhaupt."[134]

Der Schulgesangsunterricht hat also einiges zu leisten. Er schafft die Basis für alles weitere Musiklernen und musikalisiert die Schülerinnen und Schüler von Grund auf. Er verhilft auch zur Bildung des musikalischen Geschmackes und bildet die Schülerinnen und Schüler kulturell. Kretzschmar führt zum ersten Mal ästhetische Aspekte an. Die Ziele waren weitestgehend gesetzt, doch gab

---

133   Vgl. Pachner 2001: a.a.O., S. 9
134   Nolte 1975: a.a.O., S. 91

es keinen einheitlichen Weg diese Ziele zu erreichen. Man setzte unterschiedliche Schwerpunkte. Manche Vertreter betonten eher die allgemeine Musiklehre, die zum Ziel haben sollte, das Blattsingen zu verbessern, andererseits versuchte man aber auch das Gehör zu schulen, indem man Lieder vorspielte, die dann dem Gehör nach wiedergegeben werden sollten. Die Reformlehrpläne Kretzschmars bereiten denen Leo Kestenbergs, der selbst Pianist, Pädagoge und Sozialist war, den Weg. Im Rahmen seiner Tätigkeit als Referent für musikalische Angelegenheiten im Preußischen Ministerium für Wissenschaft, Kunst und Volksbildung entwickelt er seine sogenannte Kestenberg-Reform. Dank dieser Reform ist das Fach Musik nicht mehr nur auf den Gegenstand des Singens beschränkt, sondern erhält die Aufgabe, das gesamte Spektrum des Faches Musik in den Blick zu nehmen und diesem gerecht zu werden. Von nun an kommt dem Fach eine neue Bedeutung zu.[135] Leo Kestenberg formuliert in seinen Reformplänen, dass gesungen werden solle, um Musiklehre und speziell Notenlehre zu vermitteln.[136] Es wird ersichtlich, dass das Singen häufig dazu benutzt wird, andere Bereiche der Musikausbildung zu fördern oder religiöse, politische oder tugendhafte Inhalte zu vermitteln. Durchaus erkannte man jedoch zumindest in Ansätzen, dass es zum Singen gewisser stimmlicher Voraussetzungen bedarf und die Stimme durch entsprechende Bildung gefördert werden muss. Hatte man im 19. Jahrhundert zwar schon eine Fülle an gesangspädagogischen Konzepten entwickelt, so nutzte man diese jedoch in der Schule kaum. Eine Art Kinderstimmbildung existierte scheinbar noch nicht.

Man verschrieb sich einiger Methoden, um die Musiklehre durch Singen näherzubringen: 1. der „Tonic-Solfa"-Methode, 2. der Tonika-Do-Lehre und 3. der Tonwort-Methode. All diese Methoden setzten unterschiedliche Schwerpunkte, waren sich jedoch insofern einig, als das bloße Nachsingen kaum den gewünschten Lernerfolg bringen würde. Deshalb gingen die Bemühungen dahin, die rechte Methode zu finden. Fest steht, dass noch im 19. Jahrhundert und zu Beginn des 20. Jahrhunderts in der Schule häufig gesungen wurde. Das Fach Singen fand als regulärer Musikunterricht statt. Gesungen wurde, um die Inhalte der Musiklehre zu manifestieren und gesanglich nachzuvollziehen und besonders zur Ausbildung der religiösen Tugenden.

Große Veränderungen brachte für den Musikunterricht die Zeit des Nationalsozialismus. Das starke Politisieren des Singens diente zur Förderung der Gemeinschaft und zu Werbezwecken. Man sang, um politische und ideologi-

---

135   Lemmermann, Heinz: Musikunterricht, 2. Aufl., Bad Heilbrunn 1978, S. 36f.
136   Reinfandt 2004: a.a.O., S. 4

sche Auffassungen zu verbreiten.[137] In der Deutschen Demokratischen Republik wurde das Singen sogar so stark im Musikunterricht praktiziert – wie bereits erwähnt zu politischen Zwecken –, dass man 1955 sogar dazu überging das Fach Musik in „Gesang" umzubenennen, was jedoch auf Seiten der Lehrerschaft starke Kritik und Protesthervorrief, sodass man die Benennung vier Jahre später wieder rückgängig machte.[138] Auch wenn das Singen zu dieser Zeit im Unterricht häufig noch zu manipulativen Zwecken verwendet wurde, steht fest, dass viel gesungen wurde und es zahlreiche sogenannte Singklassen gab.

Seit den 70er Jahren hat sich dies, zumindest in der Bundesrepublik Deutschland, verändert. Zurückzuführen ist das auf die Erkenntnisse über den ideologischen Missbrauch des Singens für politische Zwecke besonders im Dritten Reich. Nicht zuletzt spielt hier auch die 1950 durch Theodor W. Adorno und Theodor Warner initiierte Diskussion über das Singen und den Liedgebrauch in der Schule eine wichtige Rolle. Adorno stellte die Singpraxis im Unterricht auch deshalb stark in Frage, da sie ihm zu wenig rational erschien. Zu diesem Zeitpunkt wurde das Singen nahezu aus dem Musikunterricht verbannt. Die Praxis wich musikpädagogischen Betrachtungs- und Analysemethoden. An dieser Stelle lohnt die Frage danach, wie die Schülerinnen und Schüler in den 1970er Jahren das Singen empfanden. Aus dieser Zeit existiert eine Fragebogenerhebung, die sich dem Thema des Singens in der BRD widmet. Das Ergebnis dieser Befragung ist erstaunlich, so geben fast 40% der 14- bis 24-jährigen Befragten an, das sie oft singen. Damit übertrifft diese Altersgruppe alle anderen. Nimmt man die Ergebnisse des „Zuweilen"- und „Oft"-Singens zusammen, so erhält man einen Prozentsatz von 94,2%, welcher ebenfalls höher ist als der aller anderen Altersgruppen.[139] Besonders gerne wird in der Freizeit gesungen, auf Reisen, in Gruppen und allgemein in der Gemeinschaft. In der Schule wird ebenfalls gesungen, doch steht hier die Vermittlung der Lieder eher im Vordergrund als das Singen selbst.[140] Die musikpädagogische Diskussion dieser Zeit lässt sich also so nicht in der Lebenswirklichkeit der Schülerinnen und Schüler wiederfinden. Ebenfalls erscheint zu dieser Zeit das *Liedermagazin*, ein Schul-Liederbuch, welches eine Ergänzung zum regulären Schulmusikbuch darstellt. Dennoch wird in den Schulen ab dieser Zeit viel weniger gesungen.

---

137 Weh 2007: a.a.O., S. 11
138 Gruhn 2003: a.a.O., S. 399
139 Klusen, Ernst: Zur Situation des Singens in der Bundesrepublik Deutschland. 2 Bände. (Musikalische Volkskunde – Materialien und Analysen, IV), Köln 1974, S. 62
140 Vgl. Klusen 1974: a.a.O., S. 75, 107

Seit den 1990er Jahren könnte man nun von einer Wiederentdeckung des Singens in der Schule und in den Bereichen der Kinder- und Jugendkulturen in Deutschland sprechen. Dies schlägt besonders in aktuellen Entwicklungen wieder, wie in den Vorstellungen der einzelnen Gesangsprojekte und Experteninterviews im Folgenden noch herausgestellt wird.

1.2 Zur anthropologischen Bedeutung des Singens

Der Neugeborene setzt seine Stimme zunächst zum Schreien ein. Dieser erste Schrei des Säuglings ist eine Grundäußerung, eine Geste der Befreiung, die einen reinen Selbstzweck besitzt. Der erste Kontakt zwischen Säugling und Welt vollzieht sich also über eine stimmliche Äußerung, die dem Singen nicht allzu fern ist. Immerhin kommen auch hier schon Bedürfnisse, Äußerungen der Befindlichkeit und Antworten auf etwas Wahrgenommenes zum Ausdruck. Dieser erste Schrei intendiert Gefühle wie Schmerz, Hunger oder Schrecken.[141]

Auch im Gebrauch der Stimme zum Singen verleiht der Mensch einer Intention Ausdruck. Im Singen kann der Mensch sogar seine ursprünglichste Ausdrucksform finden. Die Stimme des Menschen ist zweifelsfrei ein wesentlicher Teil seiner leibseelischen Einheit. Sie begleitet ihn ein Leben lang und untermalt seine Handlungen:

> „Sprechend bewältigt er seine Umwelt, sagt sich selbst aus, bestätigt sich durch Sprache und Gesang in Freud und Leid."[142]

Singen kann Spiegel der Seele sein, aber auch kunstvoller Gebrauch der Stimme in einer musikalisch-stilisierten Form. Die Stimme des Menschen hat eine zentrale Bedeutung für die Interaktion der Menschen untereinander. So merkt Christina Elmiger, Erzieherin und Lehrerin für musikalische Früherziehung, an, dass „die Schwingungen der Stimme von Körper zu Körper im richtigen Verhältnis weitergegeben werden".[143] Sie empfiehlt den gesanglichen Einsatz der Stimme deshalb besonders im Bereich der Heilpädagogik. Ihrer Meinung nach sollte „jedes schulische Fach in der Heilpädagogik musikalisch unterricht

---

141   Habermann, Günther: Stimme und Sprache, Stuttgart 1986, S. 143
142   Riesch 2008: a.a.O., S. 9
143   Elmiger, Christina: Die Bedeutung der Stimme im Umgang mit körperlich und geistig behinderten Kindern. In: Hefele, Michaela; Yemen-Dzakis, Mirka: Jedes Kind kann singen. Stimmbildung in Kindergarten und Grundschule, Kassel 2006, S. 123

werden".[144] Die Rolle der Musik und im Besonderen die Rolle des Singens ist hier eine andere als im Bereich der Kunstmusik. Ging es nun also zunächst um die Kulturgeschichte der menschlichen Singstimme im Bereich der Kunst, so soll im Folgenden der Fokus auf das Singen als Ausdrucksform der Seele gerichtet werden. Das Phänomen menschlichen Stimmgebrauchs in singender Art soll nun anthropologisch beleuchtet werden. Fragen, die hierbei von Bedeutung sein werden, sind: Wann und warum singen Menschen? Kann Singen überhaupt für den Menschen wichtig sein? Welche Potentiale bietet das Singen dem Menschen? Karl Adamek beschreibt in seinem Buch *Singen als Lebenshilfe*, wie der Mensch das Singen gezielt als eine Art Hilfe einsetzt, um in gewissen Situationen wieder eine psychische Balance herzustellen, Anregung oder Entspannung zu erfahren. Seine Untersuchungen liefern neue Ergebnisse zur Alltagsfunktion des Singens, die bisher nicht erforscht wurde. Es stellt sich heraus, dass die Integration des Singens in den Alltag eine wichtige Instanz für den Menschen ist, die gesellschaftlich eine nicht zu unterschätzende Rolle einnimmt. Die Ergebnisse plädieren deshalb auch für den enormen Stellenwert des Singens im Musikunterricht an Schulen. Auch wenn es sich hierbei nur um eine Nebenerscheinung des Singens handelt, die nicht im Fokus dieser Arbeit steht, sollte sie dennoch Beachtung finden, auch weil dieser Aspekt durch die Expertenäußerungen im weiteren Verlauf wieder aufgegriffen wird. Adamek beschreibt, dass der Mensch „durch das Singen veränderte Bewusstseinszustände initiieren und es ebenso als Tor zu spirituellen Erfahrungsräumen nutzen" könne.[145] Diese Erfahrungen mit dem Singen sind jedoch keine, die in Untersuchungen oder durch langes Forschen genau darstellbar würden. Was tatsächlich im Inneren des Menschen geschieht, wird nicht sichtbar. Sichtbar sind Reaktionen, körperliche Veränderungen oder auch klangliche Manifestationen, die hörbar werden. Die Gefühle eines Menschen sind jedoch nicht sichtbar. Werden sie nicht über das Medium Sprache vermittelt, können sie nur durch angewandte Empathiefähigkeit erahnt werden, wenn überhaupt. Adamek hat, angesteckt von seinen eigenen Erfahrungen mit dem Singen, eine Studie zum Singen als Bewältigungsstrategie durchgeführt. Die Ergebnisse dieser Studie zeigen im Wesentlichen, dass das Singen ein Existential des Menschen ist. Es ist wesentlich an Sozialisationsfaktoren des Menschen gebunden und zur Regulation von Emotionen dienlich, kurz: Singende Menschen, so findet Adamek in seiner Studie

---

144   Elmiger 2006: a.a.O., S. 123

145   Adamek, Karl: Singen als Lebenshilfe, Münster 1996, S. 25

heraus, bewältigen ihr Leben besser als Menschen, die nicht singen.[146] Darüber hinaus spricht Adamek, wie auch Personen anderer Kulturen, dem Singen eine heilende Wirkung zu und beschreibt die Bedeutung des Singens:

> „Immer wieder erfuhr ich Singen als so eng verknüpft mit Lebendigkeit, Selbstheilung, Glück, dass es sowohl vorkam, dass ich sang, weil ich glücklich war, als auch, dass ich wieder glücklich wurde, weil ich sang. Ich erlebte das Singen als Raum, in dem das Leben zu sich selbst zurückfindet, als Vehikel zu erweiterten Bewusstseinszuständen wie der heilenden Trance, als einen Ausdruck übersprudelnder Lebensfreude. Aus diesen Erfahrungen entstand die Frage, ob das Potential des Singens für viele Menschen fruchtbar gemacht werden kann."[147]

Dieser Frage geht Adamek in seinen Untersuchungen nach und es wird ersichtlich, dass das Singen durchaus eine bedeutende Funktion für die Menschen, auch über den künstlerischen Gebrauch hinaus besitzen kann. So liefert Adamek ein „Plädoyer für eine erneuerte Kultur des Singens".[148]

Im Folgenden werden Beispiele angeführt für Bereiche, in denen das Singen unabänderlich in den Alltag integriert ist. Das anthropologische Spektrum des kulturell ganz unterschiedlich integrierten Singens wird aufgespannt. Schaut man sich einmal den Gebrauch der Stimme in bestimmten Mythen, Bräuchen oder Religionen der unterschiedlichen Völker an, so wirft dies ein Licht auf die andere Seite des Stimmgebrauchs, das Singen in Abgrenzung zum Kunstgesang.

1.2.1 Singen als Enkulturation

Der Mensch wird in eine Kultur hineingeboren, in der er fortan mit den Merkmalen dieser Kultur konfrontiert wird und diese erfährt. Hörend kommt er bestimmten kulturellen Phänomenen näher, stimmlich aktiv und partizipierend eignet er sich somit die Grundsätze und Ausprägungen dieser Kultur an. Als Teil der Sozialisation durchläuft der Mensch dann den Prozess der Enkulturation. Enkulturation entsteht zwangsläufig aus einer Vielzahl an Ereignissen. Zum

---

146 Vgl. Adamek, Karl: Singen als Lebenshilfe. Zu Empirie und Theorie von Alltagsbewältigung. Plädoyer für eine „Erneuerte Kultur des Singens". In: Gembris, Heiner; Kraemer, Rudolf-Dieter; Maas, Georg (Hrsg.): Singen als Gegenstand der Grundlagenforschung. In: Musikpädagogische Forschungsberichte 1996, Augsburg: Wißner. Forum Musikpädagogik Bd. 27, S. 95
147 Adamek 1996: a.a.o., S. 95
148 Adamek 1996: a.a.o., S. 95

einen eignet sich der Mensch im Laufe der Zeit bestimmte kulturelle Merkmale an. Zum anderen ist er eingebunden in ein funktionales Geflecht von Bildungs- und Erziehungsintentionen.

Auch im Prozess der Stimmbildung wird der singende Mensch in kulturelle Kontexte eingebunden. Immer wieder erfolgt die Konfrontation mit anderen kulturellen Gegebenheiten. Die kulturelle Prägung des Stimmklangs und der Stimmfärbung und die damit verbundenen kulturellen Unterschiede sind besonders anthropologischer Natur, aber auch kulturtheoretisch auszumachen:

> „Stimme stellt sich in ihrem Gebrauch dar. Im Gebrauch der Stimme verbinden sich anthropologisch fassliche Universalien und kulturtheoretisch zu bestimmende kontextrelationale Spezifika zu einem schwer entwirrbaren Zusammenhang."[149]

Die anthropologische Dimension der Stimme beschreibt ihre physische und psychische Wirksamkeit. Es geht um die rein physiologische Funktion der Stimme und auch um den Gebrauch der Stimme als Möglichkeit der Gefühlsäußerung. Über die Stimme transportiert der Mensch seine Innerlichkeit nach außen, die Stimme dient als Medium zwischen dem menschlichen Inneren und der Welt, nicht nur als reaktive Maßnahme auf die Welt, sondern als bewusstes, eigenständiges Äußern, ein Äußern des „eigenen Daseins in dieser Welt", welches sich über die Stimme manifestiert.[150] Im bewussten Gestalten des Sprechens oder Singens, in der Kenntnis und dem Anwenden gewisser Regeln, Normen und Stimmtechniken offenbart sich schließlich die Kultur. In diesem Prozess geschieht ein Dreifaches: Erstens realisiert die Stimme ein kulturelles Produkt, des Weiteren erzeugt der Mensch in diesem bewussten Stimmgebrauch selbst ein kulturelles Produkt und drittens erfährt der Mensch eine Verwirklichung seiner selbst in der Hervorbringung von Kultur.[151] Wird dieser dreifach dimensionierte Prozess von der Umwelt und den Kommunikationspartnern – so ist Singen auch immer eine Kommunikation mit dem Außen – verstanden und als sinnvoll erachtet, belegt dies eine gelungene Enkulturation. Darüber hinaus zeigt es, wie der Mensch die Einflüsse und Reize der Umwelt stimmlich verarbeitet und den Stimmgebrauch eventuell an erlernte Techniken knüpft:

---

149   Schatt, Peter: Stimm-Bildung als Enkulturation. Zur Didaktik in einer pluralen Kultur. In: Stimme, herausgegeben vom Institut für Neue Musik und Musikerziehung Darmstadt, Mainz 2003, S. 204
150   Vgl. Schatt 2003: a.a.O., S. 204
151   Vgl. Schatt 2003: a.a.O., S. 205

„Enkulturation hinsichtlich des Stimmgebrauchs ist demnach eine durch das Zusammenleben mit Anderen veranlasste, aber vom Subjekt vollzogene Leistung hinsichtlich der Poiesis und Praxis der Stimme: ein Erwerb sowohl der Techniken ihres Gebrauchs als auch der Fähigkeit, diese Techniken bedeutsam gebrauchen zu können."[152]

1.2.2 Singen als anthropologische Gegebenheit

Innerhalb dieser Arbeit wird immer wieder erfahrbar, dass das Singen eine Dimension besitzt, die eng an die menschliche Natur gebunden ist. Singen ist eine Grundäußerung des Menschen. Im Singen folgt der Mensch einer Neigung, er verleiht einem Grundgefühl Ausdruck. Eckard Nolte verortet die Erkenntnis, dass die Musik dem Menschen „wesenhaft" sei, zu den grundlegenden Erkenntnissen der Musikpädagogik des 19. Jahrhunderts:

> „Die Auffassung, dass die Musik dem Menschen wesenhaft sei, gehört zu den grundlegenden Theoremen in der Musikpädagogik des 19. Jahrhunderts und findet ihren terminologischen Niederschlag in Begriffen wie ‚Anlage', ‚Trieb' oder ‚angeborene Liebe' zur Musik, ‚Drang zur musikalischen Äußerung', ‚Musiksinn', ‚Tonsinn', ‚Tonkraft', ‚Tonvermögen' und ähnlichen Bezeichnungen."[153]

Besonders das Singen ist zur Unterstützung dieser Auffassung ein beispielhafter Gegenstand. Die Neigung zum Singen, so betont Nolte, scheint eine für jeden beobachtbare Gegebenheit darzustellen. Alltägliche Handlungen werden durch Singen oder Pfeifen untermalt und so bewusst oder unbewusst musikalisiert. Nolte spricht hier von einem „Hinweis auf eine entsprechende naturgegebene Anlage" zur musikalischen Äußerung.[154] Er macht dies an musikpädagogischen Schriften des 19. Jahrhunderts deutlich. So führt er vor Augen, dass F.H.Chr. Schwarz den Gesang bereits 1802 als einen „Zweig der Humanität" erkennt, der durch den entsprechenden Gesangsunterricht „recht ins Leben zu setzen" sei.[155] Viele Musikpädagogen bemerken, dass das Singen einen Bestandteil der menschlichen Natur darstellt. Es ist festzustellen, dass die Musik aus einem inneren Antrieb des Menschen heraus entsteht. Nolte fasst dies zusammen, indem er äußert, dass die „Musik einen nicht wegzudenkenden Be-

---

152 Schatt 2003: a.a.O., S. 208
153 Nolte, Eckhard: Die Musik im Verständnis der Musikpädagogik des 19. Jahrhunderts, Paderborn 1982, S. 16
154 Nolte 1982: a.a.O., S. 16
155 Schwarz, Christian: Erziehlehre, 2. Auflage, Band 3, Leipzig 1829, S. 172, zitiert nach Nolte 1982: a.a.O, S. 16

standteil menschlichen" Lebens ausmacht.[156] Dies ist in einem weiteren Gedankengang auch auf die physiognomischen Anlagen des Menschen zurückzuführen: Der menschliche Körper ist mit einem Stimmapparat und einem Gehör ausgestattet. Durch seine physiologisch begründeten Eigenschaften besitzt der Mensch also die Voraussetzungen, musikalisch tätig zu werden. Diese Eigenschaften und Anlagen sind im Gesangsunterricht „auf eine das Tonvermögen bildende Weise zu entwickeln.[157] Besonders der Aspekt des naturgegebenen menschlichen Antriebs zur Musik und zum Singen wird im Folgenden immer wieder von Bedeutung sein.

1.2.3 Singen in Mythos und Märchen

Das Singen spielt in zahlreichen Mythen und Geschichten eine wesentliche Rolle. Im Folgenden soll es zunächst um den Bereich der Mythen gehen, daraufhin gelangen Märchen und Sagen in den Fokus. Der wohl eindrücklichste Mythos in diesem Bereich ist jener der australischen Aborigines, die daran glauben, dass die Welt ersungen wurde. Ihre Ahnen oder göttlichen Vorfahren sind die Schöpfer der Welt, denn sie haben diese ins Dasein gesungen, so ist es dem auf umfassenden ethnologischen Studien beruhenden Roman *Traumpfade* von Bruce Chatwin zu entnehmen.[158] Die Aborigines sind auch ein Volk, welches viele Weisheiten und ureigene Erkenntnisse in Form von Liedern, die dann an die nachfolgenden Generationen gereicht werden und von denen erlernt werden müssen, weitergibt. Das gesungene Lied bekommt hier die Aufgabe eines Informationsträgers. So enthält ein Lied zum Beispiel Informationen über bestimmte Pfade und Wege und wird deshalb als Karte oder Kompass eingesetzt. Ganz Australien ist für die Aborigines scheinbar eine musikalische Landkarte und wie eine Partitur zu lesen.[159] Vergegenwärtigt man sich noch einmal die Auseinandersetzung der Gesangspädagogen der vergangenen Jahrhunderte über die rechte Gesangstechnik in der mitteleuropäischen Kunstmusik, die vergeistigte, hochstilisierte Diskussion über die richtige Gesangsschule und Methode, so eröffnet sich eine riesige Kluft der kulturellen Disparitäten. Die Lebensweise der Aborigines, deren Leben durch das Singen bestimmt ist und

---

156 Nolte 1982: a.a.O., S. 17
157 Hientzsch, Johann G.: Methodische Anleitung zu einem möglichst natur- und kunstgemässen Unterrichte im Singen, Breslau 1836, S. 5, zitiert nach Nolte 1982: a.a.O., S. 22
158 Adamek 1996: a.a.O., S. 26
159 Vgl. Adamek 1996: a.a.O., S. 27

von diesem geleitet wird, muss vollkommen differenziert vom Singen als stilisierter Kunstform betrachtet werden. Für die Aborigines bedeutet das Singen, dass eine praktische Lebensweise vollzogen wird – ohne zu fragen wie man zu singen habe. Die Aborigines sprechen davon „das Land herbeizusingen", weil es dann schneller komme.[160] Das Singen bestimmt ihr Leben, ist ihre Alltagstechnik, unterstützt das Leben und scheint in einem starken spirituellen Zusammenhang zu ihrem Leben zu stehen. In dem Roman *Traumfänger*, geschrieben von der amerikanischen Ärztin Marlo Morgan, wird dies noch deutlicher. Die Aborigines sehen die wahre Bestimmung der Stimme nicht im Sprechen, sondern im Singen. Jeder Mensch kann singen, auch wenn er denkt, dass er es nicht könne, so stecke doch in jedem Menschen ein Sänger.[161] Allgemein, so zeigt der Roman Morgans, versuchen die Aborigines stets die Talente der einzelnen Menschen herauszustellen und als besonders zu behandeln. Hier folgen sie einem anderen Anspruch als dem der allgemein westlichen Bevölkerung. Für die Aborigines geht es also nicht nur um die Qualität des Singens, es geht um das Singen an sich. Singen ist hier nicht im Sinne von Kunstgesang zu begreifen, sondern als Teil eines jeden Lebens. Morgan berichtet beispielsweise auch von der „heilenden Kraft des Gesanges", die sie am eigenen Leib erfahren habe.[162] Das Singen besitzt also nicht nur die Aufgabe des Informationsträgers sowie der Sprache, denn die Aborigines verfügen über keine Schriftsprache. Das Singen scheint hier auch zu medizinischen und therapeutischen Zwecken Verwendung zu finden. Diese Wirkung wird dem Singen auch in der westlichen Welt zugesprochen, wie sich in Kapitel 2 bei den Experteninterviews noch herausstellen wird.

Ein anderes Volk, die Tuwas, die zwischen Sibirien und der Mongolei leben, entdeckten für sich eine Besonderheit im Singen. Sie entwickelten eine neue Form des Obertonsingens, welches auch in bestimmten schamanischen Ritualen angewendet wird und für den Umgang mit Tieren von größter Bedeutung war. Experimente der Tuwas zeigen den großen Einfluss ihres Gesanges auf Tiere.[163] Auch hier wird das Singen als praktische Tätigkeit vollzogen, die dem Leben dienen soll, denn Tiere als Nutztiere und Nahrung sind für die Lebensumstände der Tuwas von großer Bedeutung. Das Singen sichert für die Tuwas zum Teil sogar ihre Existenz.

---

160   Chatwin, Bruce: Traumpfade. The Songlines. Roman. Aus dem Englischen von Anna Kamp, München 1990, S. 25ff.

161   Vgl. Morgan, Marlo: Traumfänger, München 1995, S. 95

162   Morgan 1995: a.a.O., S. 44

163   Vgl. Adamek 1996: a.a.O., S. 28

Ernst Klusen beschreibt, dass die Gesänge der einfachen Völker, die keine Schrift besaßen, nach ihrer Wirksamkeit qualifiziert wurden. Es ist nicht die Frage nach der Kunstfertigkeit, sondern ganz pragmatisch nach der alltäglichen Brauchbarkeit. Adamek gibt über die Funktion der Gesänge für die schriftlosen Gesellschaften Folgendes an:

> „Sie wurden nicht als entbehrliche Zugabe zum Leben verstanden, sondern als Lebensvollzug."[164]

Diese Völker führen keine Debatten über den Erhalt der kulturellen Aspekte einer Gesellschaft. Sie leben ihre Kultur aus der Notwendigkeit heraus.

Ernst Klusen und auch Wolfgang Suppan stellen fest: „Gesänge haben Macht [...]."[165] Die Klänge der menschlichen Stimme im Gesang scheinen also eine besondere Wirkung zu haben. Mit Macht ist hier scheinbar eine innere Macht gemeint. Das gemeinsame Singen, die Völkergesänge besitzen eine große Veränderung, eine Macht, etwas zu verändern oder anzustoßen. Vielleicht sogar etwas Magisches, das mit Worten kaum beschreibbar ist.

Viele Mythen unterschiedlicher Völker scheinen dies zu bestätigen. In indianischen Mythen entwickeln sich Tiere durch den Gesang zu Menschen. In einem anderen Mythos begleitet der Gesang in den Tod und wirkt hier musiktherapeutisch. In einem Mythos der Eskimos begleitet das Singen nicht in den Tod, sondern durch den eigenen Gesang wird eine Frau wieder zum Leben erweckt und überwindet somit die Grenzen des Todes. Auch wenn hier nur die Rede von Mythen ist, so ist doch vorstellbar, welche besondere Funktion dem Singen in einigen Völkern zugesprochen wird. Denn: Wie beeinflussend und intensiv müssen die Erfahrungen mit der Kraft des Singens sein, wenn derartige Mythen in manchen Kulturen überleben können?[166] Hört man sich Mythen anderer Völker an oder beschäftigt sich mit dem Gebrauch der Stimme in anderen Kulturen, so erscheint das Singen plötzlich in einer ganz anderen Perspektive. Soweit muss man den Blick jedoch gar nicht richten, denn auch im europäischen Kulturkreis entstand ein Mythos zum Gesang, denkt man doch nur einmal an Orpheus und die Macht seines Gesanges. Große Teile der Schöpfung

---

164   Adamek 1996: a.a.O., S. 28
165   Vgl. Klusen, Ernst: Singen. Materialien zu einer Theorie, Regensburg 1989, S. 87 und Suppan, Wolfgang: Der musizierende Mensch. Eine Anthropologie der Musik, Mainz 1984
166   Vgl. Adamek 1996: a.a.O., S. 31

folgten seinem Gesang und gehorchten diesem. Er lebte durch seine sängerische Gabe in Einklang mit der Natur.[167]

Homer berichtet über die beiden Sirenen, welche durch ihr scheinbar betörendes Singen die Seefahrer anlockten. Folgten diese dem Gesang der Sirenen, so kehrten sie nicht wieder zurück und starben. Odysseus wollte, obwohl er um die Macht des Sirenen-Gesanges wusste, ihrem Singen zuhören. So entwickelte er den Plan, seinen Seeleuten die Ohren mit Wachs zu verschließen, sich selbst an den Mast des Bootes binden zu lassen, und machte mit seinen Gefährten aus, dass wenn er sich von den Fesseln zu lösen suchte, diese noch fester geschnürt werden sollten. Auf diese Weise entkam er den Sirenen, hörte ihren Gesang aber dennoch.[168] Hier besitzt das Singen eine verführerische Kraft, die nicht zum Guten führt.

Anders hingegen im Märchen *Das singende, klingende Bäumchen*, welches aus einem Fragment der Gebrüder Grimm entstand.[169] Das begehrte Bäumchen beginnt in diesem Märchen erst durch die Kraft der wahren Liebe mit dem Singen. Durch sein Singen wird der verwunschene Prinz erlöst und wieder zum Menschen. Das Bäumchen wird im Zauberwald zurückgelassen mit der Absicht, seinem Finder Glück zu bringen. In diesem Märchen ist das Singen etwas, das Erlösung und Liebe stiftet.

1.2.4 Singen in religiösen Kontexten

Auch im religiösen Bereich ist das gemeinsame Singen von großer Bedeutung. Die Kirchenmusik und Hymnologie geben darüber Auskunft. Singen und Gesang werden durch die Kirche gefördert und sind fester Bestandteil der Liturgie. Dies gilt nicht nur für die christlichen Religionen. In alten griechischen Überlieferungen wird die Musik oft als von Gott stammend betrachtet und ihre seelenreinigende Funktion – insbesondere die des Gesanges – hervorgehoben.

---

167 Vgl. Publius Ovidius Naso: Orpheus und Eurydice. In: Metamorphosen. Hrsg. und übers. von Gerhard Fink, Sammlung Tusculum. Artemis & Winkler, Zürich 2004

168 Vgl. Homer: Odyssee. In: Projekt Gutenberg-de, http://gutenberg.spiegel.de/ buch /1822/1

169 Die folgenden Ausführungen nehmen Bezug auf eine Märchenverfilmung unter der Regie von Francesco Stefani, Drehbuch Anne Geelhaar, nach Motiven der Brüder Grimm, Filmdaten: Originaltitel: Das singende, klingende Bäumchen, Produktionsland: DDR, Originalsprache: Deutsch, Erscheinungsjahr: 1957, Länge: 73 Minuten, Regie: Francesco Stefani, Drehbuch: Anne Geelhaar nach Motiven der Brüder Grimm

Betrachtet man einmal die christliche Liturgie, so ist zu erkennen, dass das Singen hier immer noch eine tragende Rolle spielt. Bestandteil eines jeden evangelischen Gottesdienstes oder einer jeden katholischen Messe sind die Gemeindegesänge, an deren Kraft, die durch das gemeinsame Singen verstärkt wird, viele Gemeindemitglieder glauben. Der Autor und Benediktinerpater Anselm Grün schreibt über das Singen des Chorgebetes Folgendes:

> „Im Singen kommen wir in Berührung mit den positiven Gefühlen, wie Freude, Hoffnung, Sehnsucht und Liebe. Dadurch verlieren die negativen Gefühle ihre Macht über uns. Wir brauchen uns im Singen nicht in Gefühle der Freude und Liebe hineinzusteigern. Wenn wir uns einfach auf das Singen einlassen, dann bewirkt es etwas in uns, dann steigen Freude und Sehnsucht in uns auf."[170]

Der Gemeindegesang des Chorgebetes birgt für manche Menschen die Chance, positive Gefühle zu etablieren, ohne dass sie sich gar tief in etwas hineinversetzen müssen. Laut Grüns Beschreibung kann das Singen in der bloßen Ausübung und Teilnahme schon das Aufsteigen von Freude in einem Menschen bewirken. Auch im hinduistischen Kulturkreis ist das Singen ein fester Bestandteil der spirituellen Praxis. Hier ist besonders das Bhajan-Singen, ein Verehrungsgesang Gottes, zu erwähnen, der in seiner steten Wiederholung „den Blick zur Erkenntnis der Wahrheit" freigeben soll.[171]

Aber auch in Klöstern unseres Kulturkreises gliedert das tägliche gemeinsame Singen den gesamten Tagesablauf. Psalmen und Gebete werden gemeinsam gesungen und erhalten somit eine besondere Funktion für die religiöse Praxis. Auch manche Yoga-Lehren verzichten nicht auf die Kraft des Gesanges, sondern nutzen diese in spiritueller Praxis, besonders im gemeinsamen „Chanten", was als heilsames Singen bezeichnet wird.

Hervorzuheben wäre außerdem noch, dass das Singen häufig zur Trauerbewältigung eingesetzt wird, ein Brauch, der noch heute in Teilen Griechenlands praktiziert wird, wenn ein Angehöriger verstorben ist. Die Familie zieht in besonderen Fällen ein Klageweib hinzu, welches die Angehörigen auch gesanglich unterstützt. Das Klageweib singt mit den Angehörigen, um durch bestimmte Lieder die Trauer besser zu verarbeiten, so beschreibt es Jorgos Canacakis in einer Felduntersuchung zur psychohygienischen Wirksamkeit der

---

170   Grün, Anselm: Chorgebet und Kontemplation, Münsterschwarzach 1989, S. 48f.
171   Adamek 1996: a.a.O., S. 34

Totenklage.[172] Das Singen besitzt eine reinigende Kraft, eine Kraft, die Hoffnung schenkt und Mut macht.

1.2.5 Singen bei der Arbeit

Bereits Ende des 19. Jahrhunderts beschreibt Karl Bücher, dass das Singen in verschiedenen Kulturkreisen die Funktion besitzt, zur Arbeitserleichterung beizutragen. Besonders in Afrika und dem Orient scheint es eine Gewohnheit zu sein, sich zur Arbeit durch Gesang zu motivieren. Über die Frauen der M'Komis in Westafrika wird laut Bücher sogar gesagt:

> „Wenn eine Frau nicht singt, arbeitet sie nicht viel."[173]

Dieses Zitat verdeutlicht eine unabdingbare Verbindung zwischen Singen und Arbeiten. Auch in unserem Kulturkreis war das Singen bei der Arbeit früher eine gängige Betätigung. Jedoch ist hier besonders das Singen bei landwirtschaftlicher, handwerklicher Arbeit oder bei schwerer körperlicher Arbeit gemeint. Gesang bei der Arbeit scheint in verschiedenen Kulturen also unverzichtbar und der Arbeit absolut zuträglich zu sein. Aus welchem Grunde dies so ist, ist nicht weiter erforscht. Adamek vermutet allerdings, dass hier nicht reine Selbsttäuschung vorliegen könne, weil sich das Singen bei der Arbeit in vielen Kulturen unabhängig voneinander entwickelt habe. Er folgert daraus, dass das Singen in einer bestimmten Weise eine mobilisierende Wirkung für die Arbeiter habe, er spricht davon, dass es „Energieressourcen" freisetze.[174] Die Arbeitslieder oder auch Worksongs der Afroamerikaner, die seit dem 17. Jahrhundert von den Sklaven zumeist auf den Baumwollplantagen gesungen wurden, sind ein sehr gutes Beispiel für das Singen bei der Arbeit zu deren Erleichterung. Der Worksong war eine der wenigen erlaubten Äußerungsformen der schwarzen Feldarbeiter zu Zeiten der Sklaverei. Außerdem sind diese Songs die ersten Dokumente afroamerikanischer Musik. Mit Hilfe des Taktschlages koordinierten die Arbeiter ihr Arbeitstempo. Es gab zumeist einen Vorsänger. Die Gruppe antwortete im Chor. Diese sogenannte antiphone Gesangsform gehört

---

172 Vgl. Canacakis, Jorgos: Trauerverarbeitung im Trauerritual. Psychologische Felduntersuchung zur psychohygienischen Wirksamkeit der Totenklagen (Moiroloja) in Mani, Griechenland. Dissertation an der Universität Essen 1982
173 Bücher, Karl: Arbeit und Rhythmus, Leipzig 1924, S. 44ff.
174 Vgl. Adamek 1996: a.a.O., S. 26

einer weitverbreiteten afrikanischen Tradition an.[175] Auch wenn die Afrikaner in ihren Traditionen und in ihrer Kultur stark unterdrückt wurden, setzten sich dennoch einige Traditionen, die von ihrer „Zweckdienlichkeit" abhingen, durch.[176] So überlebten die Chorgesänge der Sklaven, die schon in Afrika die Gruppenarbeit unterstützten. Die Sklavenhalter sahen hier deutliche Vorteile für das raschere Arbeiten ihrer Sklaven. Andere Traditionen hingegen starben fast gänzlich aus, da die Weißen diese nicht für sinnvoll oder notwendig erachteten oder die Arbeiter an anderer Stelle gebraucht wurden. Besonders beim Baumwollpflücken, welches von morgens früh bis in die Nacht hinein geschah, wurde viel gesungen. Das Singen erleichtert die Arbeit, lenkt von dieser ab und strukturiert diese rhythmisch. Es begleitet die Feldarbeit der Sklaven.

1.2.6 Politische Erziehung durch Singen

In Zeiten politischer Unruhen und starker politischer Veränderungen, wie im Dritten Reich, in den 1970er Jahren, in der DDR und der BRD lassen sich gesamtgesellschaftliche Bewegungen, Beeinflussungen und Trends feststellen. Musik scheint als Mittel der Manipulation immer wieder besonders geeignet zu sein. Schaut man sich einmal die Zeit des Nationalsozialismus an, so erkennt man, dass die Pädagogen das Singen als gezieltes Mittel einsetzen. Anne Niessen hat in einer qualitativen Untersuchung zum Singen von Mädchen im Dritten Reich 13 Frauen befragt, die sich an das Singen im Dritten Reich erinnern.[177] Niessen stellt heraus, dass zu dieser Zeit häufig auch in der Schule gesungen wurde, wenn auch die gesanglichen Erfahrungen in den Jugendorganisationen und Verbänden wahrscheinlich durchaus prägender waren. Das Singen zu dieser Zeit wurde sehr stark von politisch-manipulativen Intentionen begleitet.

In der Gesellschaft hatte die Frau zu dieser Zeit die Aufgabe, die Kinder zur Welt zu bringen, sich um sie zu kümmern und die Familie zusammenzuhalten. In der Arbeitswelt wurde sie nur in Berufen, die „ihren angeblichen Befähigungen am nächsten kamen", also Berufen wie Krankenschwester, Erzieherin oder im äußersten Fall sogar Lehrerin, akzeptiert.[178] Doch in Hinsicht auf die

---

175 Oliver, Paul: Die Story des Blues. Worksongs, Ragtime, Rhythm and Blues, Hamburg 1978, S. 14
176 Oliver 1978: a.a.O., S. 15
177 Niessen, Anne: „Die Lieder waren die eigentlichen Verführer!". Mädchen und Musik im Nationalsozialismus, Mainz 1999
178 Niessen, Anne: Anmerkungen zum Singen aus sozialisationstheoretischer Perspektive. In: Lehrmann-Wermser, Andreas; Niessen, Anne (Hrsg.): Aspekte des Singens. Ein Studienbuch, Augsburg 2008, S. 39

musikalische Bildung kam ihr eine wesentliche Rolle zu. Sie sollte, so gab der Leiter der Schulmusikabteilung der Kölner Musikhochschule in einer Zeitschrift an, die Kulturgüter bewahren und die Kinder schon früh an deren Schönheit heranführen, denn dieses entspräche ihrer einenden, vermittelnden Position, der sie mit Liebe und Hingabe gerecht werden könnte.[179] Niessen stellt heraus, dass die Aufgabe und Rolle der Frau klar definiert war. Frauen mussten Lieder lernen, Volkslieder, aber auch Mütterlieder, Kinderlieder und Wiegenlieder. Jungen hingegen lernten neben den Volksliedern, die alle kennen sollten, besonders auch Militärlieder.[180] Die Jugend wurde also schon früh über Liedgut und Gesang sozialisiert. Das Singen wird hier zum Mittel politischer Erziehung. Ein wesentlicher Aspekt ist sicherlich auch die Gemeinschaftsförderung durch Musik. Im Singen vollzogen alle die gleiche Tätigkeit mit hörbarem Ergebnis. Die Verbundenheit untereinander und auch zum Lehrer sollte so gestärkt werden. Niessen fasst zusammen:

> „Singen symbolisierte Gemeinschaft in idealer Weise: Alle tun das Gleiche zur gleichen Zeit."[181]

Das gemeinsame Singen scheint also ein ideales Mittel zu sein, um Gemeinschaft herzustellen und zu leben. Die nationalsozialistischen Elemente und Gedanken sollten durch die gemeinsam gesungenen Lieder vermittelt und in den Köpfen verankert werden. Die Inhalte der Lieder, so zeigen die von Niessen durchgeführten Interviews, sind den befragten Frauen auch nach fünfzig Jahren noch sehr präsent. Deutlich wird, dass den Frauen im Singen nicht sehr bewusst war, welche Handlung sie tatsächlich ausübten, es ging hier nicht um eigentliche Singpraxis. Über das Singen im Dritten Reich wurde Begeisterung transportiert, die Ideologie der Stunde wurde verbreitet und häufig angenommen.[182] Im gemeinsamen Singen entsteht für die Sänger ein Glücksgefühl. Ob es nun die Musik, die Texte, die Stimmung des gemeinsamen Singens oder alles zusammen waren, scheint nicht entscheidend. Entscheidend ist wohl, dass das gemeinsame Singen sehr viel manipulative Macht besitzt, die durchaus auch negativ zum Einsatz kommen kann.

---

179   Vgl. Müller, Edmund Joseph: Ziele und Wege der Musikerziehung in den höheren Mädchenschulen. In: Völkische Musikerziehung, 1934/35, Jg. 1, Heft 11, S. 443, zitiert nach Niessen 1999, S. 95
180   Vgl. Niessen 2008: a.a.O., S. 39
181   Niessen 2008: a.a.O., S. 39
182   Vgl. Niessen 2008: a.a.O., S. 40

Betrachtet man einmal die Zeit nach 1945 und die Rolle des Singens in der Deutschen Demokratischen Republik, so lassen sich gewisse Ähnlichkeiten hinsichtlich des Singens feststellen. Das Singen im Musikunterricht besitzt von Beginn an eine entscheidende Funktion und ist auch fester Teil der Lehrpläne. Nun werden allerdings nicht mehr nationalsozialistische Lieder gesungen, sondern Arbeiter- und Kampflieder.[183] Die Lieder besitzen also wiederum eine politisch-manipulative Tendenz. Auch hier zeigen Untersuchungen, dass es eben das Singen in der Gemeinschaft war, das sehr positiv wahrgenommen wurde, und dass wenig über die Inhalte der Lieder nachgedacht wurde. Auch wenn die Texte einmal nicht gut wahrgenommen wurden, so beschreibt eine Studie von Kirsten Biermann, konnte doch eine schöne Melodie die Sänger gewinnen, sodass eben die Musik und das gemeinsame Singen im Vordergrund standen.[184] Insofern lassen sich also durchaus Parallelen zu den Erfahrungen der Frauen des Dritten Reiches erkennen.

Das Singen scheint die Menschen nachhaltig zu bewegen und zu prägen. Dies wissen auch Kirche und Militär zu nutzen. So findet man in einem Erlass-Entwurf des Führungsstabes der Bundeswehr zum Singen:

> „Frisches und einwandfreies Singen beeinflusst die innere und äußere Haltung jedes einzelnen und der Mannschaft, löst den Menschen von der dauernden Zucht der Verstandesarbeit und überwindet dadurch geistige und seelische Leere. Es spricht die Gemütskräfte an und lässt sie wie kein anderes Mittel geistige und körperliche Anpassung vergessen."[185]

In diesem Erlass-Entwurf kommen einige Aspekte, die sich in diesem Falle das Militär zunutze machte, zum Ausdruck: Singen kann die Haltung von Menschen verändern, das heißt, es kann Einfluss nehmen auf innere und äußere Faktoren des menschlichen Dispositionsgefüges. Dabei ist zu beachten, dass Singen diese Funktion sowohl beim Einzelgesang wie auch beim Singen in einer Gruppe haben kann. Außerdem scheint das Singen eine Tätigkeit zu sein,

---

183 Vgl. Niessen 2008: a.a.O., S. 45
184 Vgl. Biermann, Kirsten: Musikbezogene Erfahrungen durch Singen in allgemeinbildenden Schulen der DDR. Eine Untersuchung im Hinblick auf die weltanschauliche Beeinflussung. In: Fröde, Bernd; Jank, Birgit (Hrsg.): 10 Jahre danach – Sichten auf die schulische Musikpädagogik in der DDR. Probleme – Impulse – Initiativen (Musikwissenschaft, Musikpädagogik in der Blauen Eule, 45), Essen 2002, S. 153
185 Lutschewitz, Martin: Das Lied der Soldaten der Bundeswehr. Warum und wie wird in der Bundeswehr gesungen? In: Schriftenreihe der Bundeszentrale für politische Bildung, Heft 76: Das Politische im Lied. Politische Momente in der Leidpflege und Musikerziehung, Bonn 1967, S. 55

durch die unter Umständen hemmende Prozesse abgebaut werden können, wodurch sich der singende Mensch befreiter fühlt und ein anderes Lebensgefühl entwickelt. Weiterhin konstatiert der Erlass-Entwurf in diesem Zusammenhang, dass das Singen stark an die Emotionalität des Menschen gebunden ist und ihn erlernte oder erworbene Anpassung im körperlichen oder geistigen Sinne aus dem Blick verlieren lässt. Diese Eigenschaften scheinen für sich genommen sehr positiv.

In einer Welt, die immer wieder starken Leistungsdruck aufbaut, bietet das Singen eine Alternative. Aus heutiger Sicht stimmen wir dieser Argumentation vielleicht schnell zu, betrachtet man jedoch die geschichtliche Tragweite dieser politischen Musikerziehung, die sich eben all jene Eigenschaften des Singens zunutze gemacht hat, so erkennt man die Gefahr, die von einem stark ideologisierten Singen ausgeht. Das Singen wurde immer wieder als politisches Instrumentarium zum Einen der Massen, als Disziplinierungsmaßnahme bei Zwangsarbeit, wie in Konzentrationslagern, oder auf Baumwollplantagen zu Zeiten der Sklaverei, benutzt. Guido Fackler berichtet über den Alltag und die Häftlingskultur in den Konzentrationslagern und stellt aus Lebenserinnerungen befragter ehemaliger Insassen fest, dass das Singen hier gar nicht so sehr dem Verbreiten eines bestimmten Gedankengutes zur Erneuerung der Denkstrukturen diente, sondern zum Beispiel zum Übertönen der Schreie gefolterter Insassen. Die Aufseher zwangen ihre Insassen zum Singen und gaben Neuangekommenen vor, das Lied *Alle Vögel sind schon da* bei ihrer Ankunft zu singen.[186] Aber auch in anderen Zusammenhängen wurde mit dem gemeinsamen Singen starker Missbrauch getrieben, so befahl man den Insassen auf dem Weg zur Arbeit ein Lied zu singen, um sie so zu „disziplinieren, [zu] demütigen, lächerlich [zu] machen und allmählich ihrer kulturellen und sozialen Identität zu berauben".[187] Ebenfalls quälten die Wachen ihre jüdischen Häftlinge damit antisemitische Spottlieder zu singen oder ließen eine Strafaktion mit dem Choral *Verzage nicht, du Häuflein klein* begleiten. Hier beobachteten die Insassen einen „diabolischen Humor" bei den Aufsehern.[188] Betrachtet man derartige Erinnerungsberichte und erkennt deren Tragweite, kann man durchaus von einem soliden Missbrauch des Singens sprechen und damit kehren sich alle positiven Eigenschaften des Singens in fataler Weise um. Sicherlich ist derartiges Handeln nicht die Regel und diente schon zahlreich zur Mahnung, doch darf man diesen

---

186   Vgl. Dümling, Albrecht: Fremd- oder selbstbestimmtes Musizieren? Musik im KZ. In: Musik und Ästhetik, 7. Jahrgang, Heft 28, Stuttgart 2003, S. 102
187   Vgl. Dümling 2003: a.a.O., S. 102
188   Vgl. Dümling 2003: a.a.O., S. 102

Aspekt, welcher das Singen in manipulativer Weise einsetzt, nicht außer Acht lassen. Man muss jedoch im Blick halten, dass es hier nicht so sehr darum geht, wie gesungen wird, technische Aspekte werden gänzlich vernachlässigt, es geht, wie auch im religiösen Kontext des Singens, rein um den inhaltlichen und emotionalen Aspekt des Singens, also darum: Was wird gesungen? Und: Was löst das Singen für eine Emotion aus? In den meisten Zusammenhängen – würde das Singen doch sonst nicht praktiziert – geht es auch noch darum: Wie kann diese Emotion genutzt werden?

Durch diese Beispiele zu Mythos, Märchen, Religion, Politik und Kultur wurde deutlich, dass das Singen eine Vielfalt an unterschiedlichen Verwendungsmöglichkeiten aufweist. So wie es therapeutisch immer wieder Verwendung findet, so ist es auch ein fester Bestandteil der unterschiedlichsten Kulturen. Singen hat nicht nur eine künstlerisch-gesangliche Dimension, die sich in der Kulturgeschichte des Gesanges verdeutlicht, Singen besitzt – schaut man sich die zahlreichen Beispiele aus Mythologie, Geschichten, Märchen oder dem Alltäglichen an – eine bedeutende anthropologische Dimension. In verschiedenen Situationen begegnet einem das Singen immer wieder. Es sei also auch für die folgenden Ausführungen bedacht, dass das Singen nicht nur eine Kunstform ist, die in Konzerten, Opernhäusern oder musikalisch stilisierten Zusammenhängen jeglicher Art zum Tragen kommt, sondern eben auch ganz volkstümlich, rituell, ja gar als Bewältigungsstrategie immer wieder und an vielen Orten dieser Welt vollzogen wird.

1.3   Singen anthropologisch, Gesang künstlerisch, Schnittpunkt „Ästhetische Praxis"

Die vorangegangenen kurzen Einblicke in die anthropologische Dimension des Singens erweitern die bisherigen Ausführungen und liefern eine neue Perspektive auf das Singen. Zwei Sichtweisen und Herangehensweisen kristallisieren sich an dieser Stelle heraus: Das Singen kann im Bereich des Kunstgesanges und der Gesangspädagogik als Kunstvollzug gesehen werden. Es ist dann das Ergebnis von Enkulturation. Der Singende ist hier ein Künstler und handelt im Sinne der Kunst, er ist das Medium der Kunstform. Diese Qualifikation hat er durch seine Ausbildung erhalten. Sie ist das Ergebnis einer Konstruktionsleistung, war sie doch einem Bildungsprozess ausgesetzt und hat sich hierdurch entwickelt. Der Erfolg dieses Prozesses zeigt sich an der Qualität der Darbietung. Die Konstruktionsleistung ist jedoch in jedem Falle an ein reflektiertes Handeln gebunden. Der Ausübende handelt bewusst und zielorientiert. Zur

Ästhetik gehört unabdingbar die Reflexion der künstlerischen Praxis. Der ausgebildete Sänger besitzt die Fähigkeit, seine künstlerische Praxis zu reflektieren. Seine Fähigkeit, die durch den Prozess der Stimmbildung entwickelt wurde, bekommt durch seine pragmatische Kompetenz ästhetische Relevanz.[189]

Zum anderen, und dies wurde im letzten Kapitel deutlich, wird eben nicht nur im Bereich der Kunstmusik gesungen. Das Singen ist auch in vielen Kulturen und Religionen anthropologisch von großer Relevanz. Es scheint sogar etwas rational nicht Fassbares zu besitzen; so erklärt es sich, dass gerade in spirituellen Praktiken das gemeinsame Singen häufig zu einem unverzichtbaren Programmbestandteil gehört.

Zusammenfassend ist an dieser Stelle festzuhalten, dass das Singen zum einen als Kunstform, in der ein Ideal angestrebt wird, welches sich für den Akteur und die Rezipienten erfüllend darstellt, erscheint. Wir sprechen hier im Sinne der Ästhetik vom Singen als Kunst. Singen kann aber auch zum anderen eine Form des ganz persönlichen Ausdrucks sein, den Menschen alleine oder auch im gemeinsamen Singen vollziehen. Hier ist nicht mehr die Rede von Kunstgesang, sondern vom Singen aus anthropologischer Sicht. Das Singen kann hier zum Beispiel kulturell oder religiös intendiert sein und kann sogar als eine Art Bewältigungsstrategie bewusst oder unbewusst fungieren. Christoph Schwabe verdeutlicht diesen Unterschied zwischen Gesang und Singen in seinen Ausführungen zum Singen in der Musiktherapie:

> „Singen [kann] bezeichnet werden als eine spezifische Form des menschlichen Ausdrucks und der Verständigung mit musikalischen Mitteln. Die über das Singen ‚transportierten‘ Bedeutungen sind im Vergleich zur Sprache weniger konkret, dafür aber stärker mit Emotionen besetzt. Singen bewegt sich auf einer umgangssprachlichen Kommunikationsebene und unterscheidet sich damit vom ‚Gesang‘ bzw. der Gesangskunst. Diese zeichnet sich durch die Kriterien kunstspezifischer Interpretation (Ausdrucksaspekt) und Hinwendung an ein Publikum (Verständigungsaspekt) aus. Die Unterscheidung von Singen und Gesang im Sinne von Gesangskunst unterliegt im Prinzip keinen wertenden Maßstäben, sondern akzentuiert unterschiedliche Sachverhalte.“[190]

Sowohl „das Singen" wie auch „der Gesang" bieten große Potentiale, sind jedoch zum Teil entgegengesetzt ausgerichtet, dennoch besitzen sie einen Zusammenhang. So vollzieht sich häufig der Weg vom Singen des Laien über die

---

189 Vgl. Schatt 2003: a.a.O., S. 208
190 Schwabe, Christoph: Aktive Gruppenmusiktherapie für erwachsene Patienten, Stuttgart 1983, S. 113

Stimmbildung und Ausbildung der Singstimme hin zum Gesang des ausgebildeten Sängers. Arbeitet man mit Schülerinnen und Schülern in der Schule, so sollte eher vom Singen gesprochen werden. Dieses Singen kann jedoch durchaus auch durch die Ausbildung der Stimme und die Erfahrungen des Singenden eine Professionalität entwickeln und zum Gesang heranwachsen. Die Stimme des Menschen ist ein entwicklungsfähiges Instrument, welches in hohem Maße den Auswirkungen der eigenen Kultur und individuellen Entwicklungen ausgesetzt ist. Singen und Gesang haben große Potentiale für die menschliche Bildung. Will man nun aus beiden Potentiale schöpfen und diese bestmöglich nutzen, so könnte man Schnittstellen beider Aspekte suchen, auch wenn diese einer unterschiedlichen Ausrichtung folgen. Die Frage an dieser Stelle ist jene nach der Verbindbarkeit beider Potentiale. Gibt es eine Intention, die von beiden geteilt wird, einen Schnittpunkt, der beiden Aspekten gerecht wird, sie aufeinander zu bewegen lässt, ohne dass sie sich gegenseitig beschränken? Die Antwort kann aus meiner Sicht im Begriff der „ästhetischen Praxis" liegen. Singen kann eine ästhetische Praxis sein, und dies ist es, wie Christoph Wallbaum bemerkt, immer dann, wenn die Beteiligten den Vollzug als Selbstzweck wahrnehmen und währenddessen eine erfüllte Zeit verleben.[191] Dies kann sowohl im Kunstgesang geschehen, wenn sich in einem Konzert der Sänger voll und ganz der Sache hingibt und nicht im Moment des Singens zum Beispiel über seine Gage nachdenkt und nur für diese singt, auf der Seite der Rezipienten dann, wenn sie im Moment des Vollzuges der Musik Erfüllung finden und zum Beispiel nicht die Pause herbeisehnen. Dann, wenn man sich der Welt ästhetisch zuwendet, erfährt man diese ästhetische Praxis, jedoch nur wenn die Relation zwischen den Interessen der Zuwendung und ihrem Gegenstand gelingt, kommt es zu einer erfüllten Praxis.[192] Auch im Laiengesang, der religiös, kulturell oder therapeutisch intendiert scheint, kann es Momente geben, in denen nicht die eigentliche Intention im Vordergrund steht, nämlich die Gottesanbetung im Gesang, der kulturelle, gesungene Ritus oder die Bewältigung des Alltags, sondern das Singen an sich. Die Rede ist hier von einem Selbstzweck des Singens, weil dieses an und für sich den Akteur erfüllt, ohne Nebenintentionen zu entwickeln. Der eigentliche Vollzug um seiner selbst willen steht im Zentrum. Betrachtet man noch einmal das Volk der Aborigines: Das Singen besitzt hier durchaus funktionalen Charakter, denn es dient dem praktischen

---

191   Vgl. Wallbaum, Christoph: Zur ästhetisch-kulturellen Bildung mit Stimme. In: Lehrmann-Wermser, Andreas; Niessen, Anne (Hrsg.): Aspekte des Singens. Ein Studienbuch, Augsburg 2008, S. 97
192   Wallbaum 2008: a.a.O. S. 97

Lebensalltag, dem Überleben und geografischen Zurechtfinden. Insofern ist es also nicht als ästhetische Praxis im Sinne eines selbstzweckhaft orientierten Vollzuges zu verstehen. Auf der anderen Seite ist das Singen für die Aborigines, und so beschreibt es auch Adamek, keine unverzichtbare Zugabe zum Leben, sondern der Lebensvollzug selbst.[193] In dem Moment, wo die intendierte Handlung zum Lebensvollzug, zum Leben selbst wird, liegt wieder ein Selbstzweck vor und somit eine ästhetische Praxis.

Die ästhetische Praxis und die damit einhergehende erfüllende Lebenszeit besitzen großes Potential und eine Vielgestaltigkeit. Eine derartige Chance, die hier zweifelsohne geboten wird mit zahlreichen, vielseitigen Möglichkeiten, besitzt ein enormes Bildungspotential. Singen wird dann nicht nur auf seine positiven Nebeneffekte beschränkt, sondern wird zum Selbstzweck. Dann werden die „funktionalen" Gründe einer schulischen Stimmbildung nicht mehr als erste Argumentationsinstanz verwendet, sondern argumentativ mit den Primäreffekten, dem Singen als Selbstzweck, weil es eben „an und für sich" sinnvoll ist, verknüpft.[194] Wie dies in der Praxis aussehen kann, wird in den folgenden Kapiteln noch in den Blickpunkt gelangen.

1.4   Was ist Singen? Oder: Warum singen Menschen?

Nach der ausführlichen Herleitung der Geschichte des Kunstgesanges und der anthropologischen Dimension des Singens sei zusammenfassend die Frage „Was ist Singen?" gestattet. Klaus-Ernst Behne zählt hierzu sechs wesentliche Merkmale, die die Motivation des Singens argumentativ darlegen, auf. Menschen singen laut Behne:

1. Um sich selbst zu stimulieren
2. Um eine Distanz zu überwinden
3. Um etwas zu verursachen
4. Um jemanden liebevoll oder aggressiv zu erreichen
5. Um Atem hörbar zu machen

---

193   Vgl. Adamek 1996: a.a.O., S. 28
194   Vgl. Kranefeld, Ulrike; Krause, Martina: Vom Sinn des Singens – Rekonstruktion von Begründungszusammenhängen. In: Greuel, Thomas; Kranefeld, Ulrike; Szczepaniak, Elke (Hrsg.): Singen und Lernen – Perspektiven auf schulische und außerschulische Vokalpraxis, Aachen 2011, S. 124

6. Um sich autonom auszudrücken[195]

Diese Auflistung ist sicherlich interessant und richtig, doch zielt sie wiederum sehr stark auf die funktionalen Aspekte des Singens: Man singt, um etwas zu erreichen, um einen Effekt zu erzielen, gar um eine Sozialkompetenz oder kognitive Kompetenzen zu entwickeln. An dieser Stelle soll diese Aufzählung Behnes um einen siebten Punkt ergänzt werden: Man singt um des Singens willen, im Sinne einer L'art pour l'art, weil das Singen ein Grundbedürfnis des Menschen ist, etwas, auf das der Mensch nicht verzichten kann.

7. Man singt an und für sich, um des Singens willen.

Auch in Behnes Ausführungen klingt dieser Aspekt an, wenn er von der „lustvollen Allmacht" des Singens spricht.[196] Rückt man diesen Aspekt in den Vordergrund, so spielt es keine Rolle, welcher gesangliche Stil verfolgt wird, so spielen Lebensalter, soziale Herkunft und kulturelle Unterschiede keine Rolle. Dennoch und dies gilt es hier zusammenfassend noch einmal zu betonen, gibt es einen Unterschied zwischen dem allgemeinen Singen und dem kunstvollen Gesang. Die Mezzosopranistin Hanna Aurbacher bringt dies auf den Punkt:

> „Um es auf einen kurzen Nenner zu bringen: Singen kann zwar jeder Mensch von Natur aus (sagt man), singen nach künstlerischen Vorgaben muss erlernt werden."[197]

Dieser Aspekt darf nicht außer Acht gelassen werden. Die folgenden Ausführungen widmen sich daher den gesangspädagogischen Methodenansätzen auf dem Weg zum kunstvollen Gebrauch der Stimme, der durchaus auch lustvoll und um des Singens Selbstwillen erfolgen kann.

---

195 Behne, Klaus-Ernst: Das Innere und das Äußere des Sängers – Singen aus psychologischer Perspektive. In: Bundesverband deutscher Gesangspädagogen. Dokumentation 1995, Offenbach 1995, S. 26-27
196 Behne 1995: a.a.O., S. 28
197 Auerbacher, Hanna: Stimmen bilden. Leben mit neuer Vokalmusik. In: Musik und Kirche, 09/10 2011, Nr. 5, S. 342

1.5 Formen gesanglichen Stimmgebrauchs und gesangspädagogische Methodenansätze

Nachdem nun sowohl die Kulturgeschichte des abendländischen Kunstgesanges wie auch das Singen in verschiedenen Kulturen als religiöse Praxis, Bestandteil von Mythen und als Bewältigungsstrategie des Lebens im Blickfeld standen, sollen nun einzelne Formen des gesanglichen Stimmgebrauchs, gesangliche Tätigkeitsfelder, die sozial und kulturell interessant sind, wie auch solche, die einen Kunstanspruch erfüllen, betrachtet werden. Wie bereits angeklungen ist, gibt es eine Vielfalt an gesangspädagogischen Methoden, Formen und Vorgehensweisen. Diese einmal in ihren wichtigsten und für diese Arbeit interessantesten Ausprägungen darzustellen, ist Anliegen der folgenden Kapitel: Besonders soll es um Formen gehen, in denen eine ästhetische Praxis ausgeübt wird, innerhalb welcher der erfüllte Vollzug des Singens im Mittelpunkt steht, also eine Kunst um ihrer selbst willen ausgeführt wird. Im Folgenden sollen kurz einige Möglichkeiten des gesanglichen Stimmgebrauchs erläutert werden, die alle einige Gemeinsamkeiten, aber auch Unterschiede in ihren Möglichkeiten besitzen. Zunächst gibt es gewisse äußere Bedingungsfaktoren, die darüber Auskunft erteilen, in welcher Form die Stimme gesanglich ausgebildet wird. Hierzu gehören die Gegebenheiten und Möglichkeiten, das Umfeld, in dem sich der Sänger befindet. Gibt es zum Beispiel einen Schulchor, eine Singklasse oder gar Gesangspädagogen im näheren Umfeld der Schülerinnen und Schüler? Des Weiteren gibt es natürlich auch innere Bedingungsfaktoren, die ein Gesangsschüler mitbringen muss. Hier ist die Frage nach dem gesanglichen Potential, nach dem schon vorhandenen Talent der Schülers und nach der zu investierenden Bereitschaft entscheidend.

1.5.1 Gesangsunterricht und Stimmbildung

Die Ausbildung der menschlichen Stimme zum Singen oder Sprechen erscheint seit jeher als diffizile und vielseitige Angelegenheit. Waren in der Antike Anlass und Ziel der Stimmbildung sehr klar – die Stimme stand hier im Dienste der Rhetorik –, so änderte sich dies im Laufe der Jahrhunderte zunehmend. Wird die Stimme rhetorisch eingesetzt, kommt ihr eine Funktionalität zu. Die Stimmbildung verläuft also als eine funktionale, mit dem Ziel, die eigene Rhetorik zu verbessern. Im Gesangsunterricht geht es jedoch primär, neben einer stimmphysiologisch-korrekter Bildung der Stimme, um das Streben nach einem hohen ästhetischen Klangniveau.

Michael Pezenburg beschreibt die Bildung der Stimme als einen Prozess, der durch die Gesetzmäßigkeiten verschiedener Disziplinen bestimmt ist. Er wählt hier eine interessante Reihenfolge:

> „Stimmbildung ist ein Prozess, der durch die Gesetzmäßigkeiten der Psychologie, der Pädagogik und durch die anatomisch-physiologischen Bedingungen der an der Stimmgebung beteiligten Organsysteme gekennzeichnet ist."[198]

Pezenburg spricht zunächst von der Beteiligung psychologischer Gesetzmäßigkeiten am Prozess der Stimmbildung. Diese Reihenfolge ist wohl nicht zufällig gewählt. Tatsächlich nämlich spielt sich das Singenlernen auf einer stark psychologischen Ebene ab. Der Stimmbildungsschüler befindet sich sozusagen in einem psychologischen Bedingungsgefüge. Er muss immer wieder einen sehr persönlichen Teil seiner selbst – seine Stimme – offenbaren. Er unterliegt dem Geschmack der Zuhörer und dem Lehrerurteil. Dabei nimmt er sich selbst nie so wahr, wie die Umwelt es tut. Außerdem könnte die psychologische Komponente im Prozess der Stimmbildung hier auch auf das kognitive Niveau zielen. Singen ist häufig ein enorm kognitiver Prozess. Die Verständigung zwischen Schüler und Stimmbildner spielt hier eine wesentliche Rolle. Der Stimmbildungsschüler muss gefordert und gefördert werden. Die Beziehung zum Lehrenden, das Vertrauen und der rechte Umgang dürfen in diesem Prozess keineswegs unterschätzt werden. Stimmbildung ist also ein zunächst von psychologischen Aspekten geprägter Prozess. Der Lehrer muss gleichzeitig Psychologe wie auch Pädagoge sein, weil der Umgang mit der menschlichen Stimme immer auch in Zusammenhang mit der Persönlichkeit und der Innerlichkeit des zu Unterrichtenden steht. Das Unterrichten ist hier ein besonderer Balanceakt: Stimmbildungsschüler und Lehrer dürfen sich nicht zu nah sein, ansonsten wird es auf emotionaler Ebene für beide unter Umständen schwierig, sie müssen sich aber dennoch nah genug sein, damit ein Vertrauensverhältnis, welches die Basis einer guten Zusammenarbeit ist, entstehen kann. Dies erfordert pädagogisches Geschick seitens des Lehrers, aber auch Bereitschaft auf Seiten des Schülers. Vertrauen muss der Schüler auch hinsichtlich der anatomisch-physiologischen Ausbildung in den Stimmbildner haben. So hält Pezenburg fest, dass fachliche Kompetenz schließlich in jedem Bereich und Fachgebiet gefordert würde, so eben auch im Bereich der Stimmbildung, immerhin ginge es hier

---

198   Pezenburg, Michael: Stimmbildung. Wissenschaftliche Grundlagen – Didaktik – Methodik, Augsburg 2007, S. 7

nicht nur darum besser oder schöner zu singen, sondern auch gesund, also ohne Stimmstörungen, zu singen.

In den letzten Jahren entstanden zahlreiche unterschiedliche gesangspädagogische Ansätze und Schulen sowie verschiedene Stilrichtungen. Schließlich muss berücksichtigt werden, dass im Bereich des Opern-, Lied- und Konzertgesanges ganz andere Parameter eine Rolle spielen als im Bereich der populären Musik, des Musicals, der Rockmusik oder gar des Heavy Metal. Nicht zuletzt liegt dies natürlich an einer gänzlich unterschiedlichen Klangästhetik der Genres. Ziel einer Stimmbildung jedoch sollte die Kontrolle über die eigene Stimme sein, die bewusste Nutzung der Stimme und ihrer Möglichkeiten zum Erreichen eines angestrebten Ideals:

> „Das Ziel ist in allen Fällen immer die volle, natürliche, von allen unnatürlichen Klangfarben befreite Gesangsstimme. Effekte und unnatürliche Klangfarben in der Popularmusik können durchaus reizvoll oder dem Stil entsprechend aussagekräftig sein. Solche Effekte sollen aber immer in der Absicht des Singenden liegen und nicht, weil es nicht anders geht.“[199]

Durch die Stimmbildung soll also erreicht werden, dass die Stimme in dem Sinne geschult wird, dass in der Auseinandersetzung mit dem eigenen Körper, dem stimmlichen Potential, Ressourcen optimal genutzt werden können und die Funktionalität der Stimme, das eigene Erzeugen von Klang verstanden wird, ohne dass die ästhetische Erfahrbarkeit genommen wird. Dies verläuft immer unterschiedlich und muss sich der angestrebten Stilistik funktional unterordnen. In der Popularmusik geht es darum, eine Eigenheit der Stimme anzustreben oder zu behalten. Hier wird die Stimme zudem technisch unterstützt. Mikrofone verstärken sie, Effekte wie zum Beispiel das Zumischen von Hall oder Ähnlichem versuchen den angestrebten Stimmklang zu optimieren. Dieses ist ein anderes Singen als das Opernsingen. Beide Stile existieren jedoch nebeneinander und fordern den gesanglichen Einsatz der menschlichen Stimme, die den jeweiligen Parametern entsprechend ausgebildet sein muss.

Richtet man den Blick in Richtung Popularmusik, unterliegt man häufig einem Trugschluss, wenn es um die sängerische Freiheit geht. Wahre Freiheit wird hier als intuitives oder emotionales Singen, als ein Singen „aus dem Herzen heraus“ bezeichnet. Sicherlich benötigt der Singende Gefühl für das, was er tut – ist doch die Musikalität auch stark an emotionale Prozesse gebunden –, die Kontrolle über seine Handlungen ist jedoch das Wesentliche:

---

199   Belton, Hajo B.: www.stimmbildung.com, 06.05.2011, 14:40 Uhr

„Wer bloß auf ungezügelte Freiheit, auf v a g e Empfindung und angebliche Phantasie, anspruchsvoller gesagt, auf seine Inspiration sich hinausredet, wer seine Gefühle nicht mit ordnender Vernunft die Waage halten lässt, wird nicht in der Lage sein, sachliche Informationen für die Gestaltung zu verwerten."[200]

Singen ist ein Prozess, der sich nur unter ständiger Kontrolle, Reflexion und Selbstdisziplin vollziehen lässt. Die Arbeit mit einem Gesangspädagogen ist deshalb für die Stimmentwicklung besonders in Bezug auf die kontrollierende Funktion so wichtig. Freiheit im Singen oder in der Interpretation verlangt nachvollziehbare Gesetze, die nicht willkürlich ausfallen, sondern von der Natur abgeleitet werden können.[201] Nur die Verbindung von Gesetz und Freiheit kann den Prozess vervollständigen. Auch im theatralischen Spiel oder Singen darf der Darsteller nicht gänzlich in seiner Rolle aufgehen, sich selbst spielen oder privat werden. Er darf sich nicht gänzlich identifizieren, auch wenn es für die unwissenden Außenstehenden so aussehen mag. Die korrekte Verkörperung, das Spielen einer Rolle, erfordert Distanz und intellektuelle Auseinandersetzung mit dieser. Dies verlangt ein genaues Kontrollieren und Abwägen des eigenen Spiels. Ohne diese Form von Kontrolle gerät der Schauspielende in „die Gefahr des Sich-Verlierens".[202] Auch auf das Singen bezogen muss die eigene Kontrolle oder auch die Kontrolle durch einen Gesangspädagogen gegeben sein. Die Stimmbildung muss die Stimme in eine korrekte Bahn lenken, ihr Bestes wollen, nach gesunden, stimmphysiologischen Gesichtspunkten vorgehen und sie ausbilden. Die gesangspädagogische Arbeit kann man aus diesem Grunde nicht einfach negieren oder nach seinem „Inneren bequem machen".[203]

1.5.2   Chorsingen und chorische Stimmbildung

Eine der häufigsten Formen des gemeinschaftlichen gesanglichen Stimmgebrauchs ist sicherlich das Chorsingen. In unterschiedlichen Gruppen, Gesellschaftsschichten, Altersgruppen und Niveaustufen sind Chöre anzutreffen. Vom Kindergartenchor bis zum Opernchor begegnen uns viele Chöre. Auch Berufsgruppen versammeln sich zum Singen in Chören, so gibt es Polizeichöre, Ärztechöre, Universitätschöre, Chöre der Landesregierungen und viele weitere

---

200   Fischer-Meyenberg, Hermann: Stimme und Gesang. Handbuch der Gesangsdidaktik, Wilhelmshafen 2005, S. 14
201   Vgl. Fischer-Meyenberg, Hermann 2005: a.a.O., S. 14
202   Fischer-Meyenberg, Hermann 2005: a.a.O., S. 14
203   Vgl. Fischer-Meyenberg, Hermann 2005: a.a.O., S. 14

Chöre. Nicht zu vergessen wären an dieser Stelle natürlich die Kirchenchöre; manche Kantorei machte sich durch ihren guten Kirchenchor schon einen Namen auf internationaler Ebene.

Etwa 1,5 Millionen Chorsängerinnen und Chorsänger gehören dem Deutschen Chorverband an, etwa ebenso viele Menschen singen in Deutschland schätzungsweise ohne dem Verband anzugehören. Eine empirische Studie aus dem Jahr 2008, die im Zeitraum zwischen Mai und August 2008 als Forschungskooperation zwischen der Professur für Musikpädagogik und Musikdidaktik der Katholischen Universität Eichstätt-Ingolstadt und dem Institut für Musik der Carl von Ossietzky Universität Oldenburg durchgeführt wurde, untersuchte die soziographischen Strukturen des Chorsingens in Deutschland.[204] Die Studie stellt heraus, dass sich Chorsängerinnen und Chorsänger nicht unbedingt dem Bevölkerungsdurchschnitt entsprechen. Ihre Bildungsabschlüsse sind eher hoch und es liegt ein geringer Teil an Hauptschülern vor. Vergleichsweise besitzen die Chorsängerinnen und Chorsänger also einen hohen Bildungsgrad.[205]

Die Studie stellt ebenfalls heraus, dass viele Chorkarrieren in der Grundschule beginnen, was den Stellenwert und die Wichtigkeit des Singens mit Kindern in der Grundschule verdeutlicht. Zudem geben knapp 50% der Befragten an, dass sie durch die Musiklehrkraft der Grundschule erste Chorerfahrungen gesammelt hätten: „Ihr Einfluss sei erstaunlicherweise erheblich größer als der Einfluss direkter familiärer Bezugspersonen."[206] Die Befragten äußern, dass sie sich nicht im höheren Alter einem Chor anschließen würden. Die meisten blicken auf eine Chorerfahrung von zwanzig Jahren zurück. Der frühe Beginn der Choraktivität im Grundschulalter besitzt auch rückblickend für die Befragten eine große Bedeutung, so widmen diese einen großen Teil ihrer Freizeit dem Chorgesang.

Viele Chorangebote der mittlerweile eher gemischten Chöre – reine Männer- und Frauenchöre sind nicht mehr so stark vertreten, wie es einmal der Fall war – verfolgen eine rege Stimmbildungsarbeit, die aber nicht immer vom Chorleitenden selbst erfolgt. Hierfür organisieren die Chöre häufig einen Stimmbildner, der zusätzlich mit dem Chor arbeitet. Ist die Rede von „chorischer Stimmbildung", so ist zunächst einmal die Rede von „direkter stimmbild-

---

204 http://www.ku.de/ppf/musik/musikpaedagogik/forschung/chorsingen-in-deutschland/, 28.12.2012, 11:40 Uhr

205 http://www.ku.de/ppf/musik/musikpaedagogik/forschung/chorsingen-in-deutschland, 28.12.2012, 11:40 Uhr

206 http://www.ku.de/presse/pi/einzelansicht/article/mehr-als-nur-musik-studie-zum-chorsingen-in-deutschland/, 28.12.2012, 12:05 Uhr

nerischer Einflussnahme unter Gruppenbedingungen".[207] Abgesehen von grundsätzlichen Regeln im Gebrauch der Stimme, der Organisation des Atmens, der Körperhaltung, dem Erschließen eines Resonanzraumes, dem Vokalausgleich und weniger anderer Aspekte, unterscheidet sich die Gruppenstimmbildung grundlegend von der Arbeit im Einzelunterricht. Besonders methodisch ist hier ein ganz anderes Vorgehen von Nöten. Je nach Chorgröße kann auf die einzelnen Teilnehmerinnen und Teilnehmer kaum individuell eingegangen werden. Besonders eine fundierte Eigen- oder Lehrerkontrolle und Korrektur ist hier nur sehr erschwert möglich, denn erstens hört der Chor- oder Singleiter keine Einzelstimmen, sondern nur einen Chorklang, das heißt einen Gruppenklang, und zweitens ist die Selbstkontrolle des Singenden nur sehr eingeschränkt möglich, da sich die eigene Stimme immer wieder mit der Stimme der benachbarten Singenden vermischt.[208] Singen in der Gruppe scheint grundlegend anders zu funktionieren als das Solosingen. Stimmen können sich in Chören durchaus unterschiedlich entwickeln. Manche Stimmen entwickeln sich sehr positiv und vollziehen den Balanceakt zwischen Eigenkontrolle und Gruppenklang sehr gelungen, andere wiederum eignen sich stimmtechnische Fehler und falsche Mechanismen an. An diesem Punkt setzt Pezenburg an und stellt die entscheidende Frage: „Ist Stimmbildung unter solchen Bedingungen überhaupt verantwortbar, wenn die Gefahr der missverständlichen Anwendung relativ groß erscheint?"[209] Diese Frage ist sehr berechtigt und es scheint notwendig, sie zu stellen. Man muss sie allerdings auf mehreren Ebenen beantworten. Sicherlich darf unter keinen Umständen die Gesundheit der Chorsingenden beeinträchtigt oder in einer Weise gefährdet werden, wie es nicht zu verantworten wäre. Allerdings muss sowohl aus künstlerischer wie auch anthropologischer Sicht die Singelust erhalten bleiben. Wie also kann man der Sängergesundheit und der Singelust beim Chorsingen treu bleiben? Es müssen beim Chorsingen bestimmte Bedingungen geschaffen werden, die mögliche Probleme bereits vorab ausräumen. Sehr vieles hängt hier vom Chorleiter ab. Er muss nicht nur ein guter Dirigent sein, sondern auch angemessene Erfahrungen im Bereich der Stimmbildung mitbringen. Stimmbildung in der Gruppe ist eine hochkomplexe Angelegenheit. Sollte ein Chorleiter nicht über derartige Fähigkeiten und Fertigkeiten verfügen, sollte er einen Stimmbildner hinzuziehen und mit diesem zusammenarbeiten. Pezenburg äußert sich dazu folgendermaßen:

---

207   Pezenburg 2007: a.a.O., S. 231
208   Vgl. Pezenburg 2007: a.a.O., S. 231
209   Pezenburg 2007: a.a.O., S. 231

„Die schwierige Kontrollsituation verlangt geradezu eine anspruchsvolle Beherrschung des Fachgebietes. Das Abspulen abgehörter oder angelesener Übungen beschert auch hier vielleicht einen Einsingeeffekt im Sinne eines Warmtrainierens, die stimmbildnerische Wirkung auf die Einzelstimme ist unter solchen Bedingungen jedoch besonders kritisch zu betrachten. Chorische Stimmbildung – im Sinne des Begriffes ‚Stimmbildung‘ wörtlich genommen – ist also nicht einfach eine Sache, die jeder mal so nebenbei mit ein paar angelernten Übungen erledigen kann, sie erfordert im Grunde genommen noch diffizilere pädagogisch-methodische Fähigkeiten als der Einzelunterricht, abgesehen natürlich von den höheren sängerischen Zielstellungen des Einzelgesangsunterrichts."[210]

Er stellt hier heraus, dass die normalen Einsingübungen im Chorbetrieb nicht mit fundierter Stimmbildung verwechselt werden dürfen. Sicherlich können sie auch stimmbildnerische Wirkung haben, zunächst aber ist ihr Ziel das rechte Aufwärmen der Stimme. Chorische Stimmbildung kann sicherlich nie allen Singenden gerecht werden, da jeder mit anderem Stimmmaterial, aber auch anderen Stimmschwierigkeiten in den Chor eintritt. Die Aufgabe der chorischen Stimmbildung kann sich jedoch auf wesentliche Grundelemente der stimmbildnerischen Arbeit beschränken, diese wiederum müssen natürlich auch hochkompetent durchgeführt und angeleitet werden. Denn: Eine Übung, die für die eine Gruppe von Sängern einen positiven Erfolg verspricht und sich ihren Mängeln widmet, kann für eine andere Gruppe genau den entgegengesetzten Effekt erzielen. Die Chorleiterinnen und Chorleiter dürfen nicht das Risiko eingehen, dass bei falschem Vollzug von Stimmübungen die Stimme geschädigt wird. Es sollte immer ein Weg zu differenzierterer Betreuung und Überprüfung gefunden werden. Naheliegend und so auch von Pezenburg vorgeschlagen, ist hier der Wechsel der Sozialform hin zur Einzelkontrolle und zur Betreuung in kleinen Gruppen. Wichtig ist, dass diese Kontrollen häufig geschehen und so auch Hinweise erfolgen, welche den Singenden ermöglichen, sich selbst einzuschätzen und geeignete Übungen als solche zu erkennen. So kann bewusster mit der eigenen Stimme und den angebotenen Übungen umgegangen werden.[211]

Stimmbildung im Chor ist ein Thema, das bisher nicht sonderlich erforscht wurde, wenn auch die Anzahl an Literatur zu Übungen und Methoden zahlreich ist. Ein nicht ganz zu vergessener Aspekt hierbei, der zwar nicht im direkten Zusammenhang mit dem Forschungsstand zu sehen ist, aber dennoch in die

---

210 Pezenburg 2007: a.a.O., S. 231
211 Pezenburg 2007: a.a.O., S. 233

gleiche Richtung zielt, ist die Motivation der Chorsänger, in einem Chor zu singen. Singt man in einem Chor, um die Stimme zu schulen, oder wohl eher aus Freude an der Musik und der Gemeinschaft in einem Chor? Für die meisten Sänger wird wohl Letzteres das entscheidende Argument sein, dies müsste aber ebenfalls belegt werden. Beim gemeinsamen Singen ist das Üben am Chorstück ein wesentlicher Bestandteil der Arbeit, welcher in seinen Potentialen voll ausgenutzt werden sollte; so stellt Pezenburg die „immanenten stimmbildnerischen Potenzen bzw. Problemstellungen eines Liedes" heraus, die für „die Probenarbeit sowohl zwischengeschaltete stimmbildnerische Übungen als auch direkte Hinweise ableiten" lassen.[212] Nutzt man diese Ressourcen sinnvoll, so kann die Probenarbeit für die Singenden sehr erfolgreich und motivierend sein und auch für den stimmbildnerischen Gesamtprozess Früchte tragen. Denn in einem Chor ist das Gesamtergebnis, der Gesamtklang, entscheidend. Dies bedeutet zwar auch, dass die einzelne Stimme gut geschult sein muss und sich vor dem Hintergrund der anderen Stimmen chorisch gewinnbringend einsetzen muss, doch im Vordergrund steht der Zusammenklang der Stimmen. Der Chor muss zugunsten des Chorklanges, aber nicht auf Kosten der Einzelstimme geschult werden.

Gibt es zwar noch kaum wissenschaftliche Erkenntnisse zur chorischen Stimmbildung, so kann man doch in jedem Falle schon eine Aussage darüber treffen, dass chorische Stimmbildung regelmäßig, kontinuierlich und längerfristig nach einem System erfolgen sollte und so entsprechend erfolgreich sein kann. Der Chorleiter sollte sich ein entsprechendes Programm zusammenstellen, welches die wesentlichen stimmlichen Funktionen bearbeitet.[213]

1.5.3 Stimmbildung in der Klasse und im Kinderchor

Seit einiger Zeit gibt es neben dem Klassenmusizieren an Schulen wieder Singeklassen. Ersetzten Schulgesang und Klassensingen im 19. Jahrhundert noch den regulären Musikunterricht, so bilden sie wie auch das Klassenmusizieren nun an manchen Schulen eine Alternative zum regulären Musikunterricht der Klassen 5 und 6. Stimmschulung und gemeinsames Singen sind die erklärten Ziele des Klassensingens, ebenso soll hier über das Singen eine erste Grundmusikalisierung erfolgen:

---

212 Pezenburg 2007: a.a.O., S. 233
213 Pezenburg 2007: a.a.O., S. 234

„Der Begriff Chorklasse soll für einen zukunftsweisenden, lebendigen Musikunterricht stehen, der die Vermittlung musikalischen Basiswissens und das praktische Musizieren im Klassenverband von Anfang an miteinander verbindet."[214]

So beschreibt es ein Gymnasium in den Erklärungen zu seinem eingeführten Konzept. Die Chorklasse versucht praktisch und spielerisch – basierend auf den Grundprinzipien der allgemeinen Musiklehre – musikalische Inhalte zu vermitteln. Die Schülerinnen und Schüler musizieren aktiv im Klassenverband. Der schulische Bildungsauftrag im Fach Musik soll hier „einerseits durch gemeinsames Musizieren" erfüllt werden und andererseits „die stimmliche Grundausbildung mit Lernzielen des allgemeinbildenden Musikunterrichts" verbinden.[215]

Höchstens 30 Mitglieder dürfen in eine Chorklasse integriert sein. Ziel der Chorklassen sollte das Erlernen von Grundlagen bezüglich Stimmbildung und Gesangstechniken sein. Der Unterricht ist von zahlreichen praktischen Erfahrungen, aber auch von theoretischer Reflexion über das Erlernte geprägt. Viele Schulen veranschlagen zwei bis drei Stunden Musikunterricht für die Schülerinnen und Schüler der Chorklassen. Enthalten sind hierbei regulärer Musikunterricht, Arbeit im Chor und Stimmbildungsunterricht in kleineren Gruppen. Die genaue Organisation ist schulisch unterschiedlich vorzufinden. Die Chorklasse kann an Grundschulkonzeptionen, die projektorientiert oder als Dauereinrichtung an Grundschulen etabliert sind, anschließen.

Im Folgenden sollen unterschiedliche Konzepte der Kinderstimmbildung und der Stimmbildung im Allgemeinen vorgestellt und in ihren Möglichkeiten untersucht werden.

1.5.4 Gesangspädagogische Methodenansätze

Wie bereits die Kulturgeschichte der Stimme verdeutlichte, ist das Idealbild eines Sängers, besonders in der Zeit von 1600 bis 1900, immer an die spezifischen musikalischen Anforderungen der Zeit gebunden. Sie basierten auf einer stets Änderungen unterzogenen Musikpraxis und versuchten „in dem Widerstreit zwischen Vergehendem und Werdendem Regeln zu formulieren, die weder mit der gesanglichen Tradition brachen, noch den Normen einer aktuellen Vokalkomposition widersprachen".[216] Die korrekte stimmliche Umsetzung der musikalischen Vorgabe war das Ziel. Stets war ein Wechselspiel zwischen

---

214 http://www.gymnasium-wk.de/chorklasse, 06.01.2013, 16:08 Uhr
215 http://www.gymnasium-wk.de/chorklasse, 06.01.2013, 16:08 Uhr
216 Göpfert, Bernd: Handbuch der Gesangskunst, Wilhelmshaven 1991, S. 9

Sänger und Komponist maßgebend. Der Sänger musste sich an der Entwicklung der Musikpraxis seiner Zeit orientieren, der Komponist an den vorgegebenen Möglichkeiten und Potentialen der menschlichen Singstimme. Dies ändert sich erst im 20. Jahrhundert, wo mit dem Idealbild der schönen Stimme ein Stück weit gebrochen wird beziehungsweise dieses in Frage gestellt wird. Zunächst soll an dieser Stelle noch einmal kurz an die unterschiedlichen, nationalen Gesangslehren erinnert werden. Im 16. Jahrhundert gibt die italienische Gesangsmethode eine maßgebliche Richtung vor. Diese Entwicklung steht in besonderem Zusammenhang mit der Etablierung der Gattung Oper. Die Opernkomponisten setzten immer höhere Anforderungen an die Gesangsstimme, sodass eine langjährige Stimmausbildung obligatorisch wurde.[217] Erst im 18. Jahrhundert wird diese Gesangstradition, die besser unter dem Namen „Belcanto" bekannt ist, verschriftlicht und damit nachvollziehbar. Ähnlich wie die italienische Gesangslehre etabliert sich zeitgleich auch eine französische Gesangslehre. Diese Gesangslehre unterscheidet sich in ihren Inhalten nicht wesentlich von der italienischen Lehre, doch, so bemerkt Marin Marsenne im VI. Kapitel der *De l'Art de bienchanter*, Paris 1636, sind nationale Eigenheiten festzustellen. So gibt er an, dass die Italiener eher auf kräftige, sonore Stimmen und große gesangliche Leidenschaft setzen, die Franzosen hingegen eher eine weiche, biegsame und süße Stimme bevorzugen.[218] Die Franzosen setzen auf guten Unterricht, der ein korrektes Vor- und Nachsingen impliziert. Vor allem ein nasaler und harter Stimmklang soll vermieden werden. Wie bereits dargestellt, entwickelt sich auch eine deutsche Gesangspädagogik, die ihren Ursprung in den Ausführungen Conrad von Zaberns Abhandlungen *De modo bene cantandu choralem cantum in multitudine personarum*, Mainz 1474, verzeichnet.[219] Von Zabern hat schon zum damaligen Zeitpunkt eine sehr detaillierte Vorstellung von Stimmbildung und Gesangspädagogik. Die unterschiedlichen Ansätze und Methoden in der Gesangspädagogik besitzen zwar zunächst scheinbar regional bedingte Besonderheiten, doch bei näherer Betrachtung stellt man fest, dass die einzelnen Ideale weder typisch „deutsch" noch typisch „italienisch" anmuten. Zur damaligen Zeit übernahmen beide Richtungen den „weltumspannenden Gültigkeitsanspruch der katholischen Kirche".[220] Der Methodenpluralismus findet im 20. Jahrhundert seinen Höhepunkt. Zahlreiche Ansätze und Methoden entwickeln sich, die sich zum Teil nicht durchsetzen können,

---

217   Göpfert 1991: a.a.O., S. 12
218   Göpfert 1991: a.a.O., S. 27
219   Göpfert 1991: a.a.O., S. 33
220   Göpfert 1991: a.a.O., S. 33

zum Teil auch ins 21. Jahrhundert getragen werden. Eine Vorstellung aller Methodenansätze soll an dieser Stelle nicht erfolgen, zumal kein Anspruch auf Vollständigkeit gewährleistet sein könnte.

Vielmehr soll im Folgenden das Augenmerk auf den Bereich der Kinderstimmbildung und der Grundmusikalisierung über gesangspädagogische Konzepte gerichtet werden. Es soll nun ein kurzer Überblick über gängige Methoden und Wege der heutigen Zeit geliefert werden. Der Schwerpunkt liegt besonders auf der frühen Gruppen- oder Kleingruppenstimmbildung, die zum Beispiel an Schulen vollzogen wird. Zu den bekanntesten Methoden zählt an dieser Stelle die Kodály-Methode, ein Konzept, welches in jahrelanger Weiterentwicklung entstand und sich besonders dem Chorwesen und dem nichtinstrumentalen Musikunterricht umfassend widmet. Zudem wird die Methode der relativen Solmisation, welche ein Bestandteil der Kodály-Methode ist, genauer betrachtet. Es handelt sich um eine Methode, deren Wurzeln bis ins 9. Jahrhundert n. Chr. zurückgehen. Diese Methode evoziert beim Lernenden eine genaue Hörvorstellung und erzielte bereits große Erfolge im Grundmusikalisieren der Schülerinnen und Schüler. Die relative Solmisation wird von der Kodály-Methode als Bestandteil und festes Methodenrepertoire benutzt. Ebenso bedient sich auch die Ward-Methode der relativen Solmisation. Die Ward-Methode hat zum erklärten Ziel, allen Kindern eine fundierte musikalische Grundbildung zu bieten und nicht nur ausgewählte Gruppen zu bedienen.

1.5.4.1 Kodály-Methode

Zoltán Kodály entwickelte nach dem Zweiten Weltkrieg ein musikalisches Konzept, welches in seinem Heimatland Ungarn zur obligatorischen Grundlage für nahezu jedes musikalische Unterrichten wurde. Seine Methode wurde angewendet in Kindergärten, Schulen, Musikschulen, Musikhochschulen und im Chorwesen.[221] Kodálys Konzeption ist bekannt als Kodály-Methode. Im Laufe der Ausführungen wird jedoch deutlich werden, dass Kodály keine Methode, sondern eine Konzeption vorlegt. Durch den ständigen Kontakt zu seinen Studenten hatte er großen Einfluss auf die korrekte Realisierung und eine entsprechend große Praxisnähe. Kodály liefert also keinen methodischen Lehrgang, sondern entwickelt die Konzeption durch stetige Erfahrungen und Austausch mit seinen Lehrenden weiter. Malte Heygster spricht sogar davon, dass durch

---

221   Vgl. Heygster, Malte: Was ich gespürt habe, kann ich auch verstehen. Die sinnliche Intelligenz der relativen Solmisation. In: Musica Sacra. Zeitschrift für katholische Kirchenmusik, 125. Jg., 2005, Heft 5, S. 23

die Jahrzehnte vollzogene Weiterentwicklung des Konzeptes „die wahrschein-lich ausgefeilteste Musikpädagogik für nichtinstrumentalen Musikunterricht, Theorie und das Chorwesen, die es je gab" entstand.[222] Kodály folgt einem Trend des 19. Jahrhunderts, indem er die relative Solmisation wieder aufleben lässt. Dies geschieht im 19. Jahrhundert bereits auch in anderen europäischen Ländern. Kodály nutzt diese Entwicklung und beginnt im 20. Jahrhundert schließlich das bereits Vorhandene zu systematisieren und sein Unterrichtskonzept auszubauen. Mit einer prägnanten Konsequenz belebt er die alten, bewährten Grundsätze musikpädagogischer Arbeit. Voraussetzung ist hierbei, dass die ersten Erfahrungen mit Musik über die eigene Stimme laufen. Kodály geht davon aus, dass jedes Kind vor allem „sein ihm von Natur aus zur Verfügung stehendes Instrument beherrschen lernen soll: die Stimme".[223] Das Singen als natürliches Instrument des Menschen ist die Basis der Grundmusikalisierung. Von Beginn an werden bewusste Handlungen wie Bewegungsabläufe zur Musik vollzogen, denn Bewegung und singen kann sich gegenseitig bedingen. Das Vollziehen bestimmter Bewegungen zum Singen, kann das Singen erleichtern und Stimmbildungsprozesse anregend unterstützen.

Das musikalische Erleben steht bei Kodály vor der Benennung und dem theoretischen Erklären. Das Lernen vollzieht sich grundsätzlich in kleinen Schritten, weil durch eine kleinschrittige Progression die Fähigkeiten der Schüler wachsen. Es gibt keinen Druck durch zu hohe Zielsetzungen.[224] Der wichtigste Aspekt dabei ist wohl das gesangliche Nachvollziehen, welches im Folgenden das Instrumentenspiel erleichtern soll und dessen Grundlage wird:

> „Die körperliche Erfahrung mit gesungenen Melodien und Harmonien wird zur Voraussetzung für das spätere Übertragen von Musik auf ein Instrument."[225]

Die Lernenden werden kleinschrittig auf das Lernen eines Instruments und das musikalische Weiterlernen vorbereitet. Die Ruhe und das körperliche Nachvollziehen lassen dabei viel Raum für ein intensives Auskosten der Erfahrung.

---

222 Heygster 2005: a.a.O., S. 23
223 http://muellerschmied.de/Solmisation.pdf, Müller Schmied, Martin: Solmisation im Klassenunterricht mit der Musikbuchreihe „Musik im Klassenunterricht, Georgenthal, 03.08.2011, 12:33 Uhr
224 Heygster 2005: a.a.O., S. 23
225 Heygster 2005: a.a.O., S. 23

Beschreibt man die Kodály-Methode und auch die Ward-Methode, so muss der Solmisation ein kurzer Abschnitt gewidmet werden. Sie ist zwar nur eine Art „Hilfsmittel", kein „Selbstzweck", doch leistet sie etwas, das bloße Theorie so nicht kann. Dadurch, dass sie vereinfacht ausdrückt, was „die Theorie nur indirekt wiedergibt", wird sie zu einer Art „Brücke zum Verstehen, zur Theorie".[226] Solmisation ist eine Nomenklatur, die zum singbaren Material wird; sie kann direkt genutzt werden und es gibt keine Kluft zwischen dem praktischen Musizieren und leeren, nur auswendig gelernten Fachbegriffen. Durch das Singen des Materials findet eine unmittelbare, nachvollziehbare musikalische Handlung statt: „Was ich gespürt habe, kann ich auch verstehen".[227] Die Solmisation geht auf den Benediktinermönch, Musiktheoretiker und Lehrer Guido von Arezzo zurück. Betrachtet man die Solmisation, so muss man stets zwischen der absoluten Solmisation und der relativen Solmisation unterscheiden. Bei der absoluten Solmisation werden die verwendeten Silben anstelle der Notennamen benutzt, so geschieht es üblicherweise in der italienischen Musikausbildung, also im Solfeggio-Unterricht und auch im französischen Solfège-Unterricht, da in Italien und Frankreich die Tonsilben als Notennamen benutzt werden.

In der relativen Solmisation, die auch im Zusammenhang mit der Kodály- und der Ward-Methode die entscheidende Methode ist, stehen die Silben do – re – mi – fa – so – la – si – do für die in den verschiedenen Tonarten gleich klingenden melodischen Abläufe.[228] Diese melodischen Abläufe werden auch über Handzeichen unterstützend verdeutlicht. John Spencer Curwen versuchte 1841 bei der Entwicklung der Handzeichen den Charakter der Töne gemäß ihrer melodischen Funktion in die Handzeichen aufzunehmen.[229] Ziel der Verwendung von Tonsilben und Handzeichen ist das Erzeugen einer genauen Hörvorstellung beim Lernenden. Die Repräsentation der Handzeichen in Verbindung mit den Tonsilben referiert auf die im Gedächtnis hinterlegte Vorstellung und verbindet das Sehen mit dem Hören. Wichtig ist, dass die Tonsilben und Handzeichen von Anfang an korrekt ausgeführt werden. Bei jedem Lernen einer neuen Fertigkeit, ist ein kleinschrittiges, kontinuierliches Vorgehen hier sinnvoll. Müller Schmied vergleicht das methodische Vorgehen mit dem Erlernen einer Fremdsprache, dem Erlernen mathematischer Zusammenhänge oder

---

226 Heygster 2005: a.a.O., S. 23
227 Heygster 2005: a.a.O., S. 23
228 Müller Schmied 2011: a.a.O., S. 2
229 Vgl. Müller Schmied 2011: a.a.O., S. 2

dem Erlernen eines Musikinstruments. Immer muss mit wenigen Elementen begonnen werden. Die pädagogische Arbeit besteht hier in der Reduktion des Gegenstandes, sodass zunächst nur wenige Aspekte bleiben. Durch das langsame und kontinuierliche Steigern der Anforderungen gelangt man schließlich zu einer Fertigkeit. Die abzusingende Melodie wird schwieriger, bis schließlich auch mehrstimmige Stücke abgesungen werden können.[230]

Konkret sieht die Methode vor, dass die Schülerinnen und Schüler ab dem Beginn zwei Töne zu unterscheiden lernen. Diese beiden Töne werden ganz vielfältig eingeübt und sowohl als Notenbild und Tonsilbe wie auch als Handzeichen immer wieder eingesetzt.

1.5.4.3 Ward-Methode

Sowohl die Kodály-Methode wie auch die Ward-Methode benutzen die relative Solmisation als einen Bestandteil ihres methodischen Repertoires. Justine Bayard Ward (1879-1975) ist die Begründerin der Ward-Methode. Sie verfolgte das Ziel, allen Kindern eine musikalische Grundbildung zu vermitteln und nicht nur einzelnen Gruppen die Musik näherzubringen. Sie etablierte ihre Methode zunächst in Zusammenarbeit mit der Catholic University of America in Washington in den 1920er Jahren und erwirkte somit ein Curriculum für den Musikunterricht an den katholischen Grundschulen in Amerika.[231]

Die Methode wurde in den folgenden Jahren immer wieder erneuert, verbessert und ergänzt. Sie ist mittlerweile soweit gereift, dass sie in vielen Projekten zur Grundlage des methodischen Vorgehens geworden ist. Auf den hier erworbenen Kenntnissen kann eine musikalische Bildung aufgebaut werden. Über die Grundschulpädagogik hinweg liefert sie maßgebliche Anstöße auch im Bereich der Kinderchorarbeit, denn ihr Grundbaustein ist das Singen. Die Methode eignet sich besonders im Umgang mit jüngeren Schülerinnen und Schülern, da sie darauf abzielt, dass sich Kinder musikalisch in gleicher Weise auszudrücken lernen, wie sie sich in ihrer Muttersprache ausdrücken können, und zwar ohne Zuhilfenahme eines dritten Mediums (wie zum Beispiel der Instrumente), sondern nur durch körpereigene Fähigkeiten, wie Bewegung oder das Singen. Die Ward-Methode macht sich hierbei folgende Erkenntnis zunutze: Kinder im Grundschulalter fokussieren gerne einzelne Aspekte einer Sache und blenden

---

230 Müller, Schmied 2011: a.a.O., S. 2
231 Brandt, Gisbert: Die Ward-Methode. Ein systematischer und lebendiger Weg zur Musik. In: Musica Sacra. Zeitschrift für katholische Kirchenmusik, 125. Jg., 2005, Heft 5, S. 26

andere Teile aus, sodass sie nicht generalisierend lernen. Eine Vernetzung von einzelnen Aspekten erfolgt erst später.[232] Die Methode unterteilt die Musik also in einzelne Elemente, lässt den Fokus auf die Teilaspekte zu und verbindet die Aspekte zu einem späteren Zeitpunkt wieder miteinander. Die Teilaspekte lauten: 1. Stimmbildung, 2. Gehörbildung, 3. Rhythmus, 4. Notation, 5. Improvisation, 6. Melodien und Lieder.[233]

Für den Bereich der Stimmbildung gelten die Parameter der allgemeinen Kinder-, aber auch Erwachsenenstimmbildung. Die Stimme soll sich zu einem klingenden und gut intonierten Instrument entwickeln. Dabei helfen Übungen zur Stimmwahrnehmung, zur Erweiterung des Stimmumfangs, für den korrekten Stimmsitz und generell zur Entwicklung der Klangschönheit.[234] Stimmbildung ist bei der Ward-Methode Ausgangspunkt und die Basis der konzeptionellen Arbeit. Die Gehörbildung ist ein häufig unterschätzter Aspekt der musikalischen Bildung, der zugleich vielseitig wie unabdingbar in eine musikalische Grundbildung gehört. In der Gehörbildung wird sowohl das Tonmaterial erarbeitet wie auch das tonale Vorstellungsvermögen geschult.[235] Mit Hilfe der relativen Solmisation entwickelt sich ein Bewusstsein für die Töne innerhalb einer Tonleiter, unabhängig von der absoluten Tonstufe. Die Töne werden in ihren Funktionen wahrgenommen, wodurch das musikalische Gedächtnis der Schülerinnen und Schüler zunehmend geschult wird und sich ein Gespür für die korrekte Intonation entwickelt. Als dritten und wesentlichen Bestandteil konzentriert sich die Ward-Methode auf den Rhythmus. Die Rhythmus-Übungen sind sehr oft an Bewegungen gekoppelt. Die Kinder sollen über tänzerische Bewegungen ein natürliches Gefühl für den Rhythmus entwickeln. Rhythmische Spannungsverläufe, aber auch die genaue Ausführung der vorgegebenen Notenwerte spielen hier eine wesentliche Rolle.[236] Es ist zu beobachten, dass im westlichen Kulturkreis die rhythmische Schulung häufig zu kurz kommt und in der weiteren musikalischen Entwicklung meistens defizitär entwickelt ist. Umso entscheidender ist, dass sich früh und ausgiebig dieses Phänomens angenommen wird. Rhythmus ist ein Baustein der Musik, der unabdingbar an eine Körperlichkeit gebunden ist, also körperlich wahrgenommen und erlebt werden muss.

---

232 Vgl. Brandt 2005: a.a.O., S. 26
233 Vgl. Brandt 2005: a.a.O., S. 26
234 Vgl. Brandt 2005: a.a.O., S. 26
235 Brandt 2005: a.a.O., S. 26
236 Brandt 2005: a.a.O., S. 27

Das Notenlesen und -schreiben ist ein Aspekt, der häufig auch noch in höheren Schulstufen im Musikunterricht ein Problem darstellt. Die Ward-Methode leitet die Schülerinnen und Schüler deshalb an, gesungene Melodien oder Rhythmen schriftlich festzuhalten; Notenlesen wird mit der gleichen Konsequenz wie das Buchstabenlesen vermittelt.[237] Zunächst einmal verwendet man Ziffern für die Darstellung der Solmisationssilben und eine „Strich-Punkt-Notation" für die Notation rhythmischer Patterns.[238] Auf diese Weise werden die Kinder eindimensional und für sie fassbar an die Notation herangeführt und entwickeln im besten Falle eine Selbstverständlichkeit im Umgang mit dieser.

Als weiteres wichtiges Ziel der Ward-Methode versteht sich der Baustein Improvisation. In der Improvisation entwickeln sich Selbsttätigkeit und Selbstverständnis für das eigene Musizieren – und dieses, „die Erziehung zur musikalischen Selbstständigkeit", ist ein erklärtes Ziel der Ward-Methode.[239] Zunächst einmal geht es für die Schülerinnen und Schüler der Ward-Methode darum, mit dem erworbenen Material tonal und rhythmisch zu variieren und kleine Kompositionen anzufertigen.

Das Liedgut, welches von der Ward-Methode verwendet wird, entspricht der jeweiligen Auffassungsgabe der Kinder und dem bisherigen Leistungsstand. Die Lieder dienen zur Anwendung des bisher Gelernten. Sie werden so gewählt, dass sie die vorab entwickelten Aspekte der musikalischen Grundbildung miteinander zu verbinden und sinnvoll zu kombinieren suchen. Die Schülerinnen und Schüler sollen sich die Melodien selbst beibringen, ohne dass der Lehrende diese vorsingt.[240] Auf diese Weise werden alle anderen Bausteine aktiviert und so zusammengesetzt, dass das Endergebnis als Ergebnis des Prozesses der Grundmusikalisierung verstanden werden kann. Natürlich müssen die einzelnen Bestandteile des Konzeptes immer wieder geübt werden. Die Methode sieht vor, dass dieses in schneller Abfolge geschieht und alle Bausteine gleichberechtigt entwickelt werden können. Je häufiger die Bausteine gewechselt werden, desto spielerischer und demnach auch motivierender ist der Effekt. Schon von Beginn an lernen die Kinder ihre Aufgaben selbstständig zu erledigen und werden so flexibel im gemeinsamen Musizieren. Meinen Beobachtungen folgend ist festzustellen, dass die Methode nicht speziell für Musikerinnen und Musiker oder Musiklehrerinnen und Musiklehrer entwickelt wurde, sondern sie unterstützen kann, die häufiger mit Kindern Musik machen.

---

237   Brandt 2005: a.a.O., S. 27
238   Brandt 2005: a.a.O., S. 27
239   Brandt 2005: a.a.O., S. 27
240   Brandt 2005: a.a.O., S. 27

1.6 Terminologische Vergewisserung

Über ästhetische oder musikalische Bildung und ästhetische Erfahrung wurde in der Musikpädagogik und allgemeinen Erziehungswissenschaft schon vielfach gesprochen. Es soll im Folgenden kein neuer Versuch einer umfassenden terminologischen Abgrenzung erfolgen. Dieses Unterfangen scheint ohnehin in der aktuellen Debatte problematisch. So bemerkt Jürgen Vogt hierzu, ein generelles Problem der Begriffsgeschichte sei, dass man niemals wirklich sicher davon ausgehen könne, alle Quellen gesichtet und miteinbezogen zu haben. Er stellt die Frage, ob es soetwas wie eine „semantische Sättigung", demnach also die begründete Annahme, keine wichtigen Quellen oder Positionen vernachlässigt oder ignoriert zu haben, überhaupt geben kann.[241] Die folgenden Definitionen sind Arbeitsdefinitionen, die innerhalb dieser Abhandlung Verwendung finden. Es ist notwendig, die Terminologie ästhetische Erfahrung sowie die Begriffe der Erfahrung und des Ästhetischen bezogen auf die Anwendung in dieser Arbeit zu definieren. Dies ist unter anderem deshalb von Nöten, weil diese Begriffe vielfältig und zum Teil inflationär gebraucht werden. Dies gilt auch für die Begriffe ästhetischer Erfahrungsraum und ästhetische Bildung. Die folgenden Definitionen dienen zudem als Hilfsmittel einer Ergebnisauswertung der Interviews, aber auch zur Erstellung der Rahmenkonzeption einer gesangspädagogischen Stimmbildung.

Wie bereits herausgestellt wurde, ist eine notwendige Bedingung des ästhetisch-praktischen Vollzuges die Erfahrbarkeit der Handlung. Um dies genauer differenzieren zu können, gilt es zunächst einmal den Erfahrungsbegriff näher zu beleuchten und besonders auch in Hinblick auf die ästhetische Erfahrung zu untersuchen. Im Folgenden wird besonders der Bildungsbegriff einer Untersuchung unterzogen.

1.6.1 Annäherung an den Erfahrungsbegriff

Will man dem Begriff der ästhetischen Erfahrung näher kommen, so muss man diesen Begriff zunächst in seine einzelnen Bestandteile zerlegen und die beiden Einzelteile näher untersuchen. Schon der Begriff Erfahrung zählt nach Hans Georg Gadamer zu den unaufgeklärtesten Begriffen, die sich in unserem Wort-

---

241 http://www.zfkm.org/12-vogt.pdf, S. 3, Vogt, Jürgen: Musikalische Bildung – ein lexikalischer Versuch. In: Zeitschrift für Kritische Musikpädagogik (ZfKM), elektronischer Artikel, 27.09.2012, 16:50 Uhr

schatz befinden.[242] Unter genauer Betrachtung des Begriffes kann man sich seiner Bedeutung jedoch annähern. Im Folgenden werden allgemeine Kriterien von Erfahrungen aufgezählt und die entsprechenden Aspekte der unterschiedlichen Erfahrungsebenen herausgearbeitet: Eine Erfahrung ist immer etwas, das sich in der Zeit situativ vollzieht. Sie impliziert eine Form von Reaktion, gar eine Veränderung des Gegenwärtigen oder Zukünftigen. Der Begriff der Erfahrung meint insofern ein Dreifaches: Das Einbeziehen der Erkenntnisse, die in der Vergangenheit erfahren wurden und nun in einem zweiten Schritt die Gegenwart beeinflussen, und das Sammeln neuer Erfahrungen, die die Zukunft ändern oder vorbereiten. Dieser dreifach dimensionierte Prozess benötigt Zeit. Hanne Seitz stellt heraus, dass Erfahrungen häufig nicht im Blickpunkt der neuzeitlichen Entwicklung sind. „Erfahrung", so betont Seitz, sei eine „an Zeit gebundene Kategorie", die in einer „schnelllebigen, erlebnisorientierten und an Machbarkeit gebundenen Gesellschaft wenig gefragt" wäre.[243] Bezogen auf musikalische Bildung und im Sinne eines an den Erfahrungsbegriff geknüpften Verständnisses von Bildung ist also nicht der Erwerb eines auf musikalische Sachverhalte bezogenen Bildungswissens gemeint, sondern Bildung als lebenslanger Prozess der Erfahrung.[244] Musikpädagogen geben als Beispiel für eine vollzogene ästhetische Erfahrung häufig den Besuch eines Konzertes an, bei dem der Konzertbesucher derart tief von der Musik beeinflusst wurde, dass sein Verhalten sich verändert hat. Die früheren Erfahrungen werden zwar nicht gelöscht, sie erscheinen aber in einem ganz neuen Licht.[245] Auf diese Weise wirkt sich die erfahrene Gegenwart auf die erfahrene Vergangenheit aus, sie verändert die Gegenwart und beeinflusst auch zukünftige Haltungen. Christoph Richter bezeichnet die Erfahrung als Prozess des Durchdringens, des „Durchfahrens" eines Gegenstandes, das dazu dient diesen und auch sich selbst im Sinne einer „allgemeineren Wahrheit" zu verstehen.[246] Richter bezieht die Wortherkunft des Begriffes Erfahrung in seine Überlegungen ein, so findet sich

---

242   Vgl. hierzu Ehrenforth, Karl-Heinz: Verstehen und Nichtverstehen – Erfahrungen an einer Grenze. In: Niermann, Franz (Hrsg.): Erlebnis und Erfahrung im Prozess des Musiklernens. (Fest-)Schrift für Christoph Richter. Augsburg 1999, S. 9-14

243   Seitz, Hanne: In Bewegung – Ereignisfeld für ästhetische Erfahrung. In: Bilstein, Johannes, Peskoller, Helga (Hrsg.): Erfahrung – Erfahrungen, Wiesbaden 2013, S. 143

244   Rolle 1999: a.a.O., S. 6

245   Vgl. Kraemer, Rudolf-Dieter: Musikpädagogik – eine Einführung in das Studium. Forum Musikpädagogik Band 55, Augsburg 2004, S. 88

246   Richter, Christoph: Erfahrung. In: Hopf, Helmut; Heise, Walter; Helms, Siegmund (Hrsg.): Lexikon der Musikpädagogik, Regensburg 1984, S. 67-70

im Wörterbuch der deutschen Sprache von Friedrich Kluge, die ursprüngliche Bedeutung des Begriffes Erfahrung von lateinisch „periri" und „peritus" in „durchdringen" wieder Eine Situation wird tief empfunden, denken wir an den Konzertbesuch, sie berührt und „durchfährt" die Person. Schaut man sich einmal genauer die einzelnen Aspekte an, die hierbei von Bedeutung sind, so stellt man fest, dass zahlreiche Aspekte auf den Erfahrenden einwirken. Rudolf-Dieter Kraemer führt die mögliche Vielseitigkeit von Erfahrungen an und schlüsselt sie genauer auf: Zunächst, so gibt er an, ist der Erfahrende durch seine Erwartungen, die er durch Vorerfahrungen hat, geprägt und deutet die neuen Erfahrungen anhand dieser, hier haben wir es mit dem **Erwartungsaspekt** zu tun. Dann liegt immer eine bestimmte Situation an einem bestimmten Ort zu einer bestimmten Zeit einer Erfahrung zugrunde, dies ist der **Situationsaspekt**. Des Weiteren macht man nicht nur eine Erfahrung im Leben, Erfahrungen sammeln sich an, dies beschreibt der **Kumulationsaspekt**. Die Erinnerung an die Erfahrung beeinflusst dann auch die Zukunft, weil man nun neue Dinge gelernt hat und für die Zukunft weiß, dies ist der **Wissensaspekt**. Es ist des Öfteren auch so, dass neue Erfahrungen in Erlebnissituationen einsetzen, hier ist die Rede vom **Wirkungsaspekt** der Erfahrung. Die schon vorhandenen Erfahrungen werden dann verändert, variiert oder modifiziert, Kraemer spricht vom **Kontinuumsaspekt**. Nicht außer Acht zu lassen sind außerdem die Subjektivität und die subjektive Bedeutung einer Erfahrung, der **Subjektaspekt**. Erfahrungen finden statt, wenn Menschen aktiv handeln, zumeist implizieren sie also auch einen **Handlungsaspekt** sowie einen **Mitteilungsaspekt**, denn man kann sich kommunikativ über diese verständigen.[247] Diese zahlreichen Aspekte treten, analysiert man eine gemachte Erfahrung, in Erscheinung. Erfahrungen jeglicher Art schlagen sich also höchst unterschiedlich nieder.

Speziell im musikalischen Bereich verweist der Musikpädagoge Hermann Josef Kaiser auf einige wesentliche Punkte, derer man sich bewusst sein sollte, wenn man über eine musikbezogene Erfahrung spricht: Er unterscheidet zwischen der prozesshaften Erfahrung und der Erfahrung als Resultat.[248] Erst wenn eine Erfahrung ein gewisses Resultat hervorbringt, sich also Aspekte des Prozesses zum Beispiel in das eigene Dispositionsgefüge eingegliedert haben oder zur Reflexion vorliegen und somit genauer in den persönlichen Erfahrungsschatz eingehen, liegt ein Resultat vor. Es gibt jedoch auch solche Erfahrungen,

---

247 Kraemer 2004, a.a.O., S. 89
248 Kaiser, Hermann Josef: Meine Erfahrung – Deine Erfahrung?! Oder: Die grundlagentheoretische Frage nach der Mitteilbarkeit musikalischer Erfahrung, Essen 1992, S. 108

die sich eher am Gesamtprozess orientieren und die Prozesshaftigkeit in den Blick nehmen. Bezogen auf die eventuelle ästhetische Erfahrung bei einem Konzertbesuch wäre der Besuch als solcher dann eher eine prozesshafte Erfahrung. Die prozesshafte Erfahrung würde im situativen Erleben des Konzertes stattfinden. Die Erfahrung als Resultat könnte erst nach dem Konzertbesuch vorliegen. Ein Resultat wäre dann zum Beispiel, dass man sich in Zukunft mehr für die gehörte Musik interessieren wird, da die Erfahrung mit ihr positiv war. Ein anderes Ergebnis könnte wohl auch sein, dass die erfahrene Musik beispielhaft positiv für eine ganze Musikstilrichtung stehen kann und diese Musik nun nach dem Konzertbesuch für den Zuhörer dauerhaft positiv wahrgenommen wird. Das Resultat wäre hier zum Beispiel die Veränderung der vorherigen Meinung. Im Allgemeinen spricht man wohl eher von prozesshaften Erfahrungen, da der durch sie ausgelöste Prozess zumeist das anregende Moment darstellt. Durch eine prozesshafte Erfahrung kann also ein Bildungsprozess angebahnt werden. Versteht man Bildung als unabschließbaren Prozess, dann ist die durchdringende Erfahrung ein Teil des Bildungsprozesses, dessen Resultat – sollte es eines geben – sich immer wieder erneuern könnte. Besonders wenn es um musikalische Erfahrung geht, weist der Prozesscharakter einer Erfahrung jedoch eine Problematik auf: Wie bereits dargestellt, besitzt eine Erfahrung zahlreiche Aspekte, auf welche sie referiert. Betrachtet man die Gesamtheit einer Erfahrung, so ist gerade im Bereich einer musikalischen Erfahrung die Schwierigkeit gegeben, dass diese Erfahrung sicherlich mehr enthält „als das, was durch den Begriff musikalisch getroffen wird".[249] Kaiser plädiert dafür, dass man eben aufgrund dieses „Totalitätscharakters" von Erfahrungen allenfalls nur von „musikbezogener Erfahrung" sprechen sollte.[250] So mag es Situationen geben, „in denen nahezu alle anderen Momente eines Erfahrungsprozesses wichtiger sind als das, was im engeren Sinne musikalisch darin aufscheint".[251] Kaiser meint, dass innerhalb dieses Erfahrungsprozesses durchaus musikalische Erfahrung als Ergebnis gebildet werden kann. Musikalische Erfahrung kann sich, so scheint es, also auch völlig frei von Intentionen an sie entwickeln. Bei der Analyse der unterschiedlichen Prozesse sollte jedoch darauf geachtet werden, dass unterschieden wird in den bloßen Vollzug der Erfahrung und ihr Ergebnis. Eine abgeschlossene musikalische Erfahrung bezeichnet Kaiser als mittelbar, eine unmittelbare musikalische Erfahrung ist demnach für

---

249   Kaiser 1992: a.a.O., S. 108
250   Kaiser 1992: a.a.O., S. 108
251   Kaiser 1992: a.a.O., S. 108

ihn eine „unvermittelt" erlebte.[252] In diesem Zusammenhang spielt die erlebte, erfahrene Zeit eine wesentliche Rolle. Erst die Verarbeitung einer Erfahrung schließt diese ab und fördert ein Resultat zutage; das bloße Erleben, welches sich zeitgleich vollzieht, ist noch nicht reflexionsfähig:

> „Jeder musikalische Verlauf benötigt seine Zeit, damit er überhaupt als Wahrnehmung, als Erlebnis und schließlich als Erfahrung existent ist. Diese objektive Dauer ist gekoppelt an eine Sinnstiftung durch Subjekte."[253]

Das musikalische Wahrnehmen und Deuten von etwas Erlebtem benötigt also eine zeitliche Distanz. Erst durch diese Distanz und die erfolgte Analyse des Wahrgenommenen kommen dem Erlebten ein Sinn und eine Mittelbarkeit zu.

1.6.2 Annäherung an den Begriff des Ästhetischen

Der zweite Bestandteil des Doppelbegriffes „ästhetische Erfahrung" bezieht sich auf den Gesamtbereich des „Ästhetischen". Dieser Begriff für sich genommen ist ebenso komplex und vielgestaltig wie der Begriff der Erfahrung, begegnet uns dieser doch in ganz unterschiedlichen Kontexten. Zumeist wird der Begriff mittlerweile als Doppelbegriff in Verbindung mit einem anderen Terminus verwendet. So zum Beispiel ästhetische Bildung/ästhetische Erfahrung/ästhetische Praxis. Aufgrund der Vielzahl von Verwendungsmöglichkeiten in unterschiedlichen Kontexten gestaltet es sich schwierig eine Definition für das Ästhetische zu finden. Der Begriff erlebte in den vergangenen Jahrhunderten zudem eine Begriffsveränderung. Unser heutiger Ästhetikbegriff ist erst circa 250 Jahre lang im Umlauf und entstand in der Zeit der Aufklärung. Die Aufklärung verhilft in vielerlei Hinsicht der Wissenschaft, Technik und Industrie zu ihrer Blüte. Annette Franke spricht von „jener Periode des philosophischen Denkens, in der wissenschaftliche Erkenntnis nur als rationale, als klare und deutliche Erkenntnis denkbar war, die nach den Regeln der Mathematik und Geometrie aufgebaut war".[254] Auf der anderen Seite hingegen wird die Wichtigkeit des Empfindungs- und Wahrnehmungsvermögens, gerade in dieser vom Rationalismus dominierten Zeit., betont So stellt Baumgarten in seinen *Ästhetikvorlesungen* „die Wissenschaft von der sinnlichen Erkenntnis der Logik

---

252   Kaiser 1992: a.a.O., S. 109
253   Kaiser 1992: a.a.O., S. 109
254   Franke, Annette: Aktuelle Konzeptionen der Ästhetischen Erziehung, München 2007, S. 23

zur Seite".[255] Baumgarten konzentriert sich in der Entwicklung seiner Theorie und der Bedeutungszuschreibung der Ästhetik sehr stark auf das griechische Bezugswort „aisthesis" und stellt die Aspekte wie Wahrnehmung, Fühlen, Sinneswerkzeug, Empfindungsvermögen, Erkenntnis, Begreifen und Verständnis im Besonderen heraus. Dem Ästhetischen wird somit weit mehr Bedeutung verliehen, als nur schön, wohlgeraten und gut gestaltet zu sein. Baumgarten spannt mit seiner Theorie einer sinnlichen Erkenntnis ein weites Feld zwischen dem logisch-greifbaren Aspekt des Ästhetischen, dem zu Erkennenden, Verstehenden, Begreifbaren und dem Gefühlsbetonten, dem zu Empfindenden, Sinnlichen. Die Philosophie erhält neben der Logik noch den Bereich des Sinnlichen ergänzend hinzu. Die Logik verliert in der Philosophie also ihr Monopol.[256] Fortan steht der Logik das Sinnliche zur Seite und so ist schon hier zu erahnen, dass es in der ästhetischen Bildung eines Wechselspiels zwischen Kognition und Emotion bedarf.[257]

Ästhetik meint in der heutigen Zeit in vielen Zusammenhängen durchaus noch „sinnliche Wahrnehmung" und folgt damit seinem griechischen Bezugswort „aisthesis". Damit geht der Begriff weit über den Bereich der Kunst hinweg und bezieht sich auf die Wissenschaft, „die sich mit der Struktur und dem Vermögen von sinnlicher Wahrnehmung beschäftigt".[258] Den menschlichen Sinnen wird eine exponierte Stellung zuteil. Wie schon in Aristoteles' Kritik an Platon wird allein das Geistige hier nicht als wesentlich angesehen. Georg Picht sagt, dass allem Denken, allen Tätigkeiten und Vermögen die sinnliche Wahrnehmung zugrunde liegt. Die Sinne sind zu Erkenntnissen und Entdeckungen im Stande, die dem Verstand unzugänglich bleiben. Dies treibt er auf die Spitze, indem er angibt: „Die Sinne denken."[259] Baumgarten zielt wohl in eine ähnliche Richtung, indem er die Ästhetik als Theorie oder auch Wissenschaft der sinnlichen Erkenntnis etabliert, stellt jedoch Ratio/Logik und Ästhetik nebeneinander.

---

255 Franke 2007: a.a.O., S. 23
256 Franke 2007: a.a.O., S. 23
257 Vgl. Schmitt, Rudolf: Das Zusammenspiel von Kognition und Emotion in der ästhetischen Erziehung. In: Ästhetische Erziehung in der Grundschule, hrsg. v. Matthies, Klaus; Polzin, Manfred; Schmitt, Rudolf, Frankfurt 1987, Arbeitskreis Grundschule, Band 69, S. 1ff.
258 Mahlert, Ulrich; Krause-Pichler, Adelheid (Hrsg.): Über ästhetische Bildung und ihre Funktion, Schriftenreihe des Deutschen Tonkünstlerverbandes Berlin, Band 2, Regensburg 2004, S. 22
259 Picht, Georg: Kunst und Mythos, Stuttgart 1986, S. 336

Geht man von diesem Ästhetikverständnis aus, so werden Reichweite und Potential einer sinnlichen Wahrnehmung deutlich. Sie erhält pädagogische und gesellschaftliche Bedeutung.[260] So besitzt sie das Potential, den Menschen die Welt als ästhetisch gestaltet und gestaltbar zu vermitteln. Durch ihre die geschulte sinnliche Wahrnehmungsfähigkeit erschließen die Menschen sich die Welt in ihrer Ästhetik neu.[261]

In einer ästhetischen Bildung werden derartige Erkenntnisse zu Konzeptionen umgesetzt. Ohne die sinnliche Wahrnehmung sind viele ästhetische Erfahrungen nicht möglich. Die sinnliche Wahrnehmung ist ein Mittler zwischen dem ästhetischen Gegenstand und der Reflexion desselben. Ohne die sinnliche Wahrnehmung kann ein ästhetischer Bildungsprozess nicht zustande kommen.

Die zweite Bedeutung des Wortes ist eine deutlich allgemeinere, populäre Form der Gebrauchsweise. Legt diese doch nur nahe, dass das Wort häufig in Bezug auf Kunst verwendet wird, wobei der Bereich der Kunst nicht eingeschränkt wird, sondern in sehr viele Lebensbereiche hineinreicht. Sie ist somit kein eingeschränkter Bereich, der sich von der Welt abgekapselt in einem Elfenbeinturm vollzieht. So verleiht Hans Robert Jauß der Kunst eine wesentliche politische Rolle in der Gesellschaft. Sie kann nicht in wahr und falsch aufgeteilt werden, sie besitzt keine Dogmen, sondern passiert in Freiheit, unabhängig, ohne jemandes Untertan zu sein.[262] Und dennoch erscheint sie als Teil der Gesellschaft, integriert und teilnehmend. Ästhetisch gebildet wird in der auf Kunstbezogenen Verwendung des Begriffes durch und an Erfahrungen mit Kunst.[263] Diese Gebrauchsweise des Begriffes ist sicherlich die bekanntere, aber auch die unspezifischere. Ästhetisch ist etwas, das mit Kunst zu tun hat, so behauptet der Laie. Muss Kunst also schön sein? Sicherlich nicht immer, denn darauf ist der Begriff Ästhetik nicht zu beschränken.

Will man Einigkeit, oder gar eine Definition für den Begriff der Ästhetik finden, so hilft hier die philosophische Tradition der Ästhetik. Diese reduziert die Merkmale des Ästhetischen auf wenige, die jedoch von allen Richtungen und Ansätzen angenommen werden.[264] Zum einen besitzt die Ästhetik eine Zweckfreiheit, die Zweckfreiheit des Schönen. Gemeint ist damit, dass die Ästhetik keiner Funktion oder gar einem Zweck, einem Nutzen, außer ihr selbst zu ge-

260   Vgl. Mahlert 2004: a.a.O., S. 22
261   Vgl. Mahlert 2004: a.a.O., S. 22
262   Vgl. Jauss, Hans Robert: Ästhetische Erfahrung und literarische Hermeneutik, Frankfurt/M. 1991, S. 44
263   Mahlert 2004: a.a.O., S. 24
264   Vgl. Daucher 1990: a.a.O., S. 19

nügen, unterliegt. Das Schöne ist als Wert zu bezeichnen, ja sogar als einer der höchsten Werte, das Schöne, neben dem Guten und dem Wahren.[265].

1.6.3 Die ästhetische Erfahrung

Der Begriff der ästhetischen Erfahrung ist ein Grundbegriff im Bereich der kulturellen Bildung, der vielgestaltig eingesetzt wird und in unterschiedlichen Kontexten Verwendung findet. Aus diesem Grunde existieren auch vielfältige Definitionsansätze, die den Begriff näher zu bestimmen suchen. So beschreiben ästhetische Erfahrungen nicht immer nur Produkte eines Umgangs mit künstlerischen Gegenständen, auch das Erleben von Natur oder anderen speziellen Ereignissen kann eine ästhetische Erfahrung auslösen. Im Folgenden soll der Begriff der ästhetischen Erfahrung speziell unter musikpädagogischen Gesichtspunkten betrachtet werden, gestützt wird diese Betrachtung durch die Ausführungen Christian Rolles zum Begriff der ästhetischen Erfahrung.

Ästhetische Erfahrung ist nicht nur ein sinnliches Erfahren, ein Erfahren besonderer, bestimmter Kunstwerke, eine Erfahrung bestimmter „Eigenschaften von Objekten" – etwa Schönheit – oder Empfindung eines spezifisch ästhetischen Werts.[266]All diese Aspekte besitzen jedoch Wahrheiten, die den Begriff der ästhetischen Erfahrung zumindest teilweise näher klassifizieren. Im Bereich der Musik ist der Begriff des ästhetischen Erfahrens eng an den Begriff des musikalischen Erfahrens gebunden. Hermann Josef Kaiser macht immer wieder darauf aufmerksam, dass das musikalische Erfahren eine besondere Spezifizierung des ästhetischen Erfahrens im musikalischen Kontext ist. Dies erscheint auf den ersten Blick sehr abstrakt und es stellt sich die Frage, ob der Begriff des Ästhetischen fächerübergreifend Verwendung finden sollte. Sind doch die künstlerischen Parameter der Bildenden Kunst, der Literatur oder der Musik in vielen Punkten nicht vergleichbar. Dieser Diskurs wurde auch schon zu Robert Schumanns Zeiten geführt. Hanslick spricht sich 1854 gegen die Behauptung Schumanns, dass die Ästhetik der einen Kunst die der anderen sei, nur das Material ein unterschiedliches sei, aus.[267] Auch heute noch hat diese Aussage Bestand, so ist das Analyseinstrumentarium eines bildenden Kunstwerkes doch

---

265   Vgl. Daucher 1999: a.a.O., S. 19
266   Rolle, Christian: Was heißt „ästhetische Erfahrung"? Annäherung an einen Grundbegriff der Ästhetik in musikdidaktischer Absicht. In: Jank, Birgit; Vogt, Jürgen: Dokumentation Erziehungswissenschaft, Schriften aus dem Fachbereich 06 der Universität Hamburg, Heft 13/1998, S. 188
267   Hanslick, Eduard: Vom Musikalisch Schönen, Leipzig 1/1854, S. 3

ein ganz anderes als das eines musikalischen Werkes, ebenso, wie es nicht nur ein einziges Ästhetikverständnis gibt.

Nach Rolle bahnen ästhetische Erfahrungen musikalische Bildung an. Musikalische Bildung findet laut Rolle nämlich dann statt, „wenn Menschen in musikalischer Praxis ästhetische Erfahrungen machen".[268] Aus genau diesem Grunde plädiert er dafür, dass Pädagoginnen und Pädagogenden Lernenden Erfahrungsräume eröffnen sollen. Mit ästhetischen Erfahrungen sind nicht einfach nur sinnliche Erfahrungen gemeint, es handelt sich nicht um Erfahrungen, die an Fächergrenzen oder Kunstwerke gebunden und darauf beschränkt sind. Vielmehr ist die ästhetische Erfahrung „in der Wahrnehmung von Natur und verschiedensten Artefakten – seien es Alltagsgegenstände, Produkte populärer Kultur o.a." gemeint.[269] Eine ästhetische Erfahrung zu machen, ist also ein Prozess, der vollkommen unterschiedlich und individuell verlaufen kann. Zudem gibt Gunther Otto zu bedenken:

> Ästhetische Erfahrung ist [...] ein immer wieder durchzuhaltender Balanceakt zwischen Anschauung und Begriff, Wahrnehmung und Reflexion, zwischen Detailwahrnehmung und Totalitätscharakter des Werkes."[270]

Der Blick für das Gesamte darf also nicht außer Acht gelassen werden. Es gilt sich nicht im Detail zu verlieren, sondern den großen Bogen – sozusagen übergeordnet – im Auge zu behalten, andererseits aber auch die Details nicht aus dem Blick zu verlieren.

Eine ästhetische Erfahrung beinhaltet drei Stadien oder Möglichkeiten. Begreift man etwas ästhetisch durch eine ästhetische Erfahrung, so gilt es dieses wahrzunehmen, in sich aufzunehmen, aber auch zu reflektieren, zuzuordnen zu früher gemachten Erfahrungen, einzugliedern in die Gegenwart und daraus etwas für die Zukunft zu ziehen. Diese Dreidimensionalität der Erfahrung gilt auch und im Besonderen für eine ästhetische Erfahrung. Ästhetische Erfahrungen vollziehen sich wie auch theoretische, praktische oder moralische Erfahrungen innerhalb von Bildungsprozessen, die sich dadurch kennzeichnen, dass

---

268   Rolle, Christian: Musikalisch-ästhetische Bildung. Über die Bedeutung ästhetischer Erfahrung für musikalische Bildungsprozesse, Kassel 1999, S. 5

269   Rolle 1999: a.a.O., S. 7

270   Otto, Gunther: Schule und Ästhetik sind kein Widerspruch. Gegen Klaus Mollenhauers „pädagogische Kiste". In: Otto, Gunter: Lehren und Lernen zwischen Didaktik und Ästhetik. Bd. 1: Ästhetische Erfahrung und Lernen, Seelze 1998, S. 96

sie einen „Bruch mit den üblichen Wahrnehmungen markieren".[271] Eine ästhetische Erfahrung bringt etwas Neues, Anderes, bisher nicht Erkanntes oder Wahrgenommenes zum Ausdruck:

> „Sie haben einen kontemplativen, reflexiven, dekonstruktiven Charakter, der das bislang Un-Erhörte, Un-Gesehene, Un-Erahntehören, sehen und ahnen lässt. Ästhetische Erfahrungen bringen das Andere zur Geltung.[272]

Die ästhetische Erfahrung zeigt also eine Differenz auf. Es wird ersichtlich, was noch nicht erfahren wurde. Dieses grenzt sich vom bereits Erfahrenen ab. Dies bezeichnen Liebau, Klepacki und Zirfas als „Realitätsverdopplung".[273] Der Begriff meint, dass sich das realistische Wahrnehmen für einen Moment verdoppelt und eine zusätzliche, neue Wahrnehmung ermöglicht. Diese Realitätsverdopplung bezeichnen Liebau, Klepacki und Zirfas als notwendige Bedingung für einen „Freiheitsspielraum" der Wahrnehmung, indem ein Abstand zum Alltäglichen entsteht und so eine Reflexion über das Erlebte oder den Gegenstand erfolgen kann. So wird die ästhetische Erfahrung zu einer besonderen Form innerhalb des Wahrnehmungsspektrums, in der „Erscheinungsqualitäten von Gegenständen" synästhetisch wahrgenommen werden können und welche von „Offenheit und Pluralität" gegenüber der „Unmittelbarkeit und Gegenwärtigkeit" geprägt ist.[274]

Eine ästhetische Erfahrung ist so stets von Subjektivität durchdrungen. Gunther Otto gibt hierzu Aufschluss. Für ihn wird eine ästhetische Erfahrung „durch sinnliche Praxis und emotionale Anteilnahme ausgelöst", gemeint ist auch für ihn „diejenige, in der sich Stutzen, Nachdenken, Irritation, Infragestellung mit sinnlicher Praxis verbinden".[275] Eben die Praxis ist hier ein entscheidendes Merkmal. In der Praxis wird eine Erfahrung gemacht, im praktischen Umgang oder in der Auseinandersetzung mit einem ästhetischen Gegenstand oder einer ästhetischen Praxis. Hieran knüpft die Frage an: Welche Bedeutung kann es für Schülerinnen und Schüler haben, in der Schule, im Musikunterricht in einem Schulchor oder Schulprojekt mitzusingen? Gemeint ist hier nicht nur die reine musikalische Praxis, sondern auch der Umgang mit einem Kunstwerk, das Erlernen und Auseinandersetzen mit einem zu erarbeitenden Werk, das

---

271 Liebau, Eckart; Klepacki, Leopold; Zirfas, Jörg: Theatrale Bildung. Theaterpädagogische Grundlagen und kulturpädagogische Perspektiven für die Schule, Weinheim und München 2009, S. 98
272 Liebau, Klepacki, Zirfas 2009: a.a.O., S. 98
273 Liebau, Klepacki, Zirfas 2009: a.a.O., S. 98
274 Liebau, Klepacki, Zirfas 2009: a.a.O., S. 99
275 Otto 1998: a.a.O., S. 96

Sprechen über die Musik und das gemeinsame Musizieren. Wie können solche Erfahrungen Bildungsprozesse anstoßen? Und was muss von den Verantwortlichen inszeniert werden, um ästhetische Nischen, ästhetische Erfahrungsräume zu ermöglichen? Zunächst einmal sollten wohl eine Vielfältigkeit beziehungsweise vielfältige Anknüpfungspunkte für Lernende in einer inspirierenden Umgebung gegeben sein. Das allein macht aber noch keine Erfahrung zu einer ästhetischen. Klaus Mollenhauer versteht eine ästhetische Erfahrung 1. als nicht in Kontinuität, sondern in Differenz zu jeglicher anderen Lebenspraxis stehende, 2. als eine private und selbstbezügliche, 3. als eine durch eigenartige ästhetische Symbole vermittelte.[276] Orientiert man sich an diesen drei Eigenschaften der ästhetischen Erfahrung, so nimmt diese Gestalt an. Eine ästhetische Erfahrung ist etwas, das nicht kontinuierlich, sondern dem alltäglichen Lebensvollzug enthoben geschieht. Sie ist Eigentum des Individuums, ein nicht prüfbarer Prozess, der sich in Innerlichkeit abspielt. Außerdem referiert sie auf einen ästhetischen Gegenstand, der über eine seiner Form eigene Zeichenhaftigkeit übertragen wird.

Wie bereits herausgestellt wurde, zeigt Rolle auf, dass der Begriff der ästhetischen Erfahrung die Zieldimension des Unterrichts bestimmt, denn wenn Menschen in musikalischer Praxis ästhetische Erfahrungen machen und musikalische Bildung angestrebt wird, muss es Ziel von Musikunterricht sein, Menschen ästhetische Erfahrungen zu ermöglichen und somit eben auch ästhetische Erfahrungsräume zu eröffnen – Räume, in denen ästhetische Erfahrungen gemacht werden können.

1.6.4 Annäherung an den Begriff Bildung

Der Begriff Bildung wird heute so vielseitig und in vielen Zusammenhängen verwendet, wie seine Geschichte und Entwicklung sich darstellt. Hier wird es nicht darum gehen, die Entwicklung des Begriffes darzustellen. Vielmehr soll eine Annäherung an die inhaltliche Dimension des Begriffes erfolgen, die den Verwendungszusammenhang des Begriffes innerhalb dieser Arbeit nachvollziehbar macht.

Eckart Liebau, Leopold Klepacki und Jörg Zirfas sprechen davon, dass der Bildungsbegriff als ein „umbrellaterm" fungiert, „der neben einer hohen Wertschätzung und einem weihevollen Nimbus vielfältige Konnotationen hervorruft und in der Regel mit Zustimmung rechnen kann".[277] Trotz der nahezu inflatio-

---

276   Zitiert nach Rolle 1999: a.a.O., S. 90
277   Liebau, Klepacki, Zirfas 2009: a.a.O., S. 17

nären Gebrauchsweise dieses Begriffes scheint Einigkeit darüber zu bestehen, dass mit Bildung immer sowohl ein Prozess wie auch die Ergebnisse dieses Prozesses, bestimmte „Bildungsstoffe", die sich anzueignen sind, und „notwendige Voraussetzungen von Fähigkeiten und Vermögen" gemeint sind.[278] In dieser Arbeit steht der Begriff der Bildung einer zielgerichteten Erziehung, welche eine bestimmte Intention verfolgt, gegenüber. Der Prozess des Sich-Bildens verläuft wesentlich freiheitsorientierter und individueller als der Erziehungsprozess. Der Begriff Erziehung hingegen zielt auch für Gert Selle zu sehr auf ein „fremd vorgestelltes Lernergebnis".[279] Keineswegs meint Bildung hier das Anhäufen von Bildungsgut beziehungsweise Wissens. In den von Hartmut von Hentig häufig zitierten Worten Kerschensteiners wird dies zum Ausdruck gebracht: „Bildung ist das, was zurückbleibt, wenn das Gelernte wieder vergessen ist."[280] ist als Gesamtprozess zu verstehen, in dem das Individuum im Mittelpunkt steht. Das Individuum vollzieht diesen Prozess, der seine eigene Formung wesentlich bestimmt. Bildung ist zu verstehen als ein Schaffen eines Ebenbildes, einer Nachahmung und später auch als eine Formung, eine Gestaltung, so legt es schon die althochdeutsche und mittelhochdeutsche Herkunft des Wortes Bildung nahe. Der Begriff Bildung kommt vom althochdeutschen „Bildunga" und vom mittelhochdeutschen „Bildunge", was zunächst meint Bildung, Ebenbild, Nachahmung, später erst kommen Schöpfung, Gestaltung, Gestalt und Verfertigung hinzu.[281] Unter Bildung wird die Weise verstanden, in der Gott sich in den Menschen „einbildet", der biblischen Entsprechung folgend, dass Gott den Menschen „ihm zum Bilde, zum Bilde Gottes" erschaffen habe.[282] Bildung ist ein Begriff, der keine allgemeine Definition besitzt. Zumeist wird damit ein Wechselverhältnis von „Individualität und Kultur, von Selbst und Welt verstanden", man könnte sagen vom „Einzelnen und einem Allgemeinen".[283] Sie richtet sich auf die Vervollständigung und Kultivierung des Menschen in Hinblick auf soziale, moralische, kulturelle Normen und Bildungszusammenhänge.

Innerhalb des vorliegenden Textes soll es eben um diesen Begriff von Bildung gehen, der die Innerlichkeit, die Entwicklung des Individuums hin zu seiner Ergänzung, seiner Vervollkommnung, in den Blick nimmt. Die outputo-

278   Liebau, Klepacki, Zirfas 2009: a.a.O., S. 17
279   Selle, Gert: Experiment Ästhetische Bildung, Reinbek 1990, S. 21
280   zitiert nach: Hentig, Hartmut von: Bildung. Ein Essay, München, Wien 1996, S. 19
281   Vgl. Liebau, Klepacki, Zirfas 2009: a.a.O., S. 18
282   Mahlert 2004: a.a.O., S. 21
283   Liebau, Klepacki, Zirfas 2009: a.a.O., S. 18

rientierte, funktionale Bildung, die in der PISA-Studie häufig mit *literacy* bezeichnet wird, soll hier nicht im Fokus liegen.[284] Im Mittelpunkt der Betrachtung soll hier der humboldtsche Bildungsgedanke stehen. Die Ausführungen Wilhelm von Humboldts (1767-1835) zur Bildung sind, wenn auch nicht eins zu eins und sicherlich unter kritischer Betrachtung, noch immer das zentrale Bildungsmodell. Bildung ist im humboldtschen Sinne eine Formung des Menschen zu seinem Menschsein und weiterhin „der wahre Zweck des Menschen [...] die höchste und proportionirlichste Bildung seiner Kräfte zu einem Ganzen".[285] Von Humboldt zielt auf eine *Primordialität* der Bildung. Damit ist sie für ihn das ursprüngliche Moment menschlicher, sozialer Entwicklung.[286] Wilhelm von Humboldt ist stark geprägt von der deutschen Philosophie, der Französischen Revolution und dem Scheitern des Ancien Régime (1806), der alten Regierungsform. In der Bildung des Menschen sucht er eine Möglichkeit, wie die menschliche Ordnung aufrechterhalten bleiben kann. Er strebt nach einer Vervollkommnung des Menschen, indem der Mensch all das, was er an Möglichkeiten und Potential mitbringt, ausschöpft. An anderer Stelle drückt er dies so aus:

> „Die letzte Aufgabe unsres Daseyns: dem Begriff der Menschheit in unsrer Person, sowohl während der Zeit unsres Lebens, als auch noch über dasselbe hinaus, durch die Spuren des lebendigen Wirkens, die wir zurücklassen, einen so grossen Inhalt, als möglich, zu verschaffen, diese Aufgabe löst sich allein durch die Verknüpfung unsres Ichs mit der Welt zu der allgemeinsten, regesten und freiesten Wechselwirkung."[287]

Darüber hinaus fordert er nicht nur das Individuum zur Ausbildung seines vollständigen Potentials und zur Ausschöpfung all seiner Möglichkeiten, sondern fordert auch von der Gesellschaft, „dass der Einzelne seine Bildungsmöglichkeiten im optimalen Sinne nutzen kann".[288] Dies steht im Gegensatz zu dem Bildungsbegriff einer PISA-Studie, der eben andersherum fordert, was die Bildung für die Gesellschaft, und nicht umgekehrt, anstreben kann.

---

284 Vgl. Liebau, Klepacki, Zirfas 2009: a.a.O., S. 20
285 Humboldt, Wilhelm von: Wie weit darf sich die Sorgfalt des Staates um das Wohl seiner Bürger erstrecken? In: ders.: Bildung und Sprache. Eine Auswahl aus seinen Schiften, besorgt von C. Menze, Paderborn 1959, S. 5
286 Vgl. Liebau, Klepacki, Zirfas 2009: a.a.O., S. 21
287 Humboldt, Wilhelm von: Theorie der Bildung des Menschen (1793, 1794). In: Humboldt, Werke in 5 Bänden, Bd. I, S. 235f.
288 Liebau, Klepacki, Zirfas 2009: a.a.O., S. 21

Von Humboldts Forderungen an die Lebensaufgabe des Menschen beinhalten also Zielvorstellungen zur nachhaltigen Verwirklichung des Subjekts, welche hauptsächlich durch die Verbindung des Subjekts mit dem Kollektiv möglich sind. Dies geschieht nur in der wechselseitigen Kommunikation zwischen Ich und Welt, eben dann, wenn der Mensch mit der Welt in „Wechselwirkung" tritt. Von Humboldt vertritt die Auffassung, dass ein gebildeter Mensch, und dies ist einer, der seine Kräfte zu zentrieren weiß, der Welt dienlich sein wird, denn wenn er sich in der Mitte seiner Kräfte befindet, schwingen Selbstzweck und Endzweck in Harmonie. Bildung ist also ein Prozess, der völlig unabhängig von Institutionen abläuft, sie kann sich so sagt von Humboldt, in jedem Moment vollziehen.

Sich Bilden ist also ein dynamischer Prozess, in dem jeder Mensch die Möglichkeit bekommt, sich individuell und selbstgesteuert zu entwickeln. Außerdem gilt es alle Fähigkeiten und vorhandenen Chancen des Menschen einzubeziehen und bestmöglich zu bilden. Von Humboldt sieht das Ziel menschlichen Strebens stets in der „Ausbildung aller menschlichen Kräfte zu einem Ganzen".[289] Der Mensch soll all seine Kräfte und Möglichkeiten zusammenfassen und seine Bildung als Zieldimension des Lebens begreifen. Dies ist eine Bildung, die über bloßes Lernen hinausgeht und nichts mit reiner Wissensanhäufung zu tun hat. Bildung will gelebt, erfahren und angewendet sein. Das Dispositionsgefüge des Menschen wird im Bildungsprozess dauerhaft beeinflusst und geformt.

Es geht, und diesem Missverständnis soll an dieser Stelle vorgebeugt werden, nicht nur um den Aufruf, mehr Sinnlichkeit in die Schule hineinzubringen, es geht, so Rolle, um tatsächliche ästhetische Erfahrungen, die eine „besondere bildende Kraft" besitzen, nicht um eine Anhäufung sinnlicher Erfahrungen, die jedoch zweifelsohne auch eine wichtige Rolle im alltäglichen, schulmusikalischen Kontext spielen.[290]

1.6.5 Ästhetische Bildung

Der Begriff der ästhetischen Bildung wird häufig bewusst von dem Begriff der ästhetischen Erziehung unterschieden. Seit den 1980er Jahren gibt es in der Kunst eine Diskussion um die Begriffe ästhetische Bildung und ästhetische

---

289   Humboldt, Wilhelm von: Briefe. Auswahl von W. Rößle, München 1952, S. 68
290   Rolle 1999, a.a.O., S. 7

Erziehung.[291] Die Termini Bildung und Erziehung müssen, wie bereits dargestellt, trennscharf voneinander unabhängig gedacht werden. Gert Selle plädiert für den Begriff der ästhetischen Bildung, nicht für den der ästhetischen Erziehung. Er beschreibt diese als „weitgehend individuell mitgesteuerten Prozess eines Bewusstwerdens in und am Ästhetischen, die von persönlichen Lernfähigkeiten, sozialen Lernsituationen, kulturellen Kontexten und lebensgeschichtlichen Wendungen zugleich abhängt und befördert wird".[292] In dieser Definition kommt zum Ausdruck, dass das Individuum eine Eigenleistung vollzieht und seine eigene Biografie, sein Umfeld und sein Dispositionsgefüge eine tragende Rolle spielen.

Nach der konkreten Erarbeitung des hier angewandten Bildungsbegriffes bleibt jedoch noch immer die Frage, was nun aber ästhetische Bildung meint. Es soll im Folgenden keine allgemeingültige Definition des Begriffes erfolgen, allenfalls sollen spezifische Strukturmerkmale des Begriffes herausgestellt werden. Bedenkt man noch einmal die breite Verwendung des Begriffes Ästhetik, die sowohl dem griechischen Bezugswort *aisthesis* folgt, das auf die „sinnliche Wahrnehmung", aber auch auf die „Empfindung", den „Sinn", die „Erkenntnis" und das „Verständnis"[293] hinzielt, wie auch die Verwendung des Begriffes in Bezug auf Kunst im weitesten Sinne meint, lässt sich eine, bewusste eingegrenzte, erste Vermutung darüber äußern, dass mit ästhetischer Bildung Erfahrungen mit Kunst gemeint sind, die einen Bildungsprozess anbahnen: Ein ästhetischer, in diesem Falle künstlerischer Gegenstand regt einen ästhetischen Bildungsprozess an. Diese vage Definition dient hier nur als erste allgemeine Annäherung. *Aisthesis* bezieht mit ein, was eine Beschäftigung der Sinne auslöst, „was den Menschen mit Empfindungen und Gefühlen verknüpft und mit Bewusstsein".[294] Gemeint ist hier also zunächst keine „reflexive Durchdringung eines Sachverhaltes", sondern ein auf Teilhabe an etwas zielender Prozess.[295] Das Aisthetische und das Ästhetische stehen seit Aristoteles in einem schwierigen Verhältnis zueinander. So gilt das Ästhetische als „Vollendungsform" des Aisthetischen, da in ihm Momente des „Kosmetischen, Schönen und der Versöhnung aufgehoben sind".[296] Dieses soll hier aber nicht gegenständlich wer-

---

291   Vgl. Staudte, Adelheid: Ästhetische Bildung oder Ästhetische Erziehung? In: Zacharias, Wolfgang: Schöne Aussichten? Ästhetische Bildung in einer technisch-medialen Welt, Essen 1991, S. 245-255
292   Selle, Gert: Experiment Ästhetische Bildung, Reinbek 1990, S. 21
293   Liebau, Klepacki, Zirfas 2009: a.a.O., S. 94f.
294   Liebau, Klepacki, Zirfas 2009: a.a.O., S. 95
295   Liebau, Klepacki, Zirfas 2009: a.a.O., S. 95
296   Liebau, Klepacki, Zirfas 2009: a.a.O., S. 95

den, geht es doch primär um den Doppelbegriff der ästhetischen Bildung. Ähnlich wie schon zu der ästhetischen Erfahrung, die ja eine Sinneserfahrung ist, beschrieben, beginnt der Prozess der Bildung mit einer Veränderung der Wahrnehmung durch die gemachte Erfahrung, die eine Fremderfahrung sein kann. Der Bildungsprozess geht jedoch einen Schritt weiter als der Erfahrungsbegriff, so ist nur dann von ästhetischer Bildung zu sprechen, wenn eine „bewusste und reflexive Entwicklung von Sinnestätigkeiten bzw. von einzelnen Sinnen" erfolgt.[297] Liebau bezieht dies einmal mehr auf den Bereich der Kunst und spricht davon, dass dieser Prozess der Entfaltung der Sinnlichkeiten „im Kontext eines kunstförmigen, Entfaltung zulassenden Rahmens" geschehen soll. Es geht hier nicht um die Entwicklung einer rational begründbaren Urteilsbildung, sondern um die „Verbesserung von Aufmerksamkeits- und Spürqualitäten, auf die Bildung von Aufmerksamkeitsrichtungen und auf die Formen, Intensitäten und Auswirkungen des affizierten Gefühlslebens".[298]

Ulrich Mahlert bezieht noch einen weiteren Aspekt in seine Ausführungen ein, so besteht er in diesem Zusammenhang darauf, dass die ästhetische Bildung als „Bildung von, an und durch Kunst [...] keine wirklichkeitsferne, vom Leben abgehobene Angelegenheit" ist.[299] Ganz im Gegenteil, sie ist wie die Kunst selbst zum Greifen nahe. Jedoch wird besonders in Schulen Bildung häufig nur als kognitive Aktion betrachtet, so geht es darum Kompetenzen, Wissen und Strategien anzuhäufen und an oftmals abstrakten Beispielen anzuwenden. Ein ästhetischer Gegenstand wird hier zumeist sehr eng aufgefasst, und zwar als eine kanonisierte, standardisierte Sammlung von Werken. Die Schülerinnen und Schüler sollen dann einiges wissen, auswendig lernen und Interpretationen, die zumeist vorgegeben sind, hinnehmen und für das Zentralabitur abspeichern. So lernen sie Daten, Kontexte, Biografien, sie *erfahren* allerdings wenig:

> „Sie lernen, dass sie ein Werk des Kanons als schön und wichtig betrachten müssen, aber spüren nicht in ihrem Kopf und Körper, warum. Es ist der Traum vom Lehrer im musischen Bereich, dass mit der kognitiven Bildung gleichzeitig auch die ästhetische Erfahrung aktiviert wird. Viele Träume sind Betrug, dieser ist einer davon."[300]

---

297   Liebau, Klepacki, Zirfas 2009: a.a.O., S. 97
298   Liebau, Klepacki, Zirfas 2009: a.a.O., S. 97
299   Mahlert 2004: a.a.O., S. 24
300   Schoenmakers, Henri; Studt, André: Theater in der Schule. Der Traum von der Bildung zur Schönheit oder die Schönheit der Bildung als Traum. In: Liebau,

Es wird nur in seltenen Fällen etwas von selbst aktiviert. Hartmut von Hentig bringt es in seinem Text *Das Leben mit der Aisthesis* wesentlich zum Ausdruck, wenn er auf das Missverhältnis zwischen ästhetischer Bildung und dem dennoch so starken Anspruch an die Ästhetik zu sprechen kommt.[301] Er fordert eine „Fähigkeit, die Wahrnehmung und Gestaltung der eigenen Umwelt zu genießen, zu kritisieren, zu verändern", außerdem müssten ein „Verständnis der gesellschaftlichen Bedingungen und Wirkungen ästhetischer Phänomene und eine Ich-Stärkung durch Sensibilisierung der Perzeption" erfolgen.[302] Ästhetik wird somit im aktiven Sinne als lebensgestaltend verstanden. Sie bleibt nicht nur sinnliche Wahrnehmung und Reflexion einer Erfahrung, sondern gliedert sich aktiv in die Lebenswelt der Menschen ein, deren Aufgabe die Auseinandersetzung und Integration des Ästhetischen in ihr Leben wird. Aufgabe einer Bildungsinstanz ist es dann, hierfür Räume zu schaffen. Ästhetische Bildung soll sowohl die Schüleraktion, das reflektierte Handeln in entsprechenden ästhetischen Erfahrungsräumen einbeziehen wie auch die Rezeption eines dargebotenen Gegenstandes.

Es ist wesentlich für die ästhetische Bildung, dass ein umfassendes ästhetisches Urteilsvermögen, ein Geschmack gebildet wird und dies auf allen Ebenen. Darüber hinaus muss das Ästhetische Einzug in die Lebenswelt der Schülerinnen und Schüler erhalten und in unterschiedlichen Formen existent sein:

> „Ästhetische Bildung umfasst in ihrer aktiven wie rezeptiven Komponente alle Formen der Bildung durch kulturelle Aktivitäten und Darstellungsformen, Kenntnisse von Kunst und Kultur, Ausdifferenzierung von Wahrnehmungsformen und Geschmacksbildungen, die Befähigung zu Bewegung, Spiel und Geselligkeit, zu ästhetischen Urteilskraft, zu Imagination und Kritik, die Erschließung von (neuen) Ausdrucksformen und Handlungsperspektiven und die Reflexion künstlerischer und kultureller Prozesse und Resultate."[303]

Ästhetische Bildung vollzieht sich sowohl aktiv als auch rezeptiv. Der Bildungsprozess erstreckt sich umfassend auf alle kulturellen Aspekte. Es geht nicht nur um Kenntnisse über ästhetische Gegenstände, über Kunst und Kultur. Die differenzierte Wahrnehmung, die Reflexion und das begründete Urteilen

---

  Eckart; Zirfas, Jörg: Schönheit. Traum – Kunst – Bildung, Bielefeld 2007b, S. 35

301 Hentig, Hartmut von: Das Leben mit der Aisthesis. In: ders.: Systemzwang und Selbstbestimmung. Über die Bedingung der Gesamtschule in der Industriegesellschaft, 3. Aufl., Stuttgart 1970 (1968), S. 93
302 Hentig, Hartmut von 1970: a.a.O., S. 93
303 Liebau 2007b: a.a.O., S. 10

über ästhetische Gegenstände, über kunstvoll Dargestelltes sind für den Bildungsprozess unabdingbar. Die eigene ästhetische Aktion kann sich dann vor dem erworbenen Erfahrungshorizont ästhetischen Gebildetseins vollziehen. Zusammenfassend sind also folgende Aspekte des ästhetischen Bildungsprozesses relevant: 1. „das Erlernen kultureller und symbolischer Zeichensysteme", 2. „die Befähigung zur (universalisierbaren) ästhetischen Urteilsbildung (ästhetische Alphabetisierung)" und 3. die „kreativen Denk- und Urteilsprozess[e], [die] in der Lage [sind], bislang Gültiges neu und anders zu verstehen (ästhetische Kreativität)".[304]

Vor dem aufgezeichneten, vielgestaltigen Prozess der ästhetischen Bildung, die so maßgeblich und entscheidend zur allgemeinen Bildung beiträgt, kann der Behauptung Liebaus, die ästhetische Bildung sei als „Grundbildung" zu bezeichnen, nur zugestimmt werden.[305] Ästhetische Bildung wird im Allgemeinen indes nicht als Grundbildung verstanden, sondern eher als Beiwerk, als begrüßenswerte Nebenerscheinung. Sie birgt jedoch über ihre sozialen und ökonomischen Potentiale hinaus viel mehr. Sie besitzt nicht nur einen gesellschaftlichen Nutzen, sondern beinhaltet auch eine Chance für das Individuum. Die ästhetische Bildung ist nach Martin Seel eine Form von „Aufmerksamkeit für das individuelle Erscheinen der Welt innerhalb und außerhalb der Kunst."[306] Der direkte Umgang mit Kunst ist also nicht ihr einziger Gegenstand, es geht um etwas ganz Individuelles, um den Umgang des Selbst mit seinem Sein, seiner Lebenszeit und den Erscheinungen seines Lebens.

---

304   Liebau, Klepacki, Zirfas 2009: a.a.O., S. 101
305   Liebau, Eckart: Paradoxien des Unnützen. In: Bilstein, Johannes; Dornberg, Bettina; Kneip, Winfried (Hrsg.): Curriculum des Unwägbaren, Oberhausen 2007a, S. 10
306   Seel, Martin: Das Glück der Form. In: Liebau, Eckart; Zirfas, Jörg: Schönheit. Traum – Kunst – Bildung, Bielefeld 2007, S. 17

2. Experteneinschätzung: Über die Potentiale des Singens und des Gesanges, eine Typisierung gesangspädagogischer Experten

Nachdem in den vergangenen Kapiteln das Singen innerhalb und außerhalb der Schule in seiner Historie und Entwicklung dargestellt wurde sowie eine anthropologische Sicht auf das Singen eingenommen wurde, kommen nun in einem ersten empirischen Teil Experten zu Wort. Als Experte wird hier eine Person bezeichnet, die eine besondere, gar exklusive Stellung im behandelten Kontext, hier im Bereich der Gesangspädagogik, inne hat, bezeichnet.[307] Gesangspädagoginnen und Gesangspädagogen mit eigener Sängerbiografie äußern sich über die großen Potentiale des Singens. Sie erläutern den aktuellen Stellenwert des Singens innerhalb der Gesellschaft und deuten auf markante Entwicklungen und Ressourcen in dem Bereich der allgemeinen Singlandschaft, aber auch im Speziellen bezogen auf das Singen als ästhetisches Bildungspotential. Die Experten dienen hier als Medium zur Vermittlung von Sachverhalten, das Feld des Singens betreffend. In Experteninterviews, so betonen Jochen Gläser und Grit Laudel, sind die befragten Experten nicht das Objekt der „Untersuchung", sie sind als „Zeugen" der im Fokus stehenden Prozesse zu sehen.[308] Eben diese Zeugenaussagen werden untersucht, in ihren wesentlichen Inhalten aufgearbeitet, zusammengefasst und miteinander verglichen. Die Ergebnisse werden den zuvor festgelegten Kategorien zugeordnet. Die zuvor dargestellte Dimension des kulturhistorischen Gesanges und des anthropologisch dimensionierten Singens soll an der Empirie überprüft werden.

Die Ergebnisse der Interviews mit Gesangspädagoginnen und Gesangspädagogen sowie Gesangsprofessorinnen und Gesangsprofessoren werden im Folgenden vorgestellt und ausgewertet. Die Experteninterviews sind eine Methode der qualitativen Befragung, die hier stattfand.

Die Bezeichnung Gesangspädagogin oder Gesangspädagoge meint nicht, dass der oder die Betreffende automatisch das Fach Gesangspädagogik studiert hat. Es zeigt nur an, dass der oder die Betreffende in diesem Bereich arbeitet. Die Ausbildungen der einzelnen Befragten sind alle im Bereich des Gesanges anzusiedeln, sind aber ganz unterschiedlicher Natur. Ebenso unterscheiden sich

---

307   Gläser, Jochen; Laudel, Grit: Experteninterviews und qualitative Inhaltsanalyse, 4. Auflage, Wiesbaden 2010, S. 13

308   Vgl. Gläser, Laudel, 2010: a.a.O., S. 12

Tätigkeitsfeld und Status der jeweiligen Expertinnen und Experten. Das methodische Vorgehen wird im Folgenden näher vorgestellt.

2.1 Methodisches Vorgehen

Um Aussagen über die aktuelle Situation des Singens und des Gesanges sowie die Potentiale dieser Tätigkeitsfelder treffen zu können, wird im Folgenden im Rahmen einer qualitativen Untersuchung anhand von Leitfrageninterviews vorgegangen. Ziel dieser Befragungen ist nicht nur eine Darstellung der verschiedenen Vorstellungen der Gesangspädagoginnen und Gesangspädagogen zum Thema Singen als ästhetisches Potential, sondern die Gewinnung von Erkenntnissen über die den Vorstellungen zugrunde liegenden Phänomene. Interessant sind hier die Gemeinsamkeiten und Unterschiede zwischen den Gesangspädagoginnen und Gesangspädagogen. Ein Blick wird zu richten sein auf die unterschiedlichen Ausrichtungen, die eventuell mit biografischer Differenz zu begründen sind und sich womöglich auch im methodischen Vorgehen des Lehrenden niederschlagen. Es soll eine Typisierung vorgenommen werden, die die unterschiedlichen pädagogischen Prozesse widerspiegelt und die unterschiedlichen Erfahrungen und Entwicklungen menschlichen Verhaltens einbezieht.

Zur Auswahl der Experten ist zu sagen, dass sie aus sehr unterschiedlichen Bereichen stammen. So werden drei Gesangsprofessoren interviewt, zwei dieser Gesangsprofessoren vollziehen noch eine aktive Gesangskarriere im In- und Ausland. Des Weiteren werden zwei Lehrbeauftragte für Gesang befragt, die beide auch einer regen Opern-, Musical- und Konzerttätigkeit im In- und Ausland nachgehen. Außerdem wurden zwei Experten gewählt, die als private Gesangslehrer oder mit zum Teil Zeitverträgen an weiterführenden Schulen oder Musikschulen unterrichten. Dieses Sample wurde deshalb so gemischt erstellt, weil dadurch die Perspektive auf den Gegenstand der klassischen Gesangspädagogik multidimensional wird, der Gegenstand somit von allen Seiten beleuchtet werden kann.

Grundsätzlich muss man sich darüber bewusst sein, dass im Bereich der Gesangspädagogik wie auch im Bereich der allgemeinen Musikpädagogik die Subjekte den musikalischen Bildungs- und Erfahrungsräumen eine individuelle Bedeutung zuschreiben.[309] Es geht also um individuelle Musikerbiografien, die

---

309 Niessen, Anne: Individualkonzepte von Musiklehrern (= Theorie und Praxis der Musikvermittlung, 6), Berlin 2006, S. 99

geprägt durch ihren Werdegang, durch bestimmte ästhetische Erfahrungen, ein spezifisches Persönlichkeitsdispositionsgefüge aufgebaut haben. Methodisch soll hier zunächst entsprechend den einzelnen Schritten der qualitativen Evaluation nach Udo Kuckartz, Thorsten Dresing, Stefan Rädiker und Claus Stefer verfahren werden, da diese Methode eine gute, übersichtliche Struktur der Arbeitsergebnisse liefert.[310]

Zunächst wurden Evaluationsgegenstand und Evaluationsziele weitestgehend festgelegt. Die Entscheidung fiel darauf, mit Hilfe qualitativer Interviews unterschiedliche Gesangspädagoginnen und zu ihrer persönlichen Biografie zu befragen. Dieser Teil der Interviews ist weitestgehend narrativ und verläuft ohne viele Zwischenfragen. In einem weiteren Schritt soll es um die methodischen Ansätze der Gesangspädagoginnen und Gesangspädagogen gehen. Ziel sollte sein, die unterschiedlichen Konzepte kennenzulernen und miteinander zu vergleichen. Mit Hilfe eines Interviewleitfadens, der sowohl über den Gesangslehrenden und sein Konzept wie auch seine Einschätzung und Wertschätzung zum Singen in der Schule Auskunft erteilt, wurden die Experten befragt. Vor den jeweiligen Interviews fand mit jedem Befragten ein Abgleich der Terminologie statt. Die Interviewten wurden über die für die Arbeit grundlegenden Definitionen der Begriffe „ästhetische Bildung" und „ästhetische Erfahrung" in Kenntnis gesetzt. In einem ersten Gespräch, das nicht aufgezeichnet oder transkribiert wurde, wurde das Verständnis der Begrifflichkeiten aneinander angeglichen. Da sich schon in der Planung der Interviews herausstellte, dass sich Befragungen zur „ästhetischen Bildung" nicht vermeiden oder umgehen ließen, mussten die Begriffe in einem Gespräch erläutert und die unterschiedlichen Verständnisse abgeglichen werden. Somit war eine Gesprächsgrundlage für die Interviews geschaffen. Zudem wurde das Thema schon allgemein einstimmend in den Fokus gerückt. Schließlich wurden die Interviews durchgeführt, aufgenommen und letztlich transkribiert. Nach dem Transkribieren wurde gemäß dem Prinzip nach Kuckartz et al. „Daten erkunden, fallweise darstellen" zunächst jedes Transkript auf individuelle Auffälligkeiten und besonders interessante Stellen durchgesehen. Die Transkripte wurden danach mit Markierungen an die jeweils Befragten gesendet, welche so die Möglichkeit hatten, Verständnisprobleme klarzustellen, Kleinigkeiten zu ergänzen oder Wichtiges hervorzuheben. Schließlich wurden alle Transkripte durchgesehen und auf ihre Auffälligkeiten hin untersucht. Hier half die Methode der qualitativen Inhalts-

---

310 Kuckartz, Udo; Dresing, Thorsten; Rädiker, Stefan; Stefer, Claus: Qualitative Evaluation. Der Einstieg in die Praxis, 2., aktualisierte Auflage, Wiesbaden 2007, S. 33

analyse nach Philipp Mayring. Die qualitative Inhaltsanalyse wird als quantifizierende Methode zur Erschließung und genauen Analyse von Texten gebraucht.[311] Hierbei werden dem Text inhaltliche Informationen entnommen, diese Informationen werden weiterverarbeitet und „getrennt vom ursprünglichen Text" weiterverwendet.[312] Bestimmte Phasen sind für alle Inhaltsanalysen ähnlich: 1. Es muss vor der Inhaltsanalyse ein Kategoriensystem erstellt werden, 2. Der Text muss in Analyseabschnitte unterteilt werden (hier richte ich mich im Wesentlichen nach den durch die Fragen vorgegebenen Themen, die in allen Interviews in ähnlicher Reihe erfolgen), 3. Der Text wird auf wichtige Informationen hin untersucht, 4. Die herausgestellten Informationen werden mit den zuvor erstellten Kategorien in Verbindung gebracht, dies nennt sich „Verkoden des Textes".[313] Dieses entspricht Schritt fünf entsprechend Kuckartz et al.

Während der Durchführung dieses Schrittes stellte sich heraus, dass vielfach Parallelen zwischen den Erzählungen der Befragten auftauchten. Die Parallelen sind sowohl im Biografischen zu konstatieren wie auch in bestimmten Wahrnehmungen oder Feststellungen.

Alle Interviews wurden bezogen auf verschiedene Aspekte untersucht. Diese Kategorien mussten zum einen ergiebig, was das Evaluationsziel anging, sein, und zum anderen, das Datenmaterial betreffend, gut anwendbar. Die Entscheidung belief sich gemäß dem Leitfaden auf folgende drei Kategorien:

1. Sängerbiografie: autobiografische Besonderheiten
2. Methodisches Vorgehen in der gesangspädagogischen Unterweisung
3. Beitrag des Singens zu einer ästhetischen Bildung

Bei der Auswertung der Ergebnisse werden diese Kategorien noch einmal in einzelne Unterpunkte, die sich durch parallele Nennungen und häufiges Thematisieren herauskristallisiert haben, unterteilt. Die Entscheidung fiel auf folgende Kriterien:

1.1 Kindheit und frühe musikalische Sozialisation
1.2 Aufnahmeprüfung und künstlerische Ausbildung
1.3 Entscheidende Erlebnisse und traumatische Ereignisse

---

311   Vgl. Mayring, Philipp: Qualitative Inhaltsanalyse. Grundlagen und Techniken, Weinheim 2007, S. 24
312   Gläser, Laudel, 2010: a.a.O., S. 195
313   Vgl. Gläser, Laudel, 2010: a.a.O., S. 197f.

1.4 Künstlerische Vielseitigkeit/Paralleldisziplinen

1.5 Gesangspädagogische Grundsätze

1.6 Stimmtechnik und musikalische Arbeit

1.7 Nebeneffekte der gesangspädagogischen Arbeit

1.8 Erkenntnis über gesellschaftliche Probleme, die das Singen beeinträchtigen

1.9 Potentiale des Singens

Mit Hilfe der qualitativen Inhaltsanalyse wird also letztendlich eine andere Informationsgrundlage erstellt, die zwar Informationen des ursprünglichen Textes enthält, jedoch auf die wesentlichen Punkte des Interesses begrenzt ist.[314] Die Informationsfülle wird so reduziert, wodurch eine inhaltliche Zuweisung zu den erstellten Kategorien schnell und sinnvoll erfolgen kann.

Bei der Präsentation der Ergebnisse wird jeder Experte gesondert vorgestellt. Seine Aussagen werden in einem Fließtext[315] dargestellt. Es entsteht eine Art Individualkonzept, welches jedoch viele Anknüpfungs- und Vergleichspunkte zwischen den einzelnen Experten ermöglicht. Die darauf erfolgende Auswertung fasst die einzelnen Statements neu zusammen und ordnet sie den untergeordneten Kategorien zu. Hierbei werden sich zahlreiche Parallelen, aber auch Unterschiede in den Sängerbiografien, den gesangspädagogischen Schwerpunkten und Meinungen zu den Potentialen des Singens aufzeigen lassen.

2.2 Interviewleitfaden

Um zu den Bereichen des Interesses Aussagen treffen zu können, musste zunächst ein sinnvoller Interviewleitfaden erstellt werden. Das Leitfadeninterview ist charakterisiert als ein Typ des nichtstandardisierten Interviews.[316] Grundlage des Gespräches ist eine zuvor erstellte Liste offener Fragen, die das Gespräch strukturiert und als dessen „Grundlage" gesehen werden kann.[317] Der Interviewleitfaden besteht in diesem Falle aus drei wesentlichen Themen. In einem ersten Schritt soll es um die jeweilige Biografie des Befragten gehen. Ich ent-

---

314 Vgl. Gläser, Laudel, 2010: a.a.O., S. 200

315 Die verwendeten Zitate der Gesangslehrenden stammen aus den Transkriptionen. Die Transkripte wurden alphabetisch angeordnet. Ein Verweis, z.B. A 43-45, nimmt Bezug auf das Transkript A, Zeile 43-45. Die Transkripte sind der Abhandlung elektronisch zugefügt.

316 Gläser, Laudel, 2010: a.a.O., S. 111

317 Gläser, Laudel, 2010: a.a.O., S. 111

schied mich dafür, mit einer Frage zur Biografie der Gesangspädagoginnen und Gesangspädagogen zu beginnen. Der erste Teil des Interviews ist besonders narrativ angelegt. In der ersten Frage sollen die Befragten einen autobiografischen Einblick in ihre persönliche Sängerbiografie geben. Diese ist für eine Gesangspädagogin oder einen Gesangspädagogen, die oder der selbst ein künstlerisches Studium absolviert hat, von großer Bedeutung. Der zweite Bereich bezieht sich auf das methodische Unterrichtsvorgehen des Befragten. Von großem Interesse ist hier das unterschiedliche gesangspädagogische Arbeiten. Welche Schwerpunkte werden in der Arbeit gesetzt? Wie wichtig ist Gesangsunterricht allgemein, wie wichtig ist ihm seine Methodik. Im dritten Schritt soll es um die Frage gehen, welchen Beitrag das Singen für Menschen in Hinblick auf ästhetische Bildung leisten kann (welche Bildungspotentiale besitzt es, wieso ist es wichtig zu singen, sowohl in Hinblick auf „Gesang" wie auch in Bezug auf „Singen"?).

Aufgrund der festgelegten Kategorien und des Interviewleitfadens zeigen sich bei der Betrachtung der Interviews stets wiederkehrende Gesprächsthemen. Die Befragten erwähnten diese Themen meist ohne Nachfrage meinerseits. Diese Themen sind für den Bereich der Gesangsmethodik und den Bereich der gesangspädagogischen ästhetischen Bildungspotentiale nicht allzu verwunderlich, so setzen die Gesangspädagoginnen und auf ähnliche Methoden oder beschreiben die Wirkung des Singens ähnlich. Jedoch lassen sich auch in ihren Biografien teilweise ähnliche Muster auffinden, beziehungsweise liegen identische Resultate in der Reaktion auf verschiedene Erlebnisse vor. Alle Befragten benennen ihre Kindheit und die damit verbundene frühkindliche musikalische Prägung als sehr bedeutsam für ihren weiteren musikalischen Weg. Außerdem wird die Hürde der Aufnahmeprüfung an der jeweiligen Musikhochschule immer wieder benannt. Einige Sängerinnen berichten von ihren tänzerischen Erfahrungen, die für sie neben dem Singen einen großen Stellenwert besitzen. Viele Befragte erleben immer wieder Dinge, die so gravierenden Einfluss auf ihr Leben nehmen, dass sie in ihrem künstlerischen Tun stark davon betroffen sind. Es lässt beispielsweise feststellen, dass es für fast alle befragten Gesangspädagoginnen und Gesangspädagogen immer wieder ganz entscheidende Momente gab, die plötzlich ihr Leben veränderten, wie zum Beispiel eine künstlerische Entdeckung, eine Absage, ein bestimmtes Vorsingen. Einige der Befragten sind neben ihrer Lehrtätigkeit immer noch sehr beschäftigt mit ihrer eigenen Sängerkarriere. Hier wird das Thema der künstlerischen und pädagogischen Vereinbarung besprochen und auf die jeweilig gesetzten Prioritäten eingegangen. Ebenso fällt immer wieder das Thema Gesangstechnik. Jedoch beschreibt keiner der befragten Gesangspädagoginnen und Gesangspädagogen spezifisch technische Ansätze. Das Thema Gesangstechnik wird zwar immer wieder zur Sprache gebracht, es bleibt aber in einem nicht spezifisch definierten Rahmen.

In der Ergebnisdarstellung der Interviews werden an einigen Stellen angebrachte Vergleiche und Zusammenfassungen vollzogen. Dies soll bereits vor der separaten Auswertung einen Zusammenhang zwischen den einzelnen Experten herstellen. Vorab sei noch darauf hingewiesen, dass in diesem Teil der Abhandlung der Begriff Singen und der Begriff des Gesanges zum Teil synonym verwendet werden, da die Befragten die Begriffe auch nicht terminologisch abgegrenzt haben. Was also für den Rest der Arbeit gilt, nämlich, dass der Begriff Gesang gleich dem Kunstgesang verwendet wird, gilt hier nur noch bedingt, sollte aber aus dem jeweiligen Kontext heraus bewusst werden.

2.3   Ergebnisse

Interview mit der Gesangspädagogin Frau G.[318]/ Von der Einflussnahme der persönlichen Schicksalsschläge auf die Singstimme

Die Gesangspädagogin Frau G. besitzt eine Sängerbiografie, die von zahlreichen Brüchen geprägt ist. Viele Lebensereignisse haben auf ihr sängerisches Wirken Einfluss genommen. Ihre Sängerbiografie nimmt zahlreiche Umwege und verläuft sehr untypisch, so bestreitet sie zum Beispiel kein Hochschulstudium.

Aufgewachsen in einer Familie, die allein schon durch die Chorleitertätigkeit des Vaters eine musikalische Prägung hatte, sang sie täglich mit ihren Geschwistern. Das Singen wurde in ihrer Familie ritualisiert, so begleitete man singend, auch mehrstimmig, tägliche Handlungen. Der Vater übte in der Vorweihnachtszeit mit der ganzen Familie mehrstimmige Weihnachtsstücke ein. Frau G. gibt an, dass diese Stücke so tief in ihr Bewusstsein gedrungen sind, dass sie diese auch heute noch singen kann. Diese Form der musikalischen Praxis wird von ihr sehr positiv bewertet. Als besonders positiv empfindet sie die Ungezwungenheit der Situation: *„Da ging es nicht darum etwas zu leisten, sondern das hat einfach Spaß gemacht. Da ging es nicht um Technik, oder so etwas. Ich glaube, da sind so emotionale Dinge auch grundgelegt worden."* (G

---

318   Die Initialen entsprechen nicht der Realität, alle Daten, die Rückschlüsse auf eine bestimmte Person zulassen, wurden zudem anonymisiert oder weggelassen.

15-17) Sie stellt heraus, dass dieses gemeinsame Singen nicht leistungsorientiert war, sondern eine emotionale Verbundenheit innerhalb ihrer Familie hergestellt hat. Dies erlebt sie auch heute, bezogen auf ihre eigenen Kinder. Das gemeinsame Singen oder das Vorsingen zum Einschlafen ermöglicht, so beschreibt sie, einen positiven, emotionalen Zugang zum Inneren des Menschen und erzeugt ein tiefes Wohlbefinden.

Ihre sängerische Sozialisation vollzog sich weiterhin über Kinderchöre, Jugendchöre, Singen in Bands und Gesangsworkshops. Irgendwann bekam sie von einem Musikstudenten das Feedback, dass sie eine gute Stimme hätte, und sie begleitete ihn an die Hochschule, wo sie dann auch vorsang. Sie entschied sich dazu Gesangsunterricht zu nehmen, um sich auf die Aufnahmeprüfung vorzubereiten. Ein Gesangsprofessor wollte sie damals in seine Klasse aufnehmen. Sie beschreibt die Gesangsstunden als neues, faszinierendes Erlebnis: *„[...]ich war ganz ehrfurchtsvoll. Ich hatte immer große Ehrfurcht vor diesen Hochschulprofessoren und habe sie vergöttert."* (G 37-38) Bis zu diesem Zeitpunkt verlief für Frau G. alles gut und geregelt. Sie hatte ein klares Ziel und arbeitete daraufhin. Dann jedoch wurde sie von mehreren Schicksalsschlägen ereilt. Ihr Vater starb im Alter von 52 Jahren in der Psychiatrie an den Folgen eines Gehirntumors. Aus den Schilderungen ihrer frühen Kindheit ist zu mutmaßen, dass ihr Vater einen wesentlichen Einfluss auf ihren musikalischen Weg hatte. Sein Tod traf sie sehr. Zwei Tage vor ihrem Vater starb ihre Großmutter, ebenfalls an den Folgen eines Gehirntumors. *„Ich möchte da jetzt nicht weiter drauf eingehen. Hinzu kam noch, dass sich ein Freund von mir umgebracht hat, und ein Pastor ist – ich war zu der Zeit sehr engagiert in der Kirche – auch umgefallen* (Anmerkung: ebenfalls ernstlich erkrankt). *Der Punkt war einfach, es gibt Schnitte im Leben, die kann man sich nicht aussuchen."* (G 53-56) Auch wenn sie nicht weiter auf diese Erlebnisse eingegangen ist, war doch spürbar, dass auch nach all den Jahren der Trauerbewältigung diese schweren Ereignisse noch immer sehr präsent für sie sind. Sie entschied sich daraufhin zunächst einmal nicht Musik zu studieren. Sie beschreibt die darauf folgende Zeit als *„massiv schwierige Zeit".* (G 58) Die Erlebnisse waren so schwerwiegend, dass sie daraufhin zunächst nicht mehr singen, sich nicht mehr gesanglich äußern konnte. Sie benötigte zu dieser Zeit auch therapeutische Hilfe. Nach dem Abitur entschied sie sich dann Pädagogik zu studieren, weil sie dies auch immer sehr interessiert hatte. Nach einiger Zeit *„der intensivsten Trauer, in der ich auch nicht singen konnte, bin ich dann doch wieder bei irgendeiner Gelegenheit in [...] der [...] Musikhochschule gelandet und habe noch einmal vorgesungen".* (G 70-72) Sie wollte dann das Studienfach in Richtung Gesang wechseln, dies war aber nicht mehr möglich, da sie nach einem etwaigen Wechsel keinen Anspruch mehr auf eine Bafög-Unterstützung gehabt hätte, worauf sie jedoch angewiesen war. Offiziell konnte sie also kein Gesangsstudium mehr absolvieren. Dennoch nahm sie Unterricht bei Hochschulprofessoren, blieb dem Singen eng verbunden und tanzte zudem intensiv Ballett. Sie fing sogar mit einer Ballettausbildung an, was jedoch aufgrund finanzieller Mängel auch nicht weiterverfolgt werden konnte. *„Aber, mich hat die Kunst allgemein immer interessiert."* (G 81) So kam es, dass sie schließlich berufsbegleitend eine private Ausbildung zur CRT-Gesangslehrerin[319] machte. Die in der Ausbildung erlernte funktionale Gesangstechnik gab ihr viele Antworten und ging sehr genau auf die Anatomie des Singens und der menschlichen Stimme ein. Ihr persönlich war immer wichtig, welchen Sinn und Zweck die Gesangsübungen hatten. Sie wollte wissen, warum und wofür sie diese Übungen durchführen sollte. Aus diesem Grunde war die gewählte Technik für sie förderlich. Innerhalb der Ausbildung und auch in ihrer Lehrerzeit merkte Frau G. immer wieder, wie vielfältig die menschliche Stimme ist, *„[...] sie ist das Instrument, mit dem man am meisten unterschiedliche Klänge erzeugen kann [...]"*. (G 102-103) Diese Vielfältigkeit muss man ausprobieren, man muss sie erleben und, so betont Frau G., sich ständig weiterbilden. Stimmen und Stimmungen verändern sich. Frau G. betrachtet das Singen als stets abhängig von einem bestimmten Zeitgeist und gewissen Hörgewohnheiten. Sie selbst ist allen Genres sehr offen gegenüber eingestellt. Oper, Chansons und Jazz singt sie hauptsächlich. Eigene Auftritte und Konzerte empfindet sie als sehr wichtig, besonders deshalb, weil diese Auftritte immer eine sängerische Weiterentwicklung bedeuten, die sie allein schon für ihre Gesangsschülerinnen und Gesangsschüler machen möchte. *„Erstens muss ich meinen Schülern da etwas vormachen können, was ich meine, und auch sich selbst zu erleben und jetzt zum Beispiel als ältere Sängerin, was passiert mit meiner Stimme, was passiert mit meinem Körper, was passiert in den Wechseljahren und was macht das mit mir, was macht das mit meiner Stimme."* (G 130-134) Frau G. ist also nicht nur aktive Gesangspädagogin, sondern auch aktive Sängerin. Schon an dieser Stelle wird die enge Verbindung zwischen dem eigenen Singen und dem Unterrichten angedeutet.

Innerhalb des Gesangsunterrichts legt Frau G. großen Wert auf das Kennenlernen des Körpers als Musikinstrument. Dieses Instrument muss, wie jedes ande-

---

319 CRT-Gesangslehrerin = Certified Rabine Teacher, eine nach der Rabine-Methode ausgebildete Stimmpädagogin oder Stimmtrainerin, die Rabine-Methode legt besonderen Wert psycho-sensomotorische Methodik beim Unterrichten

re auch, gestimmt werden. Ein Einsingen, das Bereitstellen der Stimme ist für sie unabdingbar. Sie versucht ihren Schülern das gesunde Singen zu vermitteln. Zu einer gesunden Stimme gehören für sie unter anderem ein gesundes Vibrato, das In-Schwingung-Setzen der Stimmlippen durch die Luft, der richtige Stimmbandschluss und das Erweitern des Stimmumfanges. All dies will sie dem Schüler als Angebot seines persönlichen Ausdrucks bieten (vgl. G 156). All diese Parameter müssen erlebbar gemacht werden: *„Man muss es erst einmal fühlen."* (G 157-158) Viele Schülerinnen und Schüler müssen zunächst einmal ihren Körper spüren und ihre Atmung fühlen. Singen, so weiß Frau G., ist gut für den Körper. Zahlreiche Körperfunktionen werden durch das Singen aktiviert. Zudem ist es für sie sehr wichtig, dass die Schülerinnen und Schüler auch mit anderen musizieren. Darüber lernten sie viel über sich selbst und könnten beginnen sich selbst in die Musik einzuordnen, so Frau G. (vgl. G 178).

Als Problem dieser Zeit sieht sie an, dass Eltern nicht mehr oder zu wenig mit ihren Kindern singen. Insgesamt singen die Menschen nur noch wenig: *„Viele Menschen singen nicht mehr, weil sie Hemmungen haben, sie sind also auditiv so belastet von perfekten Studiostimmen – die ja technisch auch nur aufgearbeitet sind –, dass sie sich das nicht mehr trauen. Es fehlt der Selbstausdruck."* (G 195-197) Emotionen werden vielfach nicht mehr über das Singen transportiert. Damit geht den Menschen eine wesentliche Ressource verloren. Frau G. beschreibt diese Ressource des Singens als Möglichkeit des Selbstausdruckes in einem ganzheitlichen Sinne. Im Singen ist der Körper in Gänze involviert (vgl. G 202-203). Ein ästhetischer Bildungsprozess kann, so Frau G., nur über die sinnliche Wahrnehmung in Gang kommen. In der Schule würden, so Frau G., häufig starke Schwerpunkte auf die kognitiven Aspekte und das reine Wissen gelegt. Sie ist sich sicher, dass dies vielen Kindern nicht reicht: *„Die Kinder aber interessiert in der Schule in der Pubertät etwas ganz anderes als das reine Wissen. Sie gehen vielmehr über das emotionale Erleben, weil sie sich ja sehr verändern. Ihre Körperlichkeit auch, das ist alles sehr ambivalent. Singen ist dazu da, auch selbst in der Pubertät, sich erstens zu trauen, etwas von sich zu geben, sich in irgendeiner Form körperlich zu erleben, oft auch unbewusst, es ist ein gemeinschaftlicher Prozess, wenn man zum Beispiel in einem Chor singt."* (G 207-212) Frau G. spricht hier einen stark anthropologisch dimensionierten Aspekt des Singens an. Singen ist für das Wohlbefinden des Menschen da, es kann gemeinschaftliche Prozesse unterstützen. Sie verstärkt diese Aussage mit ihrer zentralen Feststellung: *„Es geht nicht immer darum Sänger zu werden, aber sich überhaupt zu erleben!"* (G 214-215)

Für sie ist das Singen ein Erlebnis, das unmittelbar zu ästhetischen Bildungsprozessen anregt. Singen ist für sie *„eine ganz wichtige Sache für alle Menschen. Nicht im Sinne eines Leistungsprinzips."* (G 252-253) Die durch das Singen angebahnten ästhetischen Erfahrungsprozesse prägen die Persönlichkeit des Singenden positiv. *„Und das ist wichtig, wenn Schule nicht nur Vermittlung von Wissen ist, sondern auch zur Persönlichkeitsbildung beiträgt."* (G 215-216)

Hierbei ist für Frau G. stets zu beachten, dass mit den Singenden und Lernenden behutsam umzugehen ist, denn so wie das Singen ein großes Potential birgt, so ist es auch ein sehr individueller, persönlicher Prozess, in dem jeder Singende sehr verletzlich ist und immer seine eigene Zeit der Entwicklung benötigt: *„[...] man macht sich nie so nackt und so offen, wie wenn man singt [...]."* (G 259-260)

In Frau G. begegnet uns eine erfahrene Gesangslehrerin und eine lebenserfahrene Persönlichkeit.

- Frau G. ist von ihrer persönlichen Biografie künstlerisch sehr geprägt worden. Zahlreiche Schicksalsschläge haben sie von einem künstlerisch vorgezeichneten Weg abgebracht.
- Ihre Affinität zum Singen konnte trotz aller privaten Erlebnisse und Hindernisse nicht gebrochen werden. Vielleicht rührt daher auch die starke Aussagekraft ihrer Statements.
- Sie hat sich sehr mit dem Thema Singen beschäftigt und diskutiert dies auf gesellschafspolitischer ebenso wie auf künstlerischer Ebene.
- Sie ist eine Gesangslehrerin, die sehr stark bemüht ist, ihren Schülerinnen und Schülern die Musik und das Singen erlebbar und leiblich nachvollziehbar zu machen.

Interview mit der Gesangspädagogin Frau H. / Die Unmittelbarkeit einer Stimme

Frau H. ist diplomierte Gesangspädagogin und arbeitet als Gesangspädagogin und Musiklehrerin an weiterführenden Schulen, Musikschulen und als private Gesangslehrerin. Sie selbst singt seit vielen Jahren. Bereits als Kind bekam sie Gesangsunterricht, verfolgte diesen aber zunächst aber nicht sehr konsequent (vgl. H 5-6). Sie fixierte sich auf das Instrument Klavier. Schließlich begann sie ein Lehramtsstudium im Fach Musik mit dem Hauptfach Klavier (vgl. H 4-7). Ihre Lehrer und Professoren rieten ihr zudem auch Gesang zu studieren, weil ihr stimmliches Potential erkannt wurde und gefördert werden sollte. So studierte sie das Fach Gesangspädagogik und begann bereits während des Studiums an einer kleinen privaten Musikschule Gesang zu unterrichten (vgl. H 16-17). Gegen Ende ihres gesangspädagogischen Studiums begann sie dann in einem Singprojekt als Stimmbildnerin zu arbeiten (vgl. H 22-23). Dieses Projekt ist jedoch nicht das einzige, das sie mitbetreute. Auch in anderen Bereichen sammelte sie Erfahrung im Bereich der Kinderstimmbildung. Frau H. ist insgesamt durch ihre vielseitige Ausbildung auch im Bereich des Klaviers eine ausgebildete Musikerin und Musikpädagogin. Sie ist nicht nur Gesangspädagogin, sondern durch ihre zahlreichen Erfahrungen im Bereich der Kinderstimmbildung auch in diesem Bereich fortgebildet.

Gesangsunterricht, so Frau H., stärkt besonders das Selbstbewusstsein der Kinder: Die Körpersprache, die Körperhaltung und die Aussprache werden durch den Gesangsunterricht gestärkt. Dies wirkt sich wiederum auf das Selbstbewusstsein der Kinder aus, weil sie so erfahren, was in ihnen steckt. Ebenfalls sieht sie, dass die Gesangslernenden in ihre musikalische Interpretation ihre eigenen Gefühle legen können und sich so Ausdruck verleihen können. „*Dass man, wenn man sich mit Musik befasst, nicht nur schön irgendwelche Melodien nachsingen kann, sondern auch mal seine Gefühle ausdrücken kann, weil Musik nicht immer nur schön und fröhlich ist, sondern es gibt natürlich auch traurige Lieder, das weiß ja jeder.*" (H 51-54)

Für Frau H. ist es besonders wichtig, den Bedürfnissen der Schülerinnen und Schüler gerecht zu werden. So lässt sie ihren Lernenden auch große Mitsprache in der Auswahl des Liedrepertoires. Sie habe die Erfahrung gemacht, dass die Gesangsschülerinnen und -schüler viel motivierter seien, wenn sie auch einmal das singen dürften, was sie selbst gerne hörten.

Frau H. möchte ihren Schülern nicht nur das Singen vermitteln, sondern auch den Gehalt der Musik. So ist sie bemüht, immer auch Textinhalt und das Verhältnis von Sprache und Musik ins Bewusstsein zu führen: „*[...] wenn man den Schülern das bewusst macht, was sie da gerade singen, dann fangen die auch an, über die Musik das zu transportieren.*" (H 54-56) Das Singen hat einen bewussten Vorteil gegenüber anderen Instrumenten, weiß Frau H., die Stimme des Menschen ist ein Geschenk an diesen, sie ist Teil der körperlichen Gesamtheit des Menschen. Zudem bemerkt Frau H.: „*Und das ist ja mit das billigste Instrument, es kostet ja nichts, hat jeder dabei.*" (H 79)

Sie beschreibt die Singstimme ebenfalls als direkt und unmittelbar ohne ein zwischengeschaltetes Medium, „*[...]da kommt die ganze Emotion direkt raus [...]*". (H 90-91) Beim Singen eines Liedes geht es für Frau B. um die Interpretation eines Textes. Sie stellt hier eine Verbindung zum Deutschunterricht her. Auch dort geht es um das Erfassen, um das Wiedergeben und das Interpretieren von unterschiedlichen Textsorten. Beim Singen muss diese Interpretation durch und innerhalb des Musizierens geschafft werden. Durch diese Anforderung wird eine neue Sensibilität und sinnliche Wahrnehmung hergestellt. Sie stellt heraus, dass das Singenlernen an zahlreiche andere musische Kompetenzen geknüpft ist.

Frau H. ist eine Gesangspädagogin, die eine musikalisch vielseitige Ausbildung genossen hat, was sich in ihren gesangspädagogischen Vorstellungen widerspiegelt. Schwerpunktmäßig arbeitet sie mit Kindern und Jugendlichen, was an einigen Stellen zu vermuten ist.

- Sie will durch das Singen den Gesangsschülerinnen und -schülern eine vielseitige Sicht auf den eigenen Körper, die Körpersprache, Körperhaltung, die Stimme und die Atmung bieten.
- Frau H. ist es wichtig, dass die Singenden im gesanglichen Vollzug eine Möglichkeit finden, ihre Gefühle auszudrücken.
- Sie geht dabei sehr auf ihre Schülerinnen und Schüler ein und versucht sie in wichtige Entscheidungen hinsichtlich der Stückauswahl einzubeziehen, um so eine Motivation herzustellen.
- Sie will den Schülerinnen und Schülern ins Bewusstsein rufen, was sie gerade singen, ihr Augenmerk ist auf die Interpretation des Werkes gerichtet, die in der musikalischen Aktivität einen besonderen Ausdruck finden kann und so in den Singenden eine größere Sensibilität und sinnliche Wahrnehmung anbahnt.
- Das Besondere an der Singstimme ist für sie ihre Unmittelbarkeit, ihre Nähe und Direktheit.
- Frau H. hat insgesamt eine klare Zielvorstellung für ihr gesangspädagogisches Handeln. Sie möchte die Schülerinnen und Schüler motivieren und sie zum emotionalen Ausdruck durch die Musik bringen.

Interview mit dem Gesangspädagogen Herrn I. / Von künstlerischer Vielseitigkeit und stimmlicher Magie

Herr I. ist nicht nur Gesangspädagoge, sondern auch Schauspieler, Dirigent und bewegt sich als Sänger in ganz unterschiedlichen Genres und Formationen. Ebenso vielseitig wie sein aktuelles Tätigkeitsfeld zeigt sich seine Sängerbiografie. Er selbst beschreibt diese im Interview als *„ganz interessante, mit sehr* *vielen Brüchen".* (I 7) Bereits mit fünf Jahren begann er mit dem Chorsingen. Seither singt er sein ganzes Leben lang ununterbrochen in unterschiedlichen Chören. Er beschreibt, dass dieses Singen innerhalb der Gemeinschaft für ihn das Größte war. Er hat lange Zeit nicht darüber nachgedacht auch solistisch zu singen. Als er jedoch anfing Schulmusik mit Hauptfach Klavier zu studieren, zeigte sich, dass seine sängerischen Qualitäten unter den Schulmusikern herausragend waren, und so begann er solistisch zu singen. Er sang bei kleineren Konzerten, Studiokonzerten und auch bei Hochschulkonzerten. Das gemeinsame Musizieren war für ihn stets erfüllend. Nebenbei widmete er sich dem Schauspiel.

Nach vier Semestern Schulmusikstudium brach er mit 23 oder 24 Jahren dieses Studium ab und machte die Aufnahmeprüfung für Gesang, künstlerische Ausbildung (K.A.). Damals sagte man ihm, dass er eigentlich schon zu alt für dieses Studium wäre. Dennoch ließen die Professoren ihn die Aufnahmeprüfung bestehen. Er studierte daraufhin bei einer Professorin, die ihn, wie er berichtet, nach zwei Mal zwanzig Minuten Unterricht als unbegabt entließ: *„[...]ich sei ein schwarzer Bass, hätte aber kein Material und ich solle lieber etwas anderes machen, weil ich ihre Zeit verschwende."* (I 23-24) Diese negative Begegnung prägte Herrn Is. Leben im Nachhinein betrachtet sehr. Er entschied sich nicht mehr zu dieser Lehrerin hinzugehen und wurde daraufhin exmatrikuliert. Einige Wochen später sang er einem anderen Professor vor, der die Aussage der vorherigen Lehrerin widerlegte: *„Sie haben eine super Stimme, haben aber keine Technik und das ist Unsinn, was Ihnen da erzählt worden ist, Sie können gerne bei mir studieren, Sie müssen sich aber vorbereiten."* (I 28-30) Daraufhin wandte sich Herr I. an einen Lehrer, der ihm von dem zuvor genannten Professor empfohlen wurde. Letztlich blieb er bei diesem Lehrer und studierte nicht in Hamburg. Zu dieser Zeit wurde er Mitglied einer A-cappella-Formation mit Klavier, die schnell sehr erfolgreich wurde.

Irgendwann, so beschreibt er, kam er in eine Stimmkrise, wo die Stimme sich nicht weiterentwickelte. Mittlerweile war Herr I. 28 oder 29 Jahre alt. Sein damaliger Lehrer gab ihm unmissverständlich zu verstehen, dass er, sollte sich die Stimme nicht in absehbarer Zeit entwickeln, sich um eine berufliche Alternative kümmern müsste. Sehr frustriert gab sich Herr I. selbst noch eine letzte Chance und fuhr zu einer Master Class nach Wales. Wieder einmal scheint hier ein einziges Erlebnis in einer Sängerbiografie als ausschlaggebend. Bei dieser Master Class sang er einer Lehrerin vor, die als erste entdeckte, dass sein Stimmmaterial das eines Heldentenors ist. Hier stritten sich die Lehrer: *„[...]weil die gehört haben, was in meiner Stimme eigentlich ist, nämlich ein*

Heldentenor, also zumindest eine Ausdehnung in der Stimme bis zum hohen C,
die ich nie benutzt habe, da ist nie jemand auf die Idee gekommen, weil ich halt
auch ein tiefes C nutzen kann, das heißt eine lange Stimme habe und das ist
selten und da ist schwierig mit umzugehen. Mein früherer Lehrer sagte, es gibt
keinen Tenor, der ein tiefes C singen kann und die Lehrerin auf dem Kurs, die
bis heute meine Lehrerin ist, sagte, das ist das Wesen eines Heldentenors, das
ist ein Bassbariton mit Extension nach oben, mit der Höhe". (I 50-57) Dies
öffnete Herrn I. die Augen und überzeugte ihn. Seit diesem Zeitpunkt versuchte
er das Entdeckte umzusetzen und auf seine Stimme zu übertragen. Hierfür
begab er sich regelmäßig nach England. Er beschreibt diese stimmliche Ände-
rung und Neuentwicklung als eine Art Erlösung. Wenn er auch nicht direkt die
Tenorpartien singen konnte, was wiederum einiges an Frustration bedeute, war
ihm zumindest ein gangbarer Weg aufgezeichnet worden. Dennoch erhielt er
sich seine künstlerische Vielseitigkeit, sang in der A-cappella-Formation, wirk-
te im Kabarett, unterrichtete Klavier und später Gesang. Inzwischen moderierte
er außerdem Symphoniekonzerte und Opernkonzerte, dirigierte Chöre und
Orchester. Aufgrund seiner aktiven musikalischen Vielseitigkeit entschied er
sich nie dafür an die Oper zu gehen. Er bekam jedoch einen Lehrauftrag an
einer Hochschule als Gesangsdozent, was seinem Tun, wie er sagt, *„einen*
offiziellen Rahmen" verlieh. (I 89) Am Ende seiner biografischen Ausführungen bemerkt er, dass ihn alle unterschiedlichen Tätigkeitsfelder mit großer
Freude erfüllen würden: *„Was ich also gerade mache, das mache ich mit gro-*
ßer Leidenschaft." (I 90-91)

Zu den gesangspädagogischen Schwerpunkten seiner Arbeit bemerkt er,
dass für ihn das musikalische Arbeiten – unabhängig vom Entwicklungsstand
des Schülers – sehr wichtig sei. Ähnlich wie Frau H. will er einem Musikstück
auf den Grund gehen, er will mit seinen Schülern die Frage klären, *„[...] was*
geht da wirklich vor sich in dem Stück oder dem Gedicht, was hat der Kompo-
nist sich dabei gedacht [...]". (I 96-98) Herr I. möchte in das Werk hineindrin-
gen und dieses tatsächlich nachempfinden. Er beschreibt diese Arbeit als sehr
verkopft und intellektuell, aber dennoch sehr wichtig. Studenten haben immer
wieder Angst vor der Frage: *„Wissen Sie eigentlich, was Sie da singen?"* (I
100-101) Für ihn ist eine entsprechende Antwort auf diese Frage aber gerade
deshalb so wichtig, *„weil man sich beim Singen mit jeder Faser mitteilt, nicht*
nur intellektuell, sondern auch emotional und sinnlich". (I 101-102) Die Interpretation und musikalische Arbeit bewertet er also sehr hoch.

Für den Gesangsunterricht hilft ihm weiterhin die Erkenntnis, dass der
Mensch ein Wesen ist, welches einerseits einen ausgeprägten Intellekt besitzt,

sich also denkend, sprechend und artikulierend durch die Welt bewegt, andererseits aber auch einen Körper hat, welcher sich empfindsam, emotional und nicht rein intellektuell gesteuert zeigt. Diese beiden Pole gilt es laut Herrn I. in Gleichklang zu bringen. Für das Singen geht dies nur bedingt einfach, manchmal überwiegt doch der intellektuelle Teil, manchmal aber, so Herr I., sei *„es ganz gut sich vorzustellen, man lässt, bevor man ins Studio geht, bevor man anfängt zu singen, das Großhirn irgendwo draußen im Regal".* (I 113-115) Manche Äußerungen verlangen nach einer wirklichen Tiefe, die aus dem Körper herauskommt. Die Stimme muss in den Körper integriert werden, sie muss von ihm geführt werden und aus ihm heraus kommen. Die wirkliche Schönheit einer Stimme, so Herr I., kommt erst dann nach außen, wenn beide entgegengesetzten Pole, Intellekt und Körper, miteinander eine Verbindung eingehen. Wenn ein Sänger nur technisch korrekt sänge, aber keine Emotion in die Stimme läge, sei der Zuhörer nicht angesprochen. Letzten Endes kommt beim Zuhörer nicht die Musik, sondern die übermittelte Emotion an. Diese Erfahrung können die Zuhörer kaum rational begreifen oder beschreiben, es sind Momente, auf die Formulierungen folgen wie *„beseeltes Singen"* oder *„Magie in der Stimme".* (I 133-135) Herr I. ist davon überzeugt, dass dieser Aspekt der Wesentliche beim künstlerischen Tun ist. Es geht für ihn um die emotionale Erfahrung bei zum Beispiel einem Konzertbesuch. Menschen gehen in ein Konzert, *„um so etwas zu spüren".* (I 141) Im Gesangsunterricht muss, so Herr I., besonderer Wert auf die Vergegenwärtigung dieser beiden im Menschen verankerten Aspekte gelegt werden, sie müssen in Einklang gebracht werden. Das Instrument Stimme muss ganzheitlich aktiviert werden, damit es erzählen kann, was die Musik beinhaltet.

Zu der Frage nach dem ästhetischen Bildungspotential des Singens merkt Herr I. an, dass der Mensch sich durch das Singen innerlich verändern kann. Singen besitzt für ihn eine therapeutische Dimension. Wenn man an der Stimme arbeitet, ist es ein ganz intimer Prozess, aber gleichzeitig findet dieser Prozess auf einer abstrakteren Ebene statt, was es leichter macht. Diese Dimension des Singens ist für ihn schwer in Worte zu fassen. Er weiß allerdings, dass er sich nach dem Singen immer anders und besser fühlt als zuvor. Als Untermauerung dieser für ihn allgemeingültigen These gibt er das Beispiel, dass viele berufstätige Menschen aus allen Schichten und Klassen in Chören sängen. Sie ließen sich von Chorleitern dirigieren und nähmen nach der Arbeit noch Chorproben in Kauf. Und dennoch, so Herr I., gehen sie nach drei Stunden glücklich nach Hause, *„weil sie gesungen haben und weil sie irgendwas in Schwingung gebracht haben".* (I 157-158)

Auch im Vergleich zu anderen Instrumenten empfindet Herr I. das Singen als Königsdisziplin. Nicht umsonst gibt es unter Instrumentalisten immer wieder die Vorstellung, eine musikalische Phrase „zu singen" oder eine „Kantilene" zu spielen. Viele Pianisten singen musikalische Stellen mit, um ein besseres Gefühl für ihre Ausgestaltung zu bekommen (vgl. I 165-167). Die Stimme ist für Herrn I., wie auch für alle anderen Befragten, etwas Ureigenes, etwas Direktes, das den ganzen Körper im Singen in Schwingung setzt. Er weiß um die Sensibilität des Singens und darum, dass mit der Stimme vorsichtig umzugehen ist. Aus seiner eigenen Biografie weiß er, wie frustrierend ein künstlerischer Weg zeitweise verlaufen kann und wie wichtig richtige Lehrer sind, die ihre Schülerinnen und Schüler aufbauen und nicht stets erniedrigen.

„Das Singen ist halt unmittelbar, deswegen sind Sänger oft auch schon mal Seelchen, wenn es die Stimme nicht so richtig tut, dann geht es halt nicht. Jeder Sänger weiß auch, dass Gemütsschwankungen sich sehr auf die Stimme niederschlagen können, das ist für mich auch oft ein Punkt gewesen, wenn ich dann auf meine Biografie gucke, wie sehr mich bestimmte Gefühlszustände immer belastet haben." (I 176-180) Die Stimme ist abhängig von der psychischen Verfassung eines Sängers, sie ist Spiegel seines Inneren und somit empfindsam. Für Herrn I. ist der Prozess des Singens ein Spiegelbild der Welt. Auch die Welt funktioniert häufig über den Atemfluss, über das Einatmen und das Ausatmen. Nicht zuletzt wählt die Bibel das Bildnis der „Halleluja" singenden Engel im Himmel, *„um das ganz Große, was da ist, zu preisen".* (I 194)

Herr I. ist ein Künstler, der trotz vieler künstlerischer Krisen seinen Weg immer gefunden hat. Ohne jemals ein Studium oder eine Ausbildung absolviert zu haben, hat er es zu überzeugendem künstlerischem Erfolg gebracht.

- Die Biografie des Herrn I. schlägt sich in seinen klar formulierten Statements nieder: Die Stimme ist etwas ganz Besonderes, sie ist stark von der psychischen Verfassung des Menschen beeinflusst.
- Herr I. sieht den Menschen als polares Wesen, welches sich stets einen Balanceakt zwischen Intellekt und Körperlichkeit liefert; für das Singen heißt dies, dass beide Pole in ein Gleichgewicht gebracht werden müssen, um die wahre Schönheit der Stimme (vielleicht auch des Menschen) zeigen zu können.
- Er weiß, dass Singen eine nahezu therapeutische Dimension besitzt, die ein Wohlbefinden und wahres Glück im Menschen auslösen können.

Interview mit dem Gesangspädagogen Herrn J. / Von der Bedeutung sängerischer Eigendiagnose

Herr J. ist Professor für Gesang an einer Musikhochschule in Deutschland. Er ist zudem promoviert im Fach Musikwissenschaft und hat ein Schulmusikstudium und ein Theologiestudium absolviert. Herr J. ist der Proband, der den größten institutionellen Erfolg, gemessen an Auszeichnungen und Studienabschlüssen, vorzuweisen hat. Sein Leben ist von zwei wesentlichen Aspekten geprägt, zum einen ist dies die Musik, zum anderen die Theologie.

In der Grundschule sang Herr J. bereits in einem Chor, der einmal in der Woche probte. Dieser Tag war für ihn, so beschreibt er, der schönste Tag der Woche. (J 5-7) Des Weiteren erhielt er Instrumentalunterricht für verschiedene Instrumente. Mit Beginn der Gymnasialzeit wandte er sich dann der Pop- und Rockmusik zu. Dieses Phänomen ist scheinbar ein altersgebundenes, so beschrieb auch schon Frau G. die Affinität zur Unterhaltungsmusik zu Beginn ihrer weiterführenden Schulzeit. Herr J. entwickelte Interesse an Instrumenten wie Gitarre und Schlagzeug. Dennoch blieb er dem Gesang verhaftet. Besonders mochte er Balladen und alles, was im weitesten Sinne als „schöner Gesang" zu bezeichnen ist. Schon damals entwickelte Herr J. eine Faszination für unterschiedliche Stimmgebungen, Stimmfarben und den Zusammenklang eines Chores: *„Irgendwie faszinierte mich dann, dass es unterschiedliche Stimmlagen und Farben gab und man die in einem Chor zusammenfassen konnte, was bei uns am Gymnasium dann in einem Schulchor stattfand."* (J 14-17) Diese Faszination reichte soweit, dass er sich mit 17 Jahren dazu entschloss, seine Stimme ausbilden zu lassen. Er meldete sich eigenständig bei einer Musikschule an und erhielt wenig später Gesangsunterricht. Hier findet sich eine Schlüsselpersönlichkeit seiner Sängerbiografie: Sein erster Gesangslehrer beeindruckte ihn so sehr, dass er diesem Vorbild nacheifern wollte. Herr J. beschreibt die Persönlichkeit dieses Lehrers als eine *„derart ausgeprägt-schillernde"*, die ihn *„so gefangen nahm"*, dass er *„auch unbedingt gleich Gesangslehrer und Sänger in einem werden wollte"*. (J 20-22) Innerhalb der folgenden zwei Jahre bildete Herr J. seine Stimme intensiv im Gesangsunterricht aus, sodass er dann in den Extrachor eines großen Theaters gehen konnte. Er beschreibt das Singen in diesem Chor als leidenschaftlich. In dieser Zeit hat er auch sehr viele Opern gehört. Er absolvierte dann eine Aufnahmeprüfung für das grundständige Gesangsstudium, bestand diese jedoch nicht. Als Begründung wurde ihm von der Professorin, die das Verfahren leitete, mitgeteilt, dass seine Stimme *„manipuliert, unreif und ungeeignet sei"*. (J 27-28) Man riet ihm dazu, etwas anderes zu studieren. Da Herr J. damals schon länger mit dem Gedanken spielte, ein Theologiestudium anzutreten, entschied er sich dann in einen Orden einzutreten und dort Theologie zu studieren. Innerhalb des Klosterlebens ist das Singen des gregorianischen Chorals jedoch ein fester Bestandteil, weswegen das Singen für ihn stets präsenter Gegenstand seines Lebens blieb. Er schulte seine Stimme zwei Jahre lang mit dem fünfmaligen Singen des gregorianischen Chorals an einem Tag. Das Singen ließ ihn nicht mehr los, er beschreibt es als einen *„Virus"*. (J 33) Man riet ihm dann noch einmal die Aufnahmeprüfung für Gesang zu versuchen, weil seine Affinität für den Gesang deutlich erkennbar war. Im zweiten Anlauf bestand er diese Aufnahmeprüfung dann auch. Das Thema Aufnahmeprüfung an einer Musikhochschule ist für fast alle Experten ein besonderes Thema. Die meisten empfinden die Aufnahmeprüfung als Hürde, die sie nicht direkt bewältigen. Eine weitere Hürde, die Herr J. bewältigen musste, war ein körperliches Handicap. Er entschied sich damals für eine Operation, die allerdings misslang. Das Resultat der Operation war eine Lähmung. Ihm wurde nun geraten den Sängerberuf nicht mehr anzustreben. Er konzentrierte sich auf das Theologiestudium, das Schulmusikstudium und studierte parallel auch Gesangspädagogik. Über einen Umweg, so beschreibt Herr J., kam er dann doch ans Theater. Er war zu dieser Zeit erst 23 Jahre alt. In den ersten vier Jahren seines Engagements schloss er seine Studien erfolgreich ab. Er blieb dann am Theater und entschloss sich dazu nicht in den Schuldienst zu gehen. Mit 27 Jahren hatte er bereits Lehraufträge für Gesang. Seine sängerische und pädagogische Karriere war also schon sehr früh von Erfolg begleitet. Nach 14 Jahren des Festengagements kam es an seinem Theater zu einem Intendantenwechsel und er wurde entlassen. Auch als freischaffender Sänger war er daraufhin erfolgreich. Schließlich jedoch beeinträchtigte ihn seine Behinderung so sehr, dass er die Tätigkeit als Opernsänger aufgeben musste (vgl. J 50-51). Er unterrichtete jedoch stets weiter und wurde bereits mit 36 Jahren Professor für Gesang an einer Musikhochschule.

Seine gesangspädagogische Arbeit besitzt für ihn einen sehr großen Stellenwert. Er versucht die Schülerinnen und Schüler eines jeden Stadiums zur *„Eigendiagnose"* zu befähigen. (J 57) Dies sei für einen Sänger, so Herr J., lebenswichtig. *„Ein Sänger oder eine Sängerin, die nicht fähig sind eine Selbstanalyse durchzuführen und dann über keine Handhabe verfügen ein stimmliches Problem zu korrigieren, sind schwer lebensfähig, besonders wenn sie dann im Berufsleben stehen, besonders auch an der Opernbühne, wo einfach das Repertoire wirkliches technisch einwandfreies Singen erforderlich macht."* (J 57-61) Der Singende muss seine Stimme hygienisch halten und für diese Sorge tragen. Die Fähigkeit zur Eigendiagnose oder Analyse sollte von Anfang an trainiert werden. Herr J. vermeidet schon zu Beginn des Unterrichts, abgesehen von kurzen Erklärungen, der Sängerin oder dem Sänger alles vorzugeben. Er besteht darauf, dass der Studierende selbst herausfindet, wie sich gesangliche Abläufe vollziehen: *„[...] selber herauszufinden, was habe ich gemacht, was fühlst du, wie gehst du mit der Stimme um, was machst du mit dem Atem, was machst du mit der Kehle, was machst du mit den Resonanzen beispielsweise – finde etwas!"*. (J 66-68) Dies ist der Beginn einer Gesangsausbildung, wie Herr J. sie gerne durchführt.

Da die vorherigen drei Experten immer sehr selbstverständlich das Thema „musikalische Arbeit an Literatur" angesprochen haben, befragte ich auch Herrn J. nach seinen Präferenzen hinsichtlich des musikalischen Arbeitens. Herr J. sieht ein großes Problem darin, dass viele Studierende, die ein Gesangsstudium an der Musikhochschule aufnehmen, nicht recht um ihre Stimme und das Singen wissen. Der Gesangs- oder Stimmbildungsunterricht vor Beginn des Studiums wird von Herrn J. als oft nicht konkret genug, was das technische Arbeiten angeht, beschrieben. Er sieht diesen Unterricht mehr als ein *„Zuarbeiten in künstlerische Farben hinein, aber wenig konkret, was die Technik anbetrifft"*. (J 77-78) Herr J. versucht diese Defizite auszugleichen und den Studierenden stimmtechnische Dimensionen zu eröffnen. Diese Arbeit nimmt jedoch sehr viel Zeit in Anspruch, weswegen ein Arbeiten an gesanglicher Literatur häufig zeitlich gar nicht möglich ist. In den ersten zwei oder drei Jahren kann Herr J. deshalb sehr wenig musikalische Arbeit mit den Studierenden leisten. Auch wenn er den Anspruch an die Literatur stark zurückschraubt, sieht er bei den meisten Studierenden noch immer einen starken Mangel an technischen Fähigkeiten (vgl. J 79-82).

Zudem betrachtet Herr J. die sängerische Marktlage. Schon bei der Selektion der Studienanfängerinnen und Studienanfänger muss mit Bedacht vorgegangen werden. Stets muss überlegt werden, ob der jeweilige Typus am Ende seines Studiums einen Platz am Markt finden kann. Dies bedeutet auch für den Ablauf des Studiums eine gewisse Stringenz. Herr J. spricht davon, dass zahlreiche Kriterien erfüllt werden müssen: *„Stimmgröße, Stimmfarbe, ausgefallene Stimme, besondere Musikalität, dann die Äußerlichkeit natürlich auch"*. (J 89-90) Herr J. besitzt sehr klare Vorstellungen von seiner gesangspädagogischen Arbeit und versucht seine Studierenden bestmöglich unter realistischen Gesichtspunkten auf den späteren Beruf vorzubereiten.

Für Herrn J. sollte das Ausdrucksmedium Stimme, besonders in der Schule, immer das erste Instrument sein, das dort angeboten wird. Das Singen kann dann die Grundlage für weitere Instrumentalfächer liefern, es sollte aber zu Beginn der musikalischen Entwicklung stehen.

Herr J. begründet diese Auffassung sehr wissenschaftlich, nämlich über die Etymologie des Begriffes „Kehle". So bemerkt er, dass in alten Sprachen oder Geschichten die Kehle stets als *„Schaltstelle zwischen dem Inneren des Menschen und seiner Umwelt"* steht. (J 101-102) So sieht er, dass das Wort „Nefesch" im Hebräischen zugleich für Kehle und Seele steht. Auch im Lateinischen erkennt er im Wort „personare" einen Hinweis auf das Hindurchklingen der Stimme durch den ganzen Menschen: *„per = hindurch, sonare=klingen, also ein Hindurchklingen."* (J 103-104) Herr J. betont, dass das Singen auch immer etwas mit einer Innerlichkeit, einer inneren Befindlichkeit zu tun hat. Für ihn gehört das Singen in die Kindheit, es bietet ein Ausdrucksmedium. Es scheint ihm, dass in letzter Zeit wieder mehr gesungen würde. Dies sollte, so Herr J., auch innerhalb der Familien geschehen. Herr J. ist ein sehr realistischer Gesangspädagoge, der ganz klare Zielvorstellungen fürdas Gesangsstudium besitzt und diese seinen Schülerinnen und Schülern zu vermitteln sucht.

- Sein oberstes Ziel für den Gesangsunterricht ist die Vermittlung eines technischen Repertoires, das den Schülerinnen und Schülern von Anfang an eine sängerische „Eigendiagnose" ermöglicht.
- Das Thema „Gesang" zieht sich in zahlreichen Facetten durch sein Leben.
- Herr J. weiß präzise und pointiert seine Aussagen zu formulieren. Er unterstützt diese durch Beispiele und untermauert sie teilweise wissenschaftlich.
- Seine kognitive Präzision ist vermutlich das Ergebnis seiner zahlreichen Studien und Erfahrungen.
- Für ihn ist das Singen das erste Instrument, das erlernt werden sollte, es ist ein ursprüngliches Ausdrucksmedium. Über die Kehle wird für ihn, wie in der hebräischen Definition des Wortes, die seelische Befindlichkeit transportiert. Sie wird für ihn zur Schaltstelle zwischen dem menschlichen Inneren und der Umwelt.
- Wie kaum ein anderer der Befragten weist sein Lebensweg sowohl große Vielfältigkeit wie auch große Erfolge auf.

Interview mit Gesangspädagogin Frau K. / Mit sich selbst im Einklang

Frau K. ist eine international renommierte Sängerin. Innerhalb ihrer Sängerkarriere sang und singt sie an allen großen Opernhäusern der Welt. Seit einiger

Zeit ist sie zudem Professorin für Gesang an einer großen Musikhochschule. Im Interview wirkt sie hinsichtlich ihrer Sängerbiografie sehr bescheiden und beschränkt sich in ihrer Erzählung auf wesentliche Eckpfeiler. Auch sie entstammt einem Elternhaus, in dem sehr viel gesungen wurde. Ihre Familie ging jedoch weder in die Oper noch ins Konzert, sang aber im Kirchenchor. Zu Hause oder auf langen Autofahrten, so beschreibt Frau K., sang die Familie Volkslieder. Es fand, so Frau K., ein *„ganz personenbezogenes Musizieren statt"*. (K 7)

Nachdem sie ein Musisches Gymnasium besucht hatte, begann sie eine, wie sie sagt, *„ganz normale Ausbildung als Kirchenmusikerin"*. (K 11) Frau K. zeigt sich schon hier sehr bescheiden, anders als alle anderen Experten bespricht sie kaum emotionale Details ihrer Biografie, Hürden oder Schwierigkeiten werden ebenfalls nicht thematisiert, vielleicht auch, weil es diese nicht gab oder sie diese nicht als solche wahrgenommen hat.

Schon immer, so beschreibt sie, hatte sie große Freude am Singen. Mit 27 Jahren sang sie einer Gesangsprofessorin vor, die ihr Talent entdeckte und sagte, dass sie mit diesem besonderen Timbre in der Stimme eine Gesangsausbildung absolvieren sollte (vgl. K 13-14). Sie hatte zu diesem Zeitpunkt schon in zahlreichen Chören gesungen und sich immer mit dem Singen beschäftigt. Das Singen war ihr also vertraut, jedoch fand es bis zu diesem Zeitpunkt nicht auf professioneller Ebene statt. Neben ihrer Arbeit als Kirchenmusikerin fing sie dann ein privates Gesangsstudium an. Daraufhin ging für Frau K. alles sehr schnell, bereits nach ihrem ersten Vorsingen kamen erste Engagements. Auch an dieser Stelle ist zu bemerken, dass Frau K. die folgende Entwicklung bescheiden beschreibt: *„[...] das ging damals alles ziemlich schnell, wahrscheinlich auch aufgrund meiner musikalischen Vorbildung als Kirchenmusikerin"*. (K 19-21) Ihre dann folgenden Festengagements in Karlsruhe, Wien und Mannheim erwähnt sie nur noch nebenbei. Im Interview sprach ich ihre auffällige Bescheidenheit gegenüber ihrer Sängerkarriere an, woraufhin sie bemerkte: *„Ja, ist doch so. Das ist halt ein Sängerweg. Es gibt sicher auch andere Wege [...]"*. (K 25-26) Für sie steht im Fokus ihrer Sängerbiografie die Freude am Singen.

Ihre gesangspädagogische Arbeit betreffend stellt sie fest, dass sie selbst immer sehr gute Lehrer hatte, die am Fortschritt ihrer Schülerinnen und Schüler interessiert waren. Sie beschreibt es als großes Glück, dass sie immer wieder Menschen begegnet ist, die gute Pädagogen waren: *„[...] die mich bei der Hand nahmen, die daran interessiert waren meine Entwicklung vorwärtszubringen."* (K 37-38) Frau K. scheint voller Dankbarkeit für das ihr widerfahrene Glück und äußert: *„Ich habe so viel Gutes in meinem Leben erfahren, dass ich das gerne weitergeben möchte."* (K 39-40) Diesen idealistischen Gedanken denkt sie noch weiter, indem sie von der gesellschaftlichen Verantwortung der Elterngeneration spricht. Sie fühlt sich für die nachfolgende Generation verantwortlich und möchte deshalb den jungen Menschen etwas mitgeben, was das Leben betrifft, und natürlich auch, was den Gesang betrifft, weil dies ja ihr Potential ist. Frau K. bringt damit einen ganz neuen, übergeordneten Begriff vom Lehren und von der Verantwortung gegenüber den Schülerinnen und Schülern an. Sie betont, dass sie den Schülerinnen und Schülern eine Hilfe auf ihrem eigenen Weg sein möchte. Innerhalb ihrer Zeit als Sängerin habe sie vielseitige Erfahrungen gemacht, wobei sie herausstellt, dass auch die schlechten Erfahrungen für sie wichtig gewesen seien. Sie sieht, dass es für Schülerinnen und Schüler schwierig sein kann, einen Weg zu finden; aus diesem Grunde möchte sie diese führen, damit sie wüssten, wo es hinginge (vgl. K 45-47). Sie umschreibt ihre Aufgabe sehr deutlich: *„Den Weg selbst kann ich ihnen natürlich nicht abnehmen, den müssen sie selbst gehen, aber ich kann ihnen immer wieder Hilfestellungen geben, Korrekturen [...]."* (K 47-49) Die gesangspädagogische Arbeit bedeutet ihr viel. Zum einen, weil sie so ihrer gesellschaftlichen Verantwortung gerecht wird, zum anderen, so erwähnt sie dann, weil sie im Unterrichten auch immer wieder über die eigene Stimme reflektieren kann. Dieses Reflektieren über die Stimme des Menschen und besonders über die eigene Stimme besitzt für sie eine enorme Bedeutung. Denn: *„Reflektieren über Stimme heißt auch immer wieder reflektieren über sich selbst. Ganz groß gesprochen ist für mich das Singen eigentlich ein täglicher Weg zu sich selbst. Ich muss mich mit meinen Blockaden auseinandersetzen, ich muss mich mit meinen inneren Bildern auseinandersetzen, die ich von mir, meiner Person, meiner Stimme, der Welt und dem Leben habe, und das immer wieder auf den Prüfstand stellen. Letztendlich geht es darum aus einer Quelle heraus Musik zu machen, die in jedem von uns sitzt."* (K 57) Frau K. sieht das Singen nicht nur als Kunstform, im Sinne des Gesangs, sondern darüber hinaus als Spiegel des Selbst. So folgen dem Singen die Reflexion über das Selbst und die Auseinandersetzung mit sich selbst. Erst wenn man sich darüber klar wird, kann man aus sich selbst heraus Musik machen, die ausdrückt, was das Leben ausmacht. Frau K. definiert diese „Quelle" nicht näher. Es scheint jedoch, als meine sie das Selbst des Menschen. Es ist ihr auch nicht wichtig, dass immer Musik aus dieser Quelle geschöpft wird, sondern dass jeder an der Stelle, wo er sich im Leben befindet, aus dieser Quelle schöpfen kann. Bezogen auf ihre Lehrtätigkeit konkretisiert sie: *„Der Unterricht, den ich mache, der macht ja auch etwas mit*

mir. Der Student, der zu mir kommt, bringt immer eine gewisse Aufgabenstel-
lung mit. Was wir tun, ist ein gemeinsames Reflektieren, es ist nicht so, dass ich
sage, ich weiß, wie es geht, weil für jeden Sänger, für jedes Instrument, gibt es
ja eine andere Herausforderung". (K 65-68) Das Motiv des eigenen Lernens
durch das Unterrichten wird uns auch noch bei anderen Experten begegnen.
Innerhalb des Gesangsunterrichts versucht Frau K. mit dem jeweiligen Studierenden individuell Probleme zu lösen. Ein großes Ziel ihrer Arbeit sieht sie
darin, dass jeder Studierende *„zu seiner eigenen Stimme findet".* (K 75) Dies
hängt für sie stark mit dem Anstreben eines authentischen Lebens zusammen.
Wiederum geht es für sie darum, *„mit sich selbst im Einklang"* zu sein. (K 82)
Auch sie zieht hier das lateinische Wort „personare" heran. Damit etwas durch
einen Menschen hindurchschwingen könne, müsse dieser Mensch „durchläs-
sig" werden: *„[...] und das ist für mich ein Ziel meines Unterrichts, eine*
Durchlässigkeit zu erreichen." (K 84-85) Dies sollte für sie in Verbindung mit
bestimmten Körperarbeitstechniken erfolgen. Gesangliche Reproduktion von
Musikwerken heißt für sie *„aus dieser Authentizität heraus das zu finden, was*
hinter den Noten steht". (K 94-95)

Zusammenfassend beschreibt sie ihre gesangspädagogische Arbeit als ein
„Geben und Nehmen". (K 105) Innerhalb dieses Prozesses verhilft sie den
Lernenden auf den für sie individuellen Weg zu kommen. Darüber hinaus lernt
sie im Prozess des Unterrichtens auch immer wieder viel über sich selbst, da sie
das Phänomen Stimme immer wieder reflektiert. Frau K. ist eine sehr reflektierte Gesangspädagogin, die insgesamt viel Wert auf die Entwicklung ihrer Schülerinnen und Schüler nicht nur zu guten Sängerinnen und Sängern legt, sondern
auch sehr an der Persönlichkeitsentwicklung der Studierenden interessiert ist.
Sie selbst möchte auf die Erfahrungen des Unterrichtens nicht mehr verzichten,
auch wenn sie momentan die oberste Priorität auf ihr eigenes Sängersein auf
der Bühne legt (vgl. K 114-115). Frau K. sieht noch zahlreiche Herausforderungen vor sich, die sie gerne und freudig bewältigen möchte.

Auf die Frage nach dem ästhetischen Bildungspotential des Singens gibt
Frau K. an, dass für sie das Singen die *„direkteste Art ist, mit sich selbst in*
Kontakt zu kommen". (K 124-125) Hierin sieht sie jedoch auch ein Problem.
Wie bereits Frau G. erkennt sie für die jungen Menschen eine große Gefahr in
der Manipulation durch die Medien: *„Wir sind durch die Medien dermaßen von*
außen gesteuert – und wenn ich jetzt an die heranwachsende Generation denke
– so von außen manipuliert, wie man zu sein hat, sodass diese Beschäftigung
mit sich selbst ziemlich in den Hintergrund geraten ist." (K 125-128) Das Singen wäre für sie ein Ausweg aus der Manipulation und etwas, das die Men-

schen wieder mehr zu sich selbst bringen würde. Gemäß ihren Ausführungen hieße dies für die Gesellschaft, dass durch das Singen die Menschen wieder authentischer würden, ein Zustand, den sie als „Traum" beschreibt: *„Denn wenn jeder bei sich ist, kann er den Anderen ja auch so sein lassen, wie er ist."* (K 132-133)

Frau K. betont zudem, dass das Singen die Kinder wieder sensibilisieren würde. Sie ist der Meinung, dass in öffentlichen Einrichtungen nur noch so wenig gesungen wird, was sie sehr enttäuscht. Singen sei gesund, so stimmt sie mit den anderen Experten überein, es rege eine tiefere Atmung an, die Organe würden viel mehr durchblutet, der Stoffwechsel würde davon profitieren, Singen sei „ein Erweckungserlebnis für den ganzen Körper, eine Frischzellenkur".

Die Auseinandersetzung mit Kunst und Kultur sei für den Menschen unabdingbar und sollte deshalb, laut Frau K., weiterhin subventioniert werden. Das Singen führe den Menschen zu sich selbst, und für den Zuhörer im Konzert sei jeder freischwingende Ton *„wie eine Erlösung"*. (K 159) Der Sitz der Emotionen ist für Frau K. das Zwerchfell. Diesem kommt man über das Singen wieder näher und deshalb appelliert sie daran, dass die kulturelle Bildung wieder in den Kindergärten und Schulen stattfindet, *„dass wir anfangen wieder zu singen"*. (K 174) Auch Frau K. schreibt dem Singen eine heilende Wirkung zu.

- Frau K. ist bezogen auf ihre eigene, große Sängerkarriere sehr bescheiden und sieht diese als einen gegebenen Weg, für den sie sehr dankbar ist.
- Bezogen auf ihre gesangspädagogische Arbeit sieht sie ihren gesellschaftlichen Auftrag darin, den Schülerinnen und Schülern zur Seite zu stehen, sie auf einen Weg zu bringen.
- Das Reflektieren über die eigene Stimme empfindet sie gleichsam als Reflektieren über sich selbst.
- Beim Singen kommt es für Frau K. darauf an, dass aus einer Art innerer Quelle, dem Selbst, heraus geschöpft wird, denn nur so ist der Gesang für sie authentisch.
- Frau K. empfindet einen freischwingenden Ton wie eine Erlösung für das Publikum.
- Aufgrund dieser Erkenntnisse appelliert Frau K. nachhaltig, es solle wieder mehr gesungen werden.

Interview mit der Gesangspädagogin Frau L./Durch die Stimme den Menschen hören

Frau L. ist Sängerin an einem bekannten Opernhaus. Schon immer spielte nicht nur der klassische Gesang, sondern auch der Pop- und Musicalgesang eine große Rolle für sie. Sie ist zudem als Gesangspädagogin an Musikhochschulen tätig und plant dieses in nicht allzu ferner Zukunft auszubauen.

Ihre künstlerische Tätigkeit beginnt mit dem Tanzen. Als Kind besuchte sie lange Zeit und mit großem Erfolg eine Ballettschule. Durch eine Hüftluxation nach der Pubertät konnte sie nicht weiter tanzen. Dies beschreibt sie als einschneidend: *„[...] dann zerfielen für mich so die Zukunftsträume[...]."* (L 12) Sie sang jedoch auch im Schulchor und lernte dort Mitschülerinnen und -schüler kennen, die auch privat musizierten. Zu dieser Zeit, so beschreibt sie, entwickelte sich bei ihr ein Gefühl für Livemusik, für das eigene Musizieren und auch für das gemeinsame oder solistische Singen. Ab ihrem 17. Lebensjahr erhielt Frau L. Gesangsunterricht. Kurz vor dem Abitur wusste sie dann, dass sie Gesang in Richtung Popularmusik studieren wollte. Die Möglichkeiten für dieses Studium waren jedoch noch nicht so entwickelt, es gab, so Frau L., damals wenige Ausbildungsmöglichkeiten, die auch in der Qualität zum Teil nicht so gut gewesen wären. Als Kompromisslösung entschied sie sich dann die Aufnahmeprüfung für klassischen Gesang abzulegen. Frau L. bestand diese Aufnahmeprüfung und studierte dann bei einer Professorin, die ihr einen guten Einblick in das Bühnenleben, den Opern- und Konzertgesang vermittelte (vgl. L 28-30). Frau L. beschreibt, dass sie sich zu dieser Zeit sehr schnell in diese Welt verliebte. Sie spürte, dass Bühnenwelt, Schauspiel und Gesang für sie sehr anzogen und verfolgte den gewählten Weg weiter, ließ aber parallel auch nicht gänzlich vom populären Gesang ab. Sie absolvierte ein umfangreiches Studium. Ein Semester vor Ende des Studiums stand ein Vorsingen in der Opernschule an, zu dem auch Agenturen eingeladen waren. Eine Agentur vermittelte sie direkt weiter, sodass sie noch vor Abschluss ihres Studiums ein Engagement bekam. Schon von Beginn an sang sie immer in beiden Stilrichtungen, was sie sehr erfüllte. Sie beschreibt ihr inzwischen 18-jähriges Berufsleben als *„erfüllt und wunderbar".* (L 47) Ebenso ziehen sich sowohl Populargesang wie auch klassischer Gesang durch ihre Lehraufträge an den Hochschulen. Das Unterrichten empfindet sie als ein *„klares zweites Standbein, das ich in mittlerer Zukunft gerne zu meinem festen Standbein machen würde".* (L 55-56) Aktuell sieht sie sich jedoch hauptsächlich noch im Theater, da auf sie, ähnlich wie Frau K. beschrieb, noch zahlreiche Herausforderungen und Partien warteten.

Für sie fand zu Beginn ihrer gesangspädagogischen Arbeit ein längerer Prozess vom Singenden zum Lehrenden statt: *„[...]diesen Aha-Effekt, zum ersten Mal auf der anderen Seite des Klaviers zu sitzen oder zu stehen, das werde ich nie vergessen [...]."* (L 65-66) Sie empfand den ihr eigentlich so vertrauten Arbeitsprozess plötzlich als ganz neu, da er nun umgedreht stattfand. Für sie war dies eine Art *„Initialzündung".* (L 70) Sie beschreibt, dass man sich darüber klar sein sollte, dass bei jedem neuen Schüler, der vom Lehrer übernommen wird, wiederum völlig neue Regeln gelten und somit auch neue Erklärungen und neue Herangehensweisen verlangt werden können (vgl. L 73-76). Frau L. beschreibt den Prozess des Unterrichtens als sehr variablen Prozess, der von den Menschen selbst abhängig ist. Zudem merkt sie an, dass der Gesangsunterricht stets von *„subjektiven Bildern"* geprägt ist, die Vorstellungen erzeugen sollen. So sei ja allein das Instrument nicht sichtbar, sondern *„in einer Hautröhre versteckt".* (L 80) Diese Gegebenheiten muss ein guter Gesangsunterricht beachten. Für sie als Lehrerin gehört dazu dann auch, dass man sich ständig nicht nur als Schülerin oder Schüler, sondern auch als Lehrer hinterfragt: *„Habe ich jetzt tatsächlich das richtige Bild gewählt, ist das Bild richtig angekommen, hat der Schüler das Bild richtig umgesetzt und ist das Ergebnis das, was ich haben wollte?"* (L 88-90) Diesen Prozess empfindet Frau L. als sehr lebendig und faszinierend. Sie entdeckt, dass das Unterrichten mit jedem Studierenden anders funktioniert und deshalb ein stets völlig innovativer Prozess ist: *„Wir haben nämlich nicht den Flügel vor uns, der nach Möglichkeit jeden Tag gleich klingt, sondern menschliche Wesen, die jeden Tag anders klingen. Ich glaube, das ist ein ganz großes Ziel und dann auch so ein großes Geschenk, wenn man das ein Stück weit schafft, da auch den Menschen/den Sänger/den Studenten, der in dem Moment da vor dir steht, dafür zu öffnen oder überhaupt so weit zu bringen, dass er sich öffnen kann, weil die menschliche Stimme ja dazu noch, ich glaube, mit das Persönlichste ist, was man hat. Nicht umsonst klingt jeder Mensch auf dieser Erde anders."* (L 96-103) Die Arbeit am menschlichen Instrument Stimme ist für Frau L. etwas ganz besonderes. Die Früchte dieser Arbeit sind für sie ein Geschenk. Auch sie erwähnt, dass die menschliche Stimme etwas ganz Persönliches besitzt, wie auch andere Befragte herausstellten. Sie vergleicht die Stimme im Folgenden mit den menschlichen Fingerabdrücken, die auch ein einmaliges Merkmal des Menschen sind. Die Stimme jedoch ist noch mehr, sie ist, so waren sich viele Experten schon einig, ein Spiegel des Inneren. Frau L. bezeichnet sie als *„Ausdruck von Seele, von Geist, von Erfahrung, [...] ein Ausdruck von Gewohnheiten, von*

Hörgewohnheiten, [...] Umfeld, [...] Sprache." (L 105-108) Die Stimme kehrt all diese Aspekte in ihrem Klang nach außen.

Bezogen auf die ihr wichtigen Unterrichtsinhalte bemerkt Frau L., dass sie von sich selbst erwarte, dass sie ihren Schülerinnen und Schülern eine gesunde Atemtechnik beibringe, eine gesunde Stimmführung und das Kennenlernen und Anwenden der verschiedenen Register vermittele (vgl. L 118-120). Zudem legt auch sie einen Schwerpunkt auf die Körperarbeit. Darüber hinaus liegt ihr viel an der Interpretation der Worte. Sie bemerkt, dass alle Regeln der Interpretation wichtig sind, diese aber für sie nicht im Vordergrund stehen. Sie wolle den Menschen hören. Sie wolle hören, was ihr ein Mensch zu sagen habe (vgl. L 144-145). Dies vermittelt sie ihren Studierenden gerne, denn schon ein Anfängerstudent habe für sie etwas zu vermitteln. Hier wird ein Kontrast zur Unterrichtshandhabe von Herrn J. deutlich, der ja mit dem musikalischen, interpretatorischen Arbeiten erst einsetzt, wenn technische Grundlagen verinnerlicht sind.

Frau L. findet das Singen sehr wichtig. Ihre eigene Tochter hat ihr dies als Baby verdeutlicht. *„Das fängt an mit dem Schreien, was ja auch eine Art von Singen ist, eine zutiefst emotionale Äußerung, die in einem ziemlich lauten, unschönen Legato sofort herauskommt, da ist nichts gelernt und nichts studiert, sondern das muss einfach raus."* (L 157-160) Singen ist für sie die Äußerung tiefer Emotion, die für jeden Menschen wichtig ist. Außerdem, so stellt auch Frau L. fest, ist das Singen immer auch eine bedeutsame Selbsterfahrung. Man lerne sich selbst, seinen Atem, seinen Körper über das Singen kennen. Singen ist für sie ein unerlässlicher Gegenstand, der schon in der Kindheit gepflegt werden sollte, denn, so weiß Frau L.: *„Ich denke, hinter Worten, hinter Mimik, hinter Gestik, hinter Äußerem kann man vieles verstecken, aber hinter dem Klang der Stimme kann man eigentlich nichts verstecken."* (L 167-169) Singen ist für Frau L. eine Erfahrung, die die Menschen im positiven Sinne verändern kann, durch das Singen verändern sich Stimmung und Emotionen. Sie beschreibt, dass sie manchmal körperlich erschöpft in eine Probe geht, dort singt und musiziert und es ihr hinterher wieder gut geht. *„Die Energie ist eine ganz andere."* (L 191) Diese Erfahrungen findet sie für jeden Menschen wertvoll. Es sei fatal, so Frau L., wenn diese Erfahrung den Heranwachsenden verborgen bliebe. Frau L. ist eine Gesangspädagogin, die auf ein sehr breites Spektrum an künstlerischen Erfahrungen zurückgreifen kann. Innerhalb des Interviews entstand der Eindruck, dass sie sehr klare Vorstellungen vom Stellenwert des Singens für den Menschen hat und auch klare Vorstellungen von einer guten Gesangspädagogik, die sich aber doch recht allgemein äußern. So liegt die Vermutung nahe, dass sie sich aktuell tatsächlich mehr mit dem Künstlersein als mit dem Lehrersein identifizieren kann, zumal sie ja auch bemerkte, dass sie für aktuell die Arbeit auf der Bühne noch die höchste Priorität habe.

- Frau L. ist eine Sängerin, die sich sowohl im klassischen Gesang wie auch im Populargesang sicher bewegt.
- Ihre erste künstlerische Tätigkeit fand im Tanzen statt.
- Sie empfindet das Unterrichten von Gesang als wertvolle Aufgabe, da sie es mit dem Öffnen der menschlichen Persönlichkeit gleichsetzt.
- Die menschliche Stimme ist für sie so einzigartig und persönlich wie ein menschlicher Fingerabdruck, sie spiegelt für sie die menschliche Seele wider.
- Frau L. gibt an, dass sich jeder Mensch, ob Anfänger oder Fortgeschrittener, über die Stimme ausdrücken kann, dies ist für sie das Interessante am Singen, sie will den Menschen selbst hören.
- Als eine tiefe Selbsterfahrung sollte das Singen keinem Interessierten vorenthalten werden.

Interview mit Gesangspädagogin Frau M. / Der Hang zur Bühne

Frau M. ist Gesangsprofessorin an einer deutschen Musikhochschule und arbeitet zudem im Festengagement an einem Opernhaus mittlerer Größe. Auch ihre Sängerbiografie verläuft nicht geradlinig und vorhersehbar. Innerhalb ihres Lebens ging auch sie einige Umwege und wurde von Schicksalsschlägen zurückgeworfen. Ihre Künstlerbiografie ist, wie bei allen anderen Befragten auch, keine reine Sängerbiografie, vielmehr eine Bühnenbiografie. Ihre Affinität galt immer dem Gesang und dem darstellerischen Spielen gleichermaßen. So berichtet sie von ihrer ersten Bühnenerfahrung im Alter von fünf oder sechs Jahren im Dorfwirtshaus, wo sie zur Musikbox tanzte. Bereits in ihrer Grundschulzeit trat sie solistisch bei Schulkonzerten auf. Diese Affinität zu Bühne und Gesang zieht sich durch ihre gesamte Entwicklung. Sie bemerkt allerdings, dass ihr *„Hang zur Bühne"* nicht immer an den Gesang gekoppelt war. (M 55) Als Kind hatte sie immer den Traum vom Tanzen. Sie wollte Primaballerina werden. In ihrer Zeit auf der weiterführenden Schule kam dann noch die Affinität für das Schauspiel hinzu. So faszinierten sie die großen Dramen, die im Deutschunterricht besprochen wurden. Sie lernte große Teile der Hauptrollen sogar auswendig. Der Wunsch, auf der Bühne zu stehen, stand immer vor dem Singen (vgl. M 66).

Frau M. ist im christlichen Glauben erzogen und folgt diesem nach ihrer Aussage sehr bewusst. Ein erster Einschnitt innerhalb ihrer Künstlerbiografie vollzog sich für sie diesbezüglich, als man ihr, unter Zuhilfenahme religiöser Argumente, das Singen und die Bühnendarstellung austreiben wollte. Sie fügte sich der religiösen Kritik und ordnete sich dieser unter. Diese Zeit beschreibt sie als einzige Zeit, in der sie sich vom Singen abwandte (vgl. M 19). Dennoch legte sie die Aufnahmeprüfung für Schulmusik ab, in der der Gesang ihre beste Note wurde. Schon innerhalb des Schulmusikstudiums, so beschreibt Frau M., war es absehbar, dass es nach diesem Studium stimmlich für sie weitergehen konnte. Jedoch hemmte sie bei dieser Entscheidung ihr Elternhaus, so kam sie aus *„bürgerlichen und dörflichen Strukturen". „Wo ich herkomme [...] war nicht daran zu denken, eine künstlerische Laufbahn einzuschlagen."* (M 22-24) Sie berichtet, dass sie *„den Mut dann doch aufbrachte"*, die Aufnahmeprüfung für Gesang nach Abschluss ihres ersten Staatsexamens zu absolvieren. (M 26) Nach dieser Aufnahmeprüfung änderte sich ihr Leben. Obwohl sie die Aufnahmeprüfung nicht bestand, ließ das Singen sie ab diesem Zeitpunkt nicht mehr los. Unweigerlich führte dies dann zu einem familiären Bruch. Ihre Eltern wechselten eineinhalb Jahre kein Wort mit ihr und akzeptierten die Entscheidung für den Gesang und gegen den Schuldienst nicht. Doch Frau M. schildert, dass sie schon während ihres Lehramtsstudiums wusste, dass sie in diesem Beruf nie arbeiten würde. Sie absolvierte dann die Aufnahmeprüfung ein zweites Mal und bestand diese. Die darauffolgende Zeit in der Opernschule beschreibt sie als nicht glücklich. Ihrer Meinung nach wurde sie vom Leiter der Opernschule für unbegabt gehalten (vgl. M 38). Sie schaffte es dennoch sehr schnell als Aushilfe im WDR-Rundfunkchor zu singen und hätte in diese Richtung auch weitere Angebote wahrnehmen können. Auch für sie gab es dann ein entscheidendes Ereignis, ein Vorsingen, das für sie den Grundstein zu einem Selbstbewusstsein, in dem gewählten Berufsbild richtig zu sein, gelegt hat. Aus über 200 Bewerbern wurde sie für eine Nachwuchs-Sängerrolle ausgewählt: *„Erst zu diesem Zeitpunkt ist in mir dann das konkrete Bewusstsein gewesen, dass ich am Theater richtig bin. Bis dahin habe ich sehr an mir gezweifelt und auch nie gewusst, ob das für mich überhaupt erreichbar ist."* (M 49-52) Nach diesem Ereignis erhielt sie dann ein Anfängerengagement und begann ihre Bühnenkarriere. Frau M. äußert, dass es in ihrem künstlerischen Entwicklungsprozess dann noch zwei größere Einschnitte gab, die sie aus *„aus dem Leben herausgeworfen"* haben. (M 70) Dies waren ihre zwei Krebserkrankungen in den Jahren 2002 und 2010. Diese Krankheiten brachten nicht nur eine ungewollte Unterbrechung in ihrem künstlerischen Tun, sondern auch viele Selbstzweifel mit sich: *„[...] die Krebserkrankungen, die mich immer wieder an meinem Tun und an meinem Wie ich das tue, sehr stark haben zweifeln lassen."* (M 71-73) Als Folge ihrer ersten Erkrankung gab sie das Theaterleben zunächst auf und schlug den gesangspädagogischen Weg ein: *„Nur durch die Erkrankungen bin ich eben diesen pädagogischen Weg gegangen. Wenn ich nicht 2002 erkrankt wäre, hätte ich das Theaterleben nicht zu 100% aufgegeben."* (M 73-75) Sie berichtet, dass diese Erkrankungen für sie beide Male Entwicklungsprozesse ausgelöst haben, die allein durch die alltägliche Ausübung des Berufes ausgeblieben wären. So kam Frau M. zum Unterrichten. Dies jedoch entwickelte sich bald zu einer großen Leidenschaft, die in der Annahme einer Professur für Gesang mündete. Einige Jahre nach Annahme der Professur kam dann jedoch für sie das Angebot, zusätzlich ein Festengagement einzugehen. Seit dieser Zeit ist sie sowohl Professorin für Gesang als auch festes Ensemblemitglied an einem Theater. Auf die Frage, welche Tätigkeit für sie den höheren Stellenwert besäße, antwortet sie ähnlich wie Frau K., dass diese Frage nicht eindeutig zu beantworten sei. Sie spricht davon, dass sie immer wieder sehr *„phasengesteuert"* sei: *„Wenn ich in einem Theaterprozess, in einer Produktion drin bin, dann hat das für mich absolute Priorität vor allem, also vor* dem Essen, vor dem Schlafen, vor dem Wäschemachen, vor dem Unterrichten, vor allem. Dann lebe ich wirklich sehr in dieser Rolle und in dieser Produktion. Aber ich bin auch zu 100% im Unterricht, also beim Unterrichten. Auch dabei kann ich mich total auskoppeln, mein Leben drumherum vergessen. Auch in diesem Unterrichtsprozess habe ich totale Erfüllung, also es macht mir wahnsinnig viel Spaß. " (M 84-90) Beide Lebensbereiche sind für Frau M. sehr wichtig geworden, beide bereiten ihre Freude und Erfüllung, beide Berufsbilder besitzen aber auch ihre Eigenheiten und Nachteile, von denen Frau M. sehr offen spricht. Sie selbst sieht sich momentan, ebenso wie Frau K. und Frau L., noch mehr in der Rolle der ausführenden Sängerin. Dennoch weiß sie nicht, wie dies in einigen Jahren aussehen wird. Jedoch wisse sie, dass sie sich selbst mehr spüre, wenn sie selbst Töne produziert, als wenn sie unterrichte. Dies sei jedoch normal, so denkt Frau M.

Gesangspädagogisch sieht auch sie als oberste Prämisse, den Studierenden so selbstständig zu machen, dass er ohne den Lehrer zurechtkomme: „Mein höchstes Bestreben ist es, den Studenten so stark zu machen, ihm ein großes Selbstwertgefühl mitzugeben, dass er an sich glaubt, an seine Fähigkeiten glaubt, dass er dankbar ist für diese Begabung, die er hat, für die Musikalität, für die Stimme, für das, was er von Natur aus mitbringt, denn jeder, der sich in diesem Studium bewegt, bringt von Natur aus viel mit. " (M 108-112) Frau M. legt großen Wert darauf, den Studierenden zu motivieren und ihm Selbstvertrauen zu schenken. Ebenso wichtig ist ihr jedoch auch dem Studierenden ein solides sängerisches Grundwissen zu vermitteln: „dass er sich selbstständig einsingen kann, dass er sich selbstständig ein Musikstück erarbeiten kann, sowohl stimmtechnisch wie auch interpretatorisch. " (M 114-116) Die Technik des Singenden, so beschreibt Frau M., ist das Handwerk. Wichtig sind für sie zahlreiche Parameter wie Atemtechnik, Stimmöffnung, Stimmansatz, Stimmsitz, Vokalausgleich, Textverständlichkeit und viele mehr. Stimmtechnik ist für sie wichtig, man kann sehr viel über sie lehren und lernen, dies ist für Frau M. klar, jedoch ist dies für sie nicht das Wesentliche. Für ihre Studierenden wünscht sie sich wahre „Freude am Tun". (M 117) Sehr realistisch weiß sie, dass nur sehr wenige Studierende zeit ihres Lebens in dem Beruf des Sängers arbeiten werden. Trotz aller Veränderungen und Durststrecken innerhalb des Berufes muss am Ende die Freude am Singen bleiben, so Frau M.

Ähnlich wie Frau K. empfindet sie das Unterrichten auch als prägend für sich selbst. So stellt sie fest, dass sie im Unterrichten nicht nur viel über den Umgang mit anderen Menschen lerne, sondern auch über den Umgang mit sich selbst. (M 150-152) Ebenso lerne sie im Unterrichten viel über ihr eigenes

Verhalten und auch über ihre eigene Gesangstechnik. Gäbe es ein Fach Singen wäre dies für sie an der Schule das wichtigste Fach. Über das Singen, so Frau M., kann der Mensch vieles *„körperlich erfahren, sinnlich erfahren, emotional erfahren, kognitiv erfahren, also in jeder Beziehung"* erfahren. (M 158-159) Sie spricht dem Singen ein universelles Bildungspotential zu, welches über die leibliche Erfahrung vermittelt wird. Mit den anderen Befragten ist sie sich darin einig, dass das Singen das unmittelbarste Instrument darstellt, welches einen ganz persönlichen und individuellen Ausdruck ermöglicht: *„Singen ist befreiend, Singen macht stark. Singen ist wie Therapie."* (M 161) Gerade innerhalb der Schule sieht sie im Singen dieses Potential. Sie stellt sich vor, dass Schülerinnen und Schüler sich selbst durch das Singen erfahren können, dass sie erfahren, was in ihnen stecke: *„Die meisten haben doch gar kein Selbstbewusstsein mehr, sind so unsicher, sind so voller Angst und haben ja im Prinzip oft nur noch den MP3-Player und nehmen die Musik nur noch auf, produzieren selbst aber nichts mehr."* (M 166-168) Die Heranwachsenden könnten, so sind sich alle einig, sehr davon profitieren, wenn sie sich singend betätigten. Die Stimme des Menschen besitzt auch für Frau M. einen herausragenden Stellenwert, da auch sie feststellt, dass die Stimme das Originalste sei, was ein Mensch haben könne, *„weil keine Stimme auf der Welt einer anderen Stimme gleicht."* (M 174-175)

Die Sängerbiografie von Frau M. ist geprägt durch zahlreiche Erfolge, aber sicherlich ebenso viele Selbstzweifel. Immer wieder gibt es Einschnitte und Erlebnisse, die ihre Entwicklung hemmen oder zeitweise stoppen. Erst durch ihre erste schwere Erkrankung kommt sie zum Unterrichten, wofür sie eine große Leidenschaft entwickelt.

- Frau M. ist eine idealistische Gesangspädagogin, die ihre Studierenden motivieren und stärken will.
- Die Freude am Singen über alle Schwierigkeiten hinweg zu halten, ist für sie das große Ziel. Ihre Biografie zeigt, dass sie dieses Ziel in ihrem Leben immer wieder erreicht hat.
- Die Stimme des Menschen ist für sie ein zutiefst persönliches Potential des Menschen.
- Über das Singen könnten Heranwachsende wieder mehr Selbstbewusstsein erhalten. Ebenso bemerkt sie, dass die Singenden immer Selbsterfahrungen sammeln.

2.4 Auswertung

In der Auswertung der zuvor dargestellten Ergebnisse werden die einzelnen Statements nun zusammengefasst und den untergeordneten Kategorien zugeordnet. Hierbei finden sich zahlreiche Parallelen, aber auch Unterschiede in den Sängerbiografien. Ebenso sollen noch einmal die gesangspädagogischen Schwerpunkte der Gesangsprofessorinnen und Gesangsprofessoren sowie Gesangspädagoginnen und Gesangspädagogen zusammenfassend herausgestellt werden. Die Aussagen zu den ästhetischen Bildungspotentialen des Singens werden in primäre und sekundäre Ausprägungen des Singens unterteilt. Diese Zusammenstellung der Expertenaussagen wird für die Rahmenkonzeption einer schulischen Gesangspädagogik von Bedeutung sein.

Auffällig ist, dass sich die meisten Befragten im Laufe des Interviews sehr emotional besonders bezogen auf die Potentiale des Singens äußern. Es ist festzustellen, dass das Singen ein Gegenstand ist, der auch aus Sicht des Experten an sehr viele Einzelfaktoren gebunden ist. Das Singen nimmt immer auch sehr starken Einfluss auf die Persönlichkeit des Menschen.

Als weiteres Phänomen ergab die Auswertung der Interviews, dass alle befragten Gesangspädagoginnen und Gesangspädagogen keine geradlinige Sängerbiografie beschrieben. Keiner von ihnen wollte zu Beginn seines künstlerischen Betätigens innerhalb der Kindheit oder der Jugend klassischer Sänger werden. Viele der Befragten kamen erst im jungen Erwachsenenalter zu dem Entschluss, dieses Berufsbild anzustreben. In den Interviews wurde gemutmaßt, dass diese Entwicklung für eine Sängerin oder einen Sänger typisch ist. Die Sängerbiografie unterscheide sich hier klar von der Biografie eines Instrumentalisten, der in aller Regel sehr früh eine große Fertigkeit auf seinem Instrument erlangen muss, um auf diesem Instrument professionelle Qualifikationen zu erreichen.

Kindheit und frühe musikalische Sozialisation

Alle Experten zeigen, dass die frühkindliche musikalische Sozialisation einen entscheidenden Einfluss auf das folgende Leben nimmt; so beschreiben alle, dass ihre Singstimme bereits ganz früh in Chören oder im häuslichen Musizieren geschult wurde. Alle sind sich der Wichtigkeit dieser Phase und deren prägender Funktion bewusst. Frau G. spricht von einer Grundlegung musikalischer Inhalte. Herr J. beschreibt die Chorstunden als schönste Zeit innerhalb der Woche und Herr I. erinnert sich daran, dass das Singen im Chor für ihn damals das Größte gewesen sei.

Für Frau G., Herrn J. und Frau L. ging die musikalische Sozialisation dann im Bereich der Popularmusik weiter. Frau G. und Frau L. blieben diesem Genre bis jetzt als Ergänzung zum klassischen Gesang verhaftet. Herr J. schildert, dass er schon damals das balladeske, schöne Singen innerhalb der Popmusik bevorzugte. Fast alle Experten berichten davon, dass sie in Kindheit und Jugend nicht nur sangen, sondern auch instrumental tätig waren. So erlernten fast alle Befragten das Klavierspiel. Frau H. und Frau H., Herr I. und Frau K. konzentrieren sich sogar zunächst nur auf das instrumentale Klavierspiel und finden erst später zum Gesang. Das gemeinsame Musizieren, singend oder instrumental, wird von ihnen als sehr wichtig und zum Teil inspirierend für ihren Lebensweg befunden. So setzt sich Frau L. erst durch die Entdeckung und Faszination des gemeinsamen Musizierens mit dem Thema Gesang und Sologesang auseinander.

Aufnahmeprüfung und künstlerische Ausbildung

Für die meisten Befragten ist die künstlerische Aufnahmeprüfung eine Hürde. So bestehen die beiden vom Stand der Ausbildung am höchsten qualifizierten Befragten, zwei der Professoren, diese Aufnahmeprüfung erst im zweiten Anlauf. Für Frau M. bedeutet das Absolvieren der künstlerischen Aufnahmeprüfung einen familiären Bruch, da ihre Eltern diesen Schritt nicht akzeptieren. Herr J. schließt sich zunächst nach nicht bestandener Aufnahmeprüfung einem christlichen Orden an. Frau G. tritt die Aufnahmeprüfung aufgrund eines familiären Schicksalsschlags nicht an. Herr I. besteht die Aufnahmeprüfung zwar, wird nach dieser aber exmatrikuliert, da die Lehrerin der Hochschule ihm jegliches Talent abspricht und er daraufhin den Unterricht nicht mehr wahrnimmt. Die Aufnahmeprüfungen der Hochschulen scheinen damals wie heute zum Teil schwere Hürden für ihre Bewerber zu sein.

Die Ausbildungswege der Befragten sind ganz unterschiedlicher Natur. So absolvieren Frau G. und Herr I. letztlich private Ausbildungen, Frau H. studiert das Fach Gesangspädagogik. Frau K. studiert zunächst Kirchenmusik und wird dann für den Gesang entdeckt. Es folgt ein privates Studium, ihre künstlerische Diplomprüfung kann sie jedoch an einer Musikhochschule ablegen. Frau L. studiert Gesangspädagogik und auch künstlerischen Gesang. Herr J. und Frau M. absolvieren zunächst ein Schulmusikstudium. Dieses erweitern beide durch ein künstlerisches Gesangsstudium, wobei Herr J. zusätzlich Gesangspädagogik

studiert. Die einzige Gemeinsamkeit, die alle Experten in dieser Hinsicht aufweisen, ist, dass alle in irgendeiner Form gesangspädagogisch, also als Gesangslehrer, tätig sind. Hieran ist zu erkennen, wie unterschiedlich die Wege
gerade im künstlerischen Fach Gesang verlaufen können.

Entscheidende Erlebnisse und traumatische Ereignisse

Der künstlerische Weg ist häufig von entscheidenden Erlebnissen oder trauma-
tischen Ereignissen gesäumt. So finden sich auch unter den Befragten zahlreiche Erlebnisse, die als positive oder negative Ereignisse prägenden Einfluss auf
den Lebensweg und die Künstlerbiografie genommen haben. Als positives und
ausschlaggebendes Ereignis wird zumeist das Vorsingen benannt. So gelangen
Frau L. und Frau M. durch ein gutes Agenturvorsingen innerhalb des Studiums
an ein erstes Engagement, das der Beginn ihrer künstlerischen Karriere ist.
Ebenso ist für Frau K. das zufällige Vorsingen vor einer Professorin, im Nachhinein betrachtet, lebensverändernd. Anders als in anderen Berufen hoffen
Sängerinnen und Sänger häufig auf „die Entdeckung". Als wegweisend empfinden auch Frau G. und Herr I. die Entdeckung der rechten Gesangstechnik
und der richtigen Gesangslehrer.

Die Biografien einiger Befragter zeigen, dass es jedoch nicht nur positive
Erlebnisse im Leben der Sängerinnen und Sänger gibt, die die Karriere voran-
treiben, sondern auch solche, welche diese gänzlich verhindern. So widerfährt
Frau G. der Tod zweier naher Angehöriger, der sie so traumatisiert und aus der
Bahn wirft, dass sie sich gegen ein Gesangsstudium entscheidet und eine Zeit
lang nicht mehr singen kann. Auch Frau M. wendet sich nach einer starken
Kritik, die mit religiösen Argumenten geführt wurde, vom Singen ab und ordnet sich ganz der Religion unter. Ihr Leben ist immer wieder geprägt von starken Selbstzweifeln an ihrem künstlerischen Weg. Den größten Zweifel verursachen ihre beiden Krebserkrankungen, die sie beide Male stark an ihrer künstlerischen Entwicklung hindern. Herr I. erlebt ein negatives Ereignis, das direkt
mit dem Singen in Zusammenhang steht, in dem ihn seine Lehrerin für unbegabt abstempelt. Herr J. muss seine Bühnentätigkeit durch ein körperliches
Handicap schließlich ganz aufgeben.

Die Berufsausübung des Sängers ist stark geprägt von der physischen und
psychischen Verfassung. Zudem, so beschreibt es auch Herr I., sind Sängerinnen und Sänger allein schon durch ihr Tätigkeitsfeld zumeist sehr empfindsame
und sensible Menschen, deren Wahrnehmung sehr intensiv ausgeprägt ist. Dies
wirkt sich nicht immer nur positiv aus.

Künstlerische Vielseitigkeit/Paralleldisziplinen

Die Befragten weisen zum größten Teil eine sehr ausgeprägte künstlerische Vielseitigkeit auf. So fühlen sich Frau M. und Herr I. auch im Bereich des Schauspielens beheimatet. Frau M. berichtet sogar, dass ihr Interesse zunächst nicht dem Singen, sondern der Bühnendarstellung galt. Frau G., Frau K. und Frau M. zeigen eine ausgeprägte Affinität zum Tanzen. Wie bereits festgestellt wurde, betätigten sich fast alle Befragten auch pianistisch oder erlernten andere Instrumente. Sängerinnen und Sänger sind also zumeist nicht ausschließlich sängerisch tätig, sondern berühren in ihrem künstlerischen Wirken zahlreiche Nebendisziplinen.

Gesangspädagogische Grundsätze

Vorab muss festgehalten werden, dass die gesangspädagogischen Grundsätze sicherlich auch immer von der zu unterrichtenden Zielgruppe abhängen. Die Befragten äußerten sich diesbezüglich allgemein. Innerhalb ihrer gesangspädagogischen Grundsätze sind einige Übereinstimmungen zu konstatieren. So sehen Herr J. und Frau M. als oberstes Ziel, die Eigenständigkeit des Studierenden zu fördern. Beide setzen dabei jedoch andere Schwerpunkte. Herr J. ist sehr bestrebt eine Fähigkeit zur Eigendiagnose für die Studierenden anzuregen. Darin sieht er die bestmögliche Vorbereitung auf das spätere Berufsleben. Frau M. möchte den Studierenden jedoch hauptsächlich Mut und Selbstvertrauen schenken. Die meisten der befragten Gesangspädagoginnen und Gesangspädagogen wollen ihren Schülerinnen und Schülern neben einem Repertoire an Gesangstechnik und Körperarbeit Selbstbewusstsein vermitteln. Der Körper und die eigenen Potentiale sollen genutzt und erkannt werden. Für Herrn I. ist das oberste Ziel des Gesangsunterrichts das Zusammenbringen von Emotion und Intellekt. Die Stimme wird für ihn auf diesem Wege ganzheitlich aktiviert. Frau K. sieht ihre gesellschaftliche Verantwortung darin, ihren Schülerinnen und Schülern etwas zu vermitteln. Sie selbst hatte stets gute Vorbilder, die sie geleitet haben, dies will sie nun auch für ihr eigenes Unterrichten anstreben.

Ersichtlich wird, dass die befragten Gesangspädagoginnen und Gesangspädagogen ganz unterschiedliche Schwerpunkte in ihrem Unterrichten setzen. Genannt werden die Bemühung um technische Perfektion, der Aspekt der Motivation und Stärkung des Selbstbewusstseins und die gesellschaftliche Verantwortung gegenüber der kommenden Generation.

Stimmtechnik und musikalische Arbeit

Für Herrn J. ist das Erlernen einer soliden Gesangstechnik die oberste Prämisse. Er sieht, dass dies im studienvorbereitenden Unterricht stark vernachlässigt und nicht konkret angegangen wird. Die stimmtechnische Arbeit steht für ihn im Vordergrund. Frau M. jedoch bezeichnet die Technik als Handwerk, das zwar wichtig ist, aber nicht das Wesentliche. Für sie steht, wie für Frau L., Herrn I. und Frau G., der musikalische Ausdruck im Zentrum. Über das Singen, so weiß auch Frau K., wird das Selbst des Menschen, welches sie als eine ursprüngliche Quelle bezeichnet, aktiviert. Für Frau H. ist die musikalische Interpretation, in der der Schüler seinen Gefühlen Ausdruck verleihen kann, ganz wesentlich. Alle Befragten sind sich darin einig, dass die Stimme des Menschen ein wesentliches Ausdrucksmedium ist.

Nebeneffekte der gesangspädagogischen Arbeit

Alle Befragten vertreten die Auffassung, dass die Stimme etwas Unmittelbares besitzt, das schwer in Worte zu fassen ist. Die Annahme Noltes, dass das Singen tatsächlich eine anthropologische Gegebenheit ist, findet hier Bestätigung.

Frau G., Frau K., Frau L. und Frau M. befinden es als wesentlichen Effekt des Unterrichtens, dass stets die Selbstreflexion einsetzt und ein Bewusstwerden über sich selbst als Sänger und Mensch daran gebunden ist. Zudem lernen die Lehrenden im Unterrichten viel auf zwischenmenschlicher Ebene.

Würden die Menschen wieder mehr singen, so wären sie eventuell reflektierter, schätzt Frau K. die Situation ein.

Erkenntnis über gesellschaftliche Probleme, die das Singen beeinträchtigen Laut Einschätzung der Experten ist festzustellen, dass in deutschen Familien mittlerweile viel weniger gesungen wird. Innerhalb der Familien werden Kinder häufig nicht mehr zum eigenen Produzieren von Klängen angeregt, sondern über die ständig verfügbare Musik nur noch zu Reproduzierenden. Die Experten vermuten, dass sie durch die Medien mit falschen Vorbildern konfrontiert werden, die die Realität manipulieren. Dadurch wird Heranwachsenden eine wesentliche Ressource genommen. Über das Singen könnten sie sich selbst wieder ausdrücken, selbstetwas produzieren und bekämen eine Möglichkeit des eigenen Gefühlsausdrucks vermittelt.

Potentiale des Singens

Folgende Potentiale wurden von den Experten benannt:

- Singen besitzt eine therapeutische Dimension.
- Singen ist gesund für Körper, Geist und Seele.
- Beim Singen kann sich der Ausführende mit jeder Faser seines Körpers ausdrücken.
- Hinter seine Stimme kann nichts versteckt werden, sie ist unmittelbar.
- Jeder Mensch auf der Welt besitzt seine ganz eigene Stimme.
- Durch das Singen kommt man zu einer Selbsterfahrung.
- Singen regt die sinnliche Wahrnehmung und die Sensibilität an.

Bezieht man die Expertenaussagen und die Gedanken Mollenhauers zum Begriff der ästhetischen Erfahrung, der für ihn besagt, dass eine ästhetische Erfahrung 1. als nicht in Kontinuität, sondern in Differenz zu jeglicher anderen Lebenspraxis stehe, 2. als eine private und selbstbezügliche auftrete und 3. als eine durch eigenartige ästhetische Symbole vermittelte erscheine, aufeinander, so wird sichtbar, dass das Singen alle Kriterien, um ästhetische Erfahrung zu sein, erfüllt. Die Ausführungen der Experten zeigen dies in jederlei Hinsicht hinreichend.

Die Auswertung der einzelnen Experteninterviews belegt, dass auf unterschiedlichen Ebenen der Gegenstand Singen ein sehr spezifischer ist. Die Biografien der Gesangsexperten sind sehr unterschiedlicher Natur. Dennoch gibt es immer wieder Übereinstimmungen. Festzuhalten ist, dass Singen und Gesang viele positive Effekte mit sich bringen, sie aber ebenso auch an viele Einzelfaktoren gebunden sind. Der Beruf des Sängers oder Gesangspädagogen ist ein Beruf, der stark an die persönliche physische und psychische Konstitution gebunden ist. Er kann eine ganz individuelle Ausprägung besitzen. Singen jedoch scheint auch nach Ansicht der Experten ein besonderes Gut zu sein, von dem jeder Mensch und besonders die Heranwachsenden profitieren könnten.

3.   Singen in der Schule

Die vorangestellten Ausführungen der Gesangsexperten waren umfangreich und referierten auf eine breite Schülerklientel, vom Gesangsanfänger bis hin zum Gesangstudierenden im künstlerischen Bereich. Im Folgenden soll der Fokus wieder ganz auf das Singen an allgemeinbildenden Schulen gerichtet werden. Zunächst werden einige Vorüberlegungen angestellt, die sich dem aktuellen Stellenwert des Singens an der Schule widmen. Das Singen in der Schule ist ein traditioneller Unterrichtsbaustein, der mit dem Fach Schulsingen einen Vorläufer zum heutigen Musikunterricht darstellt. Singen als Prozess der Grundmusikalisierung bietet einige Vorteile besonders gegenüber der Grundmusikalisierung durch das Erlernen eines Instruments. So wird sich auch bei den Projektbeschreibungen der folgenden Projekte noch herausstellen, dass einige Schulen ganz bewusst das Singen als Gegenstand der Grundmusikalisierung ausgewählt haben. Die Stimme des Menschen bietet als körpereigene Ressource ein besonderes Potential für jeden Menschen. Sie befindet sich in der physischen Gesamtheit des menschlichen Körpers und ist als integriertes Körperinstrument zu sehen.Für Schülerinnen und Schüler heißt dies, dass die teure Anschaffung oder das Mieten eines Instruments entfällt, denn dieses bringt jeder Lernende bereits mit. Das Singen ist allerdings ein Unterrichtsgegenstand, der durchaus auch gewisse Probleme mit sich bringt. Unabhängig von seiner schwierigen Historie, in der das Singen häufig manipulativ verwendet wurde, können die großen Potentiale des Singens auch zu dessen Problemen werden. So geschieht beim Singen doch immer auch eine Äußerung von Innerlichkeit. Etwas, wovor Jugendliche in der Pubertät Angst haben können. Gewisse Äußerungshemmungen können das Singen in der Klasse und in der Schule erschweren.

Außerdem erfreut sich normalerweise das unverstärkte, reine Singen gerade bei den Schülerinnen und Schülern der Mittelstufe nicht allzu großer Beliebtheit. Es wird als peinlich oder unangebracht angesehen. Ob sich diese Problematik als tatsächlicher Störfaktor im gemeinsamen Singen erweisen kann, soll im Folgenden genauer betrachtet werden. Das Thema „Singen in der Schule" soll in seinen verschiedenen Facetten beleuchtet und dargestellt werden.

3.1 Vom Singen in der Schule heute – eine Bestandsaufnahme

Das Musizieren in der Schule besitzt zwar eine lange Tradition, wurde jedoch Jahrzehnte lang in seinen Potentialen kaum genutzt. Das Fach Musik ist besonders in den letzten Jahrzehnten ein sehr theoretisches gewesen:

> „Obwohl Musik existentiell an die Musikausübung gebunden ist, wurde das instrumentale Musizieren erst relativ spät für den Musikunterricht allgemeinbildender Schulen entdeckt."[320]

Wiederum durch Leo Kestenberg veränderte sich dies. Durch seine Reform bekam das Instrumentalspiel in der Schule einen neuen Stellenwert. Man verankerte es sogar im Lehrplan. Besonders die höheren Schulen profitierten davon, denn so wurde in den Richtlinien 1924 das Ensemblespiel in Form von Orchesterspiel, Streicher, Lautisten- oder Kammermusikgruppen festgehalten.[321]

Es scheint also, als hätte das Musizieren und Singen im Unterricht wieder Platz gefunden, jenseits von Ideologisierung und alten Verkrustungen, so dass es sich auf eine innovative Weise in Einheit mit Musizierpraxis und Reflexion von Handeln und Verstehen etablieren könnte.[322] Ursachen könnten hierfür beispielsweise die Erschöpfung der vorherrschenden kognitiven musikpädagogischen Betrachtungs- und Analysemethoden, wie sie seit den 70erJahren in der alten Bundesrepublik den Musikunterricht prägten, sein. Sie machen den Weg nun frei für die Suche nach mehr sinnlich orientierten Strategien des Musikunterrichts.[323] Auch wenn nun im Musikunterricht wieder mehr gesungen wird, scheint es doch, als wären die Schülerinnen und Schüler kaum noch an das Singen gewöhnt. Sie setzen sich zwar – und diese Renaissance des Singens bestätigen auch die Musiklehrer der Schulen – häufig besonders durch Castingshows inspiriert, intensiver mit dem Singen auseinander, doch vermissen

---

320 Mass, Georg: Methoden des Musikunterrichts an allgemeinbildenden Schulen (historisch) – 4. Musizieren im Unterricht. In: Helms, Siegmund; Schneider, Reinhard; Weber, Rudolf: Kompendium der Musikpädagogik, Kassel 1995, S. 70

321 Hänsgen, Daniel: Klassenmusizieren und Musizieren in Arbeitsgemeinschaften an der allgemein bildenden Schule, Norderstedt 2006, S. 8

322 Vgl. Nimczik 2002: a.a.O., S. 5

323 Vgl. Jank, Birgit: Wozu das Singen da ist – Überlegungen zum Gesang – nicht nur im Musikunterricht. In: Musikforum, Themenheft Stimmen, Heft 4/2006, Schott Musik International, Mainz, 2006, S. 8

einige Musikpädagogen hier die Qualität im Dargebotenen. Kai Lothwesen und Daniel Müllensiefen untersuchten, wie die Schülerinnen und Schüler diesem Angebot entgegentreten, und stellten fest, dass die Schüler allgemein stimmliche Qualitäten differenziert wahrnehmen konnten und diese auch schätzten, unabhängig von dem von den Medien transportierten Bild/dem Image des Akteurs.[324] Ein gewisses Interesse am Singen und an der Auseinandersetzung mit diesem scheint also durchaus vorhanden zu sein. Wie ist dies jedoch für eine am Anspruch auf musikalische Bildung ausgerichtete Schule umzusetzen? Hierzu soll ein Blick in die Richtlinien des Faches Musik geworfen werden. Folgendes geben sie hinsichtlich der Aufgabe des Faches an:

> „[…] das Fach [Musik hat] die Aufgabe:
> 1) die Fähigkeit zu einer begründeten Auseinandersetzung mit Musik als einem sinnvermittelnden und sinnhervorbringenden Kulturphänomen zu entwickeln
> 2) Notwendigkeit, Chancen und Grenzen musikbezogener wissenschaftlicher Erkenntnisse im Hinblick auf die Erfahrung und das Verstehen von Musik einsehbar zu machen
> 3) durch die Auseinandersetzung mit Musik Perspektiven für eine sozial verantwortete Gestaltung des eigenen Lebens und der musikalischen Umwelt aufzuzeigen"[325]

Diese Angaben scheinen auf den ersten Blick nicht sonderlich zur gesanglichen Betätigung zu motivieren. Der Musikunterricht sollte demnach also in einem ersten Schritt zunächst seinen Gegenstand etablieren und als würdig für die Auseinandersetzung aufzeigen. Es geht um die Sensibilisierung für den Gegenstand selbst, aus dem eine begründete Stellungnahme folgen soll. Die Schüler und Schülerinnen sollen sich begründet mit Musik auseinandersetzen und erkennen, dass dieser Gegenstand ein kulturell sehr wichtiger ist. In einem weiteren Schritt sollen die Schülerinnen und Schüler das Tätigkeitsfeld näher kennenlernen und seine Möglichkeiten, aber auch Grenzen besonders mit Blick auf das Erfahren und Verstehen von Musik entdecken. Hier wird von einer möglichen Erfahrbarkeit der Musik gesprochen, aber eben hauptsächlich um der theoretischen Erkenntnis Genüge zu leisten. Auch im dritten Punkt geht es um

---

324   Lothwesen, Kai; Müllensiefen, Daniel: Vom Castingshow-Teilnehmer zum Star? Empirische Befunde zu den Urteilskategorien jugendlicher Musikhörer. In: Diskussion Musikpädagogik, 23, S. 11-18

325   Richtlinien und Lehrpläne für die Sekundarstufe II – Gymnasium/Gesamtschule in Nordrhein-Westfalen, Musik, hrsg. v. Ministerium für Schule und Weiterbildung, Wissenschaft und Forschung des Landes Nordrhein-Westfalen, Frechen 1999, S. 5

eine Funktionalisierung von Musik, hier dient sie nicht unmittelbar wissenschaftlicher Erkenntnis, aber sozialen Kompetenzen. Im Umgang mit Musik soll für das soziale Leben gelernt werden, dieses soll sozial und verantwortungsbewusst gestaltet werden. Das ist durchaus löblich und sollte Ziel der schulischen Ausbildung sein, doch benötigen wir für dieses Ziel tatsächlich den Musikunterricht? Liegt hier die Notwendigkeit einer musikalischen Bildung, um Sozialkompetenz zu vermitteln oder wissenschaftliche Erkenntnisse über ein „Kulturphänomen" in den Köpfen der Schülerinnen und Schüler zu etablieren? Analyse und Wissenschaft zeigen sich als wesentliche Bestandteile des Unterrichts, soziales Lernen als seine besondere Chance. Dies ist sicherlich auch in Hinblick darauf, dass manche Schülerinnen und Schüler keine Vorerfahrung mit Musik und Instrumentalspiel mitbringen, eine Angleichung und Möglichkeit, das Fach Musik zumindest versuchsweise chancengleich zu gestalten. Dennoch wird auf diese Weise Musik eben nur als „sinnhervorbringendes Kulturphänomen" betrachtet, was viel und wichtig ist, aber eben nicht alles. Im Umgang mit musikalischen Gegenständen kann jedoch vielmehr geschehen, so bietet dieser vielleicht Anknüpfungspunkte für eine Selbsterfahrung, bietet Identifikations- und Erfahrungsmöglichkeiten. Im eigenen Musizieren können Potentiale entdeckt und entwickelt werden. Diese Chance, die Musik und besonders eben das Singen bieten, wird häufig zu wenig ausgenutzt, beziehungsweise wird hierüber vielleicht zu wenig nachgedacht. Singen im Musikunterricht kann alle drei geforderten Punkte der Richtlinien erfüllen, eben in der Erfahrbarkeit des Gegenstandes und in der Erfahrbarkeit des Selbst. Durch die praktische Auseinandersetzung mit dem Gegenstand kann der Lernende direkt die Sinnhaftigkeit eines wahren Kulturphänomens erkennen, im Weiteren kann er die Chancen und Möglichkeiten, vielleicht auch die Grenzen des Faches erleben: Welche ungeahnten Möglichkeiten bietet mir das Fach? Was ist alles möglich und was ist nicht möglich, oder für mich (noch) nicht möglich? Und nicht zuletzt, um nun den dritten Punkt der Erläuterungen einzubinden, bietet das Singen und besonders das Singen in einer Gruppe, in einem Chor zahlreiche Möglichkeiten musikalischen Lernens, aber auch sozialen Lernens.

Hat man sich dann jedoch für den Gegenstand des Singens in der unterrichtlichen Praxis entschieden, kann es passieren, dass man auf den Widerstand der Schülerinnen und Schüler trifft. Diese sind es eventuell nicht gewöhnt zu singen, wenn dies in der Grundschule, im Elternhaus oder dem Kindergarten nicht praktiziert wurde. Dieses führt uns zur folgenden Frage:

3.2   Singen – eine zeitgemäße Beschäftigung für Jugendliche?

Anders könnte die Frage auch lauten: Mit welcher potentiell musikalischen Jugend haben wir es heute zu tun? Innerhalb des Mediums der Television ist besonderes Interesse an Castingshows wie „Deutschland sucht den Superstar", „Popstars", „The Voice of Germany", „X-Faktor" und „Das Supertalent" zu verzeichnen. Jugendliche begegnen hier vielleicht einem Teil der Jugendkultur des 21. Jahrhunderts. Sie erleben jedoch nur einen Ausschnitt, der mit realistischem Musizieren wenig zu tun hat. Die Shows der Fernsehbranche spiegeln weder die Realität wider noch dienen sie der Geschmacksbildung. Viele Dinge werden hier verschleiert, Menschen werden bewusst diffamierend behandelt, es geht um die voyeuristische Befriedigung des Zuschauers, welche die Einschaltquoten in die Höhe treibt. So beschreibt es auch Medienwissenschaftler und Kulturjournalist Alexander Kissler in der Welt: Menschen würden hier den Augen zum Fraß vorgeworfen.[326] Die Fähigkeit, diese Strukturen zu erkennen und ihnen entgegenzuwirken, besitzen die Jugendlichen selbst zum größten Teil noch nicht, auch wenn sie die musikalische Qualität des Dargebotenen durchaus in schlecht und gut einteilen können. Die Eltern der Kinder haben diese Fähigkeiten in manchen Fällen auch nicht, sodass die erste Sozialisationsinstanz dem nicht entgegenwirken kann.

Doch das in diesem Zusammenhang aufgebaute Weltbild der Jugendlichen kann an dieser Stelle durch die Aufklärung innerhalb des Musikunterrichts verändert werden. Worte allein helfen hier indes nicht. Es müssen Angebote erfolgen, die die Schülerinnen und Schüler schon früh an das eigene Musizieren heranführen, die schon früh ein Gehör entwickeln und den Kontakt zu ästhetischen Gegenständen herstellen. Denn über die eigene Musikpraxis wird auch ein Reflexionsvermögen in diesem Bereich hergestellt. Hierfür eignet sich das Singen aus bereits erwähnten und noch folgenden Argumenten besonders gut. Singen schult das genaue Hören, die eigene Leiblichkeit, das Selbstbewusstsein und so vieles, was schon benannt wurde und noch benannt wird. Und doch wird oft innerhalb der Schule und auch der Gesellschaft sehr wenig gesungen. Die *neue Musikzeitung* bespricht dieses Phänomen und stellt die Frage, ob es überhaupt angebracht und nicht vielleicht sogar anmaßend ist sich über das Singen und seine Rolle innerhalb der Gesellschaft – angesichts von allen anderen Prob-

---

326   http://www.welt.de/fernsehen/article13443763/Menschen-den-Augen-zum-Frass-vorgeworfen.html, 15.01.2013, 21:42Uhr

lemen der Menschheit – Gedanken zu machen.[327] Denn hat die PISA-Studie nicht deutliche Defizite in den schulischen Hauptfächern aufgezeigt? Ein Entgegenwirken, besonders auf kognitiver Ebene war dringend erforderlich. Musische Kompetenzen spielen in diesem Bereich keine Rolle. Dies sei, so die *neue Musikzeitung*, fatal:

> „Das Musische schlechthin mit seiner Idee der ganzheitlichen, ausgeglichenen und harmonischen Bildung und Ausbildung des Menschen trägt gehörig zur Lösung komplexer Probleme und Fragen bei. Es ergänzt und relativiert die kognitiven Wahrheiten mit Bereichen wie Übung des Empfindens, des Hörens, also der Sensibilisierung der Wahrnehmungen, des Gefühls für Zeit und Rhythmus, für Klang, Harmonie und Disharmonie."[328]

All diese Bereiche gehören notwendigerweise von Beginn an zum menschlichen Dasein. Im Singen finden sich diese Aspekte wieder.

Die Chorlandschaft scheint zu wachsen und sich zu erneuern. Auf der Website der Deutschen Chorjugend findet sich eine Aussage bezogen auf die schulische Entwicklung hin zur Ganztagsschule und zu den Auswirkungen auf die veränderten Lerndimensionen. Nun ist auf einmal doch die Rede von den positiven Effekten der ästhetischen Bildung. Auch wenn die Musik hier nicht als Mittel zum Zweck à la „Mozart macht schlau" hingestellt werden soll, sollten die positiven Nebenerscheinungen besonders des gemeinsamen Singens doch an dieser Stelle noch einmal Erwähnung finden:

> „Im Zusammenhang mit der Entwicklung der Ganztagsschulen wird die Bildung in Hinblick auf die kognitiven, sozialen, emotionalen, moralischen und ästhetischen Aspekte wissenschaftlich untersucht. Dem Singen wird in allen (!) Dimensionen eine fördernde Wirkung bescheinigt. Neben diesen Effekten eignet sich gemeinschaftliches Singen nach wie vor als Freiraum für eine nicht weiter normierte und normierende Persönlichkeitsentwicklung, wirkt präventiv im Hinblick auf soziales Verhalten und Gesundheit, macht einfach Spaß und bleibt ‚die eigentliche Muttersprache eines jeden Menschen' (Lord Yehudi Menuhin)."[329]

Allein diese Aussage Menuhins sollte auf die Frage, ob das Singen eine zeitgemäße Beschäftigung für Jugendliche sei, ausreichen. Dennoch ist das Singen

---

327 http://www.nmz.de/artikel/die-situation-der-chormusik-heute, 20.01.2013, 13:51 Uhr

328 http://www.nmz.de/artikel/die-situation-der-chormusik-heute, 20.01.2013, 13:51 Uhr

329 http://www.deutsche-chorjugend.de/positionen, 29.12.2012, 11:56 Uhr

besonders in der Schule kein selbstverständliches Instrumentarium. Die Probleme beim Singen entstehen meistens deshalb, weil die Schülerinnen und Schüler nicht mehr an das Singen gewöhnt sind. Im Folgenden wird dieser Bereich näher betrachtet.

3.2.1 Mögliche Hürden für das Singen in der Schule

Singen, menschliche Stimme, die zum Instrument wird, unterscheidet sich von allen anderen musikalischen Praktiken insofern, als Akteur und Instrument einander bedingen, ja sogar voneinander abhängig sind, denn sie sind untrennbar miteinander verbunden und füreinander nicht austauschbar. Pianisten etwa wechseln im Laufe ihres Lebens häufig ihr Instrument, spielen Konzerte auf den unterschiedlichsten Instrumenten. Andere Musiker trennen sich von ihren Instrumenten, wenn diese nicht mehr funktionieren, oder sie vielleicht ein besseres Instrument finden. Sänger haben diese Möglichkeit nicht, denn die Stimme des Menschen ist ihnen vom ersten Schrei an zugehörig. Die Stimme ist nicht austauschbar, sie ist nur ausbildbar. So ist sie an den Leib gebunden und wird nicht nur zu künstlerischen Zwecken verwendet. Sie ist ein natürliches, körpereigenes Instrument, welches in die psychophysische Ganzheit des Körpers eingelagert ist und eine anthropologische wie auch eine kulturelle Dimension besitzt.[330] Hierin liegt, wie Nimczik erläutert, ein dreifach dimensioniertes Topos, welches nicht zu unterschätzen ist: Erstens ist die Stimme allgemein zu betrachten. Sie artikuliert sich als bedeutsamer Laut in der Form des Bezeichnens oder Erläuterns. Zum Zweiten kann sie der Kundgebung dienen, was meint, dass durch die Stimme seelische Vorgänge ihren Ausdruck finden. Geht man einen Schritt weiter, so entdeckt man die dritte Dimension dieses Topos: Die Stimme muss als soziales Medium, als Möglichkeit der interkommunikativen Vermittlung von Sinn gesehen werden.[331] Diese Vielzahl an Möglichkeiten, die die Stimme hier liefert, aber auch fordert, ist nicht zu unterschätzen. Mit diesem vielseitigen Apparat können Schülerinnen und Schüler Musik machen. Sie haben die Chance, ihr Instrument zu entdecken. Häufig jedoch gerät man hierbei in eine intensive Auseinandersetzung mit dem Selbstgefühl, welches manche Schülerinnen und Schüler, gerade wenn sie sich in einer empfindsamen Altersstufe befinden, überfordert. Häufig sind die Jugendlichen nicht daran gewöhnt zu singen. Viele Lehrerinnen und Lehrer, viele Erzieherinnen und

---

330   Vgl. Nimczik 2002: a.a.O., S. 4f.
331   Vgl. Nimczik 2002: a.a.O., S. 5

Erzieher und nicht zuletzt viele Eltern singen mit ihren Kindern nicht mehr. In Gesprächen mit Erzieherinnen und Erzieher erfährt man, dass kaum 10% der Kindergartenkinder noch singen können. Dies ist sicherlich nicht allerorts der Fall, aber doch bleibt die Vermutung, dass schon hier teilweise der Fehler begangen wird, dass das Singen weder gefördert noch gefordert wird.

Die Erfahrungen mit der eigenen Stimme, die Anregungen zum Singen kommen kaum noch von Seiten der Eltern. Nimczik spricht hier von einer fehlenden „Grunderfahrung", die sich als Unlust zum Singen auswirkt und sogar eine ausdruckslose Körperlichkeit und ein leierndes, lallendes Sprechen zur Folge haben kann.[332] Die fehlende Ausrichtung in der Kindheit hat zur Folge, dass kein natürlicher Umgang mit der Stimme und dem eigenen Körper erworben wird.

Problematisch beim Singen in der Schule ist der häufig existierende Gruppenzwang. Die Schülerinnen und Schüler versuchen sich der Gruppe anzupassen und von dieser angenommen zu werden. Allzu viel preiszugeben, ist hier in den Augen der Schülerinnen und Schüler häufig gefährlich, und eben dies geschieht im Stimmgebrauch. Ein von mir im Musikunterricht häufig beobachtetes Phänomen zeigt, dass die Schülerinnen und Schüler sich weigern, sich ihren Mitschülern vokal zu offenbaren, wodurch sie sich selbst und ihrer Stimme noch fremder werden.

Ein weiteres Problem ist das Stimmideal. Schüler werden durch das Belcanto-Ideal häufig abgeschreckt, sie sehen ihr Ideal eher im Bereich der Pop- oder Rockmusik und einem dementsprechenden Gesang. Dem wird der Musikunterricht nicht unbedingt gerecht und so entsteht eine große Disparität zwischen den Ansprüchen der Schüler und der unterrichtlichen Bestrebung. Die Schülerinnen und Schüler merken, dass sie ihrem Pop- oder Rockideal nicht entsprechen können, da sie nur den innerhalb der Medien oft sehr manipulierten Klang kennen, ein Belcanto-Ideal ist ihnen aber noch fremder, da die Stimme der Schülerinnen und Schüler ja zumeist keineswegs ausgebildet ist. In der Grundschule besitzen die Kinder häufig diese Hemmungen noch nicht. Sie haben noch keine festgelegten Vorstellungen, ein Stimmideal betreffend und sind noch offen für die unterschiedlichen Musikrichtungen. Das Musikmachen und Ausprobieren unterschiedlicher Instrumente und Stile steht hier im Vordergrund. An weiterführenden Schulen sieht dies jedoch anders aus.

Die Schülerinnen und Schüler erkennen nicht immer die Chancen, die im gemeinsamen Singen liegen können, sie schämen sich und auch wenn das gemeinsame Singen Spaß machen könnte, sind sie doch gehemmt, da sie viel-

---

332 Nimczik 2002: a.a.O., S. 5

leicht eine Blamage beim Singen erfahren könnten, es ihnen womöglich zu persönlich erscheint. Singen scheint jedoch, wie in den Experteninterviews ersichtlich, ein Gegenstand zu sein, der für die Schülerinnen und Schüler von Beginn an eine Rolle spielen sollte und zum Schulalltag dazugehören könnte. Zahlreiche Konzeptionen wurden aus dieser Erkenntnis heraus bereits entwickelt und werden an unterschiedlichen Grundschulen eingesetzt.

3.2.2 Mögliche Potentiale des Singens in der Schule oder die Kunst der Schule

Nachdem nun hinreichend mögliche Hürden und Probleme mit dem Singen in der Schule dargestellt wurden, richtet sich das Augenmerk nun auf die allgemeinen Vorteile einer an den ästhetischen Bildungsgedanken anknüpfenden Schulpädagogik. Eckart Liebau spricht von „der Kunst der Schule". Die Verbindung zwischen den Künsten und der Schule ist nämlich eine im weitesten Sinne pädagogische. Kunst, Musik und weitestgehend auch Sport, Religion und Literatur gehören dem Fächerkanon der Schulen an. Alles, was sich also in der Schule in diesem Bereich vollzieht, geschieht im geschützten Raum der Schule. Oder wie Liebau sagt:

> „Alle künstlerische Aktivität in der Schule, ob produktiv oder rezeptiv, bezieht ihren Sinn und ihre Legitimation aus der schulischen Rahmung und deren Zwecken. Sie zielt nicht auf die Ausbildung von Künstlern, sondern auf künstlerisch-kulturelle Allgemeinbildung als Laienbildung. Sie zielt darauf, Kindern und Jugendlichen einen eigenen Zugang zur Kunst zu verschaffen und damit zu ihrer Bildung beizutragen."[333]

Festzuhalten wäre also, dass ein Anliegen der Schule das Anbahnen eines ästhetischen Bildungsprozesses ist. Wobei mit Bildung hier sowohl Praktisches wie auch theoretische Aspekte gemeint sind. Nach Liebau ist es die Aufgabe der Schule, einen Weg zu den Künsten zu bahnen. Ein Zugang soll geschaffen werden und Schülerinnen und Schüler sollen künstlerisch-kulturell gebildet werden, auch wenn dies nur auf einer Laienebene bleibt. Entscheidend sind nicht die „qualifikatorischen Nebenwirkungen", welche sicherlich zu begrüßen sind, aber schwerpunktmäßig gilt es die „kunstspezifischen Bildungsmöglich-

---

333 http://www.paedagogik.phil.uni-erlangen.de/mitarbeiter/liebau/Kunst-der-Schule.pdf: Liebau, Eckart: Die Kunst der Schule, Essen, 12.10.2007, 13.01.2013, 15:30 Uhr

keiten", für die Schüler offenzulegen.[334] Dies, so steht es auch in den Richtlinien, sollte ein wesentliches Ziel der Schule sein, welches viel mit Erziehung zur Mündigkeit zu tun hat. Die Schüler erhalten so im Singen, ob gemeinsam oder allein, die Möglichkeit in jeglicher Form – angeleitet und durch einen Lehrer geführt – vieles auszuprobieren, ihre eigene Stimme für sich auszuschöpfen, zu prüfen. Der Lehrende ist hier für die Inszenierung etwaiger Erprobungs- und Erfahrungsräume zuständig.

Für Liebau stellt sich Pädagogik im Sinne der Handlung des Lehrenden als Kunst dar. Er ist sich darüber bewusst, dass es viele Ansätze gibt, Pädagogik zu verwissenschaftlichen. Auch auf aktuelle Tendenzen wie Hirnforschung, wissenschaftsorientierte, kognitive Kompetenz, wie zum Beispiel PISA sie fordert, weist er hin. Der Lehrende muss jedoch weitaus mehr Kompetenz besitzen als fachliche oder wissenschaftliche. Er muss spontan handeln können, mit viel Herz und Liebe bei der Sache sein, er benötigt Gestaltungssinn und eine differenzierte Wahrnehmung. Dies alles, so bemerkt Liebau richtig, sind wesentliche Merkmale, die den Künsten zuzuordnen sind. Allein deshalb schon ist es legitim die Pädagogik als Kunst zu betrachten:

> „Es liegt allein daher schon nahe, das Tun des Lehrers als praktische Kunst aufzufassen, für die die auch, aber keineswegs nur wissenschafts-, sondern auch erfahrungsbasierten fachlichen und pädagogischen Qualifikationen natürlich wichtig sind, für die aber mindestens so entscheidend die persönlichen Dispositionen und Haltungen des Lehrers sind."[335]

Mit dieser Erkenntnis scheint es sinnvoll die künstlerischen Aspekte auch in die Lehrerausbildung einzubeziehen. Liebau gibt an, dass diese Gedanken keine neuen sind. Sie kommen vielmehr schon in den alten Pädagogischen Hochschulen von 1920 vor. Hier scheinen sie wiederum sehr aktuell. Liebau stellt fest: „Pädagogik fordert Phantasie, nicht nur Technik".[336]

Für den Kunstunterricht, formuliert Liebau, sei es wichtig, den Schülern, die als Anfänger und Laien auf dieses Fach treffen, eine Möglichkeit differenzierter Wahrnehmung, des eigenen Ausdrückens und Gestaltens zu bieten. Im bestmöglichen Falle soll dies nicht nur in den Künsten geschehen, sondern auch im Allgemeinen. Matthias Winzen drückt dies so aus, dass die Künste die differenzierteste Form der „Wahrnehmung der Wahrnehmung" bieten und somit

---

334 Liebau 2007: a.a.O., S. 5
335 Liebau 2007: a.a.O., S. 7
336 Liebau 2007: a.a.O., S. 8

schon allein pädagogisch legitim und notwendig werden.[337] Diese Argumenta-tionsform findet sich auch in vielen anderen Ansätzen wieder. Liebau leitet daraus Folgendes ab:

> „Das zentrale pädagogische Ziel des Kunstlehrers muss also in der Bil-dung der Schüler durch und zur Kunst liegen."[338]

Schülerinnen und Schüler können so den Künsten näherkommen und diese für sich erobern. Besonders in der leibseelischen Erfahrbarkeit des eigenen Singens wird dieser Prozess angeregt. In dem Moment, wo das Singen in der Schule zum Gesang wird, sich also ein Akt des freien, intrinsischen, durch die Kunst selbst motivierten Schaffens ereignet, löst die Schule sich von alleinig pädago-gischen Zielen und strebt nach künstlerischen Zielen. Dies kann nur gehen, wenn der Lehrende, die Fähigkeiten und Fertigkeiten der Schülerinnen und Schüler im künstlerischen Bereich so ausbaut und nutzt, dass sie in ein Werk einfließen können.[339] Ein Beispiel hierfür kann eine Schulchoraufführung sein, eine Kindermusical-Aufführung oder eine freie Vokalimprovisation mit Kin-derstimmen. Ebenfalls kann es sich sehr fruchtbar auswirken, wenn Schüler mit Künstlern in Verbindung kommen, da diese den Schülern durch ihre Weltsicht neue Welten eröffnen: Ideen ernst nehmen, einen wachen Geist mitbringen und hinschauen. Außerdem besitzen sie die ausreichende Distanz zur Schule, als Institution.[340] Besonders bezogen auf das Singen ist es immer wieder eine be-sonders spannende Erfahrung, wenn Schülerinnen und Schüler mit professio-nellen Sängerinnen und Sängern zusammenarbeiten, von diesen lernen, Vokal-praxis imitieren und ihnen so neue Wege im Stimmgebrauch eröffnet werden.

> „Hier sind die Musen nicht Mägde, sondern Musen. Sie sind selbst das Ziel. Hier dienen nicht die Musen der Schule und den Schülern, sondern die Schule und die Schüler dienen den Musen: die Schule als große Magd."[341]

Und auf diese Weise werden dann auch die Schüler Teil dieser Kunstentwick-lungsprozesse, Teil der Kunst und selbst Künstler. Ein Resultat, welches viele

---

337   Winzen, Matthias: Eine eigene Form der Wissenschaft: Kunst. In: Bilstein, Johannes et al. (Hrsg.): Curriculum des Unwägbaren. Ästhetische Bildung im Kontext von Schule und Kultur. Oberhausen 2007, S. 133-156
338   Liebau 2007: a.a.O., S. 10
339   Vgl. Liebau 2007: a.a.O., S. 10f.
340   Vgl. Liebau 2007: a.a.O., S. 11ff.
341   Liebau 2007: a.a.O., S. 13

der pädagogischen und schulischen Ziele verbindet und der Schule ein neues Gesicht verleiht.

3.3 Konzeptionen gesangspädagogischer Arbeit an Schulen

Aus den vorangestellten Ausführungen zum Singen einerseits und zur ästhetischen Bildung andererseits ist deutlich geworden, dass das Singen in der Schule vermittelt über die ästhetische Erfahrung enorme Potentiale für die ästhetische Bildung birgt. Ästhetische Bildung strebt Formen der Bildung durch kulturelle Aktivitäten, Wahrnehmungsformen, Befähigung zu körperlichen Bewegungsabläufen und zur ästhetischen Urteilskraft an.[342] Singen ist somit ein würdiger Mittler ihrer Bemühung, da es alle Aspekte beinhaltet. Das Singen besitzt all diese Ausdrucksformen und Potentiale und darüber hinaus noch weitere. Bei der Vokalerziehung vollziehen die Schülerinnen und Schüler ästhetische Erfahrungen aus erster Hand, „nicht aus zweiter via Medien".[343] Jeder ist auf einmal in der Verantwortung, weil er selbst Instrument ist und dieses Instrument auch noch betätigt. Die Arbeit mit der Stimme ist in hohem Maße direkt und unmittelbar für den Menschen. Sie erfordert ständige Reflexion und Selbstwahrnehmung. Pachner bezeichnet die Vokalpädagogik als „unmittelbarste, direkteste Art der Musikvermittlung".[344] Die Schülerinnen und Schüler setzen beim Singen nicht nur kognitive Lernressourcen frei, sondern müssen sich intuitiv und erforschend mit ihrem körperlichen Material auseinandersetzen. Sie sind dazu angehalten eine sinnliche Wahrnehmung zu trainieren und zu entwickeln.

In den letzten Jahren ist das Klassenmusizieren an Schulen zu einer aktiven Praxis geworden. Konzepte wie „Jedem Kind ein Instrument" sind mittlerweile allseits bekannt und stehen unterschiedlich bewertet und zum Teil auch schon wissenschaftlich evaluiert in der Öffentlichkeit. Dies gilt nicht nur für den Bereich der Streich- und Blasmusik. Auch gesangspädagogische Konzepte haben sich entwickelt und werden mit Stimmbildungskonzepten, Singe- oder Chorklassen an Schulen realisiert. Die Staatskanzlei NRW veranstaltete in Zusammenarbeit mit der Musikschule der Stadt Neuss und der Westfälischen Schule für Musik Münster bereits am 25. Juni 2009 eine Tagung zum Thema „Singen in der Grundschule", die im Rathaus der Stadt Neuss abgehalten wurde. Schon im Grußwort Angelika Quiring-Perls, der stellvertretenden Bürgermeisterin der Stadt, wurde deutlich, dass es auch auf politischer Ebene mittler-

---

342 Vgl. Liebau 2007: a.a.O., S. 9
343 Pachner 2004: a.a.O., S. 25
344 Pachner 2004: a.a.O., S. 25

weile erkannt wurde, „dass Musik zuallererst ein Wert an und für sich ist – ohne Begründungen wie ‚[…] macht schlau, macht sozial, macht glücklich […]' –, dass Musik eine zutiefst im Menschen begründete Ausdrucksform ist, und dass Musik im deutschsprachigen Raum, in Europa und weltweit ein besonders wichtiges Kulturgut ist".[345] Diese einleitenden Worte zeigen, dass sich ein allgemeiner Wandel in der öffentlichen Wertschätzung kultureller und musischer Projekte vollziehen könnte und in manchen Punkten wohl schon vollzogen hat.

Seit einigen Jahren entwickelt sich ein Trend hin zu Projekten, die das praktische Musizieren an Schulen fördern und neu entwickeln. Die Projekte erhalten auch eine intensive finanzielle Unterstützung. Reinhard Knoll, der Musikschulleiter, spricht sogar von einer grundlegenden Neustrukturierung der musikpädagogischen Landschaft und von starken und vielfältigen Impulsen, die von den Projekten ausgingen.[346] Er betont dabei drei wesentliche Komponenten: die Öffnung von Schulen, die Qualifizierung und die Stärkung von Fachlichkeit. Wie dies im Einzelnen aussieht, ist bei den Projekten ganz unterschiedlich aufzufinden.

Die Öffnung von Schulen zieht sich durch alle Projekte und stellt ein Bindeglied zwischen den Schullehrern und den Fachlehrern, die von außerhalb kommen, her. Es soll im besten Falle eine fruchtbare Zusammenarbeit zwischen den Lehrern entstehen. Der Einsatz von Fachkräften erscheint sinnvoll, weil viele Musiklehrer der Grundschulen häufig fachfremd unterrichten und auch die Musiklehrer zumeist nicht gesangspädagogisch ausgebildet sind. Knoll sieht die Schule als geeigneten Raum für musikalische Bildung. Er bemerkt:

> „Wenn Kinder nicht mehr zum Singen kommen, dann muss das Singen zu den Kindern kommen. Zu allen Kindern!"[347]

In den Schulen sind die Schülerinnen und Schüler zu erreichen, sie ist deshalb für die Verwirklichung dieses Ziels sehr wichtig. Was geschieht im Prozess der gesangspädagogischen Bildung nun aber? Knoll nennt den Prozess die Qualifizierung. Ergibt Auskunft darüber, dass es hierbei nicht um das Beseitigen von

---

345 Quiring-Perl, Angelika: Grußwort. In: Singen in der Schule. Tagungsdokumentation, Hrsg.: Stadt Neuss, der Bürgermeister, Musikschule, Reinhard Knoll, Redaktion: Dr. Annekatrin Schaller, 1. Auflage Oktober 2009, Neuss 2009, S. 6

346 Knoll, Reinhard: Vorwort. In: Singen in der Grundschule. Tagungsdokumentation, Hrsg.: Stadt Neuss, der Bürgermeister, Musikschule, Reinhard Knoll, Redaktion: Dr. Annekatrin Schaller, 1. Auflage Oktober 2009, Neuss 2009, S. 8

347 Knoll 2009: a.a.O., S. 8

Defiziten, sondern um Weiterentwicklung, Erfahrungen und Erwerb von Kompetenzen geht.[348] Besonders die Erfahrung und die persönliche Weiterentwicklung erscheinen hier als die eigentlichen Potentiale. Kompetenzerwerb und das Erwerben von Schlüsselqualifikation sind wiederum ein positives Nebenprodukt.

Knoll betont außerdem die Stärkung von Fachlichkeit als wesentliches Ziel der Projekte. Fachlichkeit soll hier Sicherheit im Umgang mit Schülern unterschiedlicher Schichten und Elternhäuser bieten.[349] Dieser Aspekt ist besonders in Bezug auf die Qualität der Projekte absolut übergeordnet, denn es soll nicht nur irgendetwas gemacht werden, es sollen Potentiale bestmöglich geweckt und gefördert werden und die große Chance, die im gemeinsamen Musizieren für den Menschen und die Gruppe liegt, erkannt und umgesetzt werden. Denn, und dies hat man für alle Projekte bereits erkannt:

> „Gemeinsam ist allen Initiativen das Wissen darum, dass die Stimme und der Körper wunderbare, allen verfügbare ‚Medien‘ sind, mit denen wichtige musikalische Erfahrungen gesammelt werden können und mit denen in ausdifferenzierter Form die Erlebnis- und Ausdruckswelt Musik erschlossen werden kann.“[350]

Im Folgenden sollen beispielhaft einige aktuelle gesangspädagogische Projekte und Konzepte betrachtet werden. Auffällig ist hierbei allerdings, dass es mittlerweile eine Vielzahl an Projekten und Konzeptionen für den Primarbereich gibt, jedoch zumindest in Nordrhein-Westfalen kaum Projekte für die Sekundarstufe I oder II existieren. Auf der Tagung „Singen in der Grundschule" wurden entsprechend nur Konzepte aus dem Primarbereich vorgestellt: Primacanta, Jedem Kind seine Stimme – Singende Grundschulen, Chor:klasse!, SingPause, Toni in der Schule im Singförderprojekt Toni, SMS – Singen macht Sinn und Jedem Kind seine Stimme sind die Namen der einzelnen Sing-Projekte an den Grundschulen. Die Konzepte sind zwar zum Teil unterschiedlich, dennoch verfolgen alle Konzepte eine Grundmusikalisierung der Schülerinnen und Schüler.

Um einen Einblick in das unterschiedliche gesangspädagogische Arbeiten an Schulen zu liefern, werden nun nach den Erklärungen zum methodischen Vorgehen einige der genannten Projekte vorgestellt.

---

348   Knoll 2009: a.a.O., S. 9
349   Knoll 2009: a.a.O., S. 9
350   Knoll 2009: a.a.O., S. 8

3.4 Methodisches Vorgehen

Die Experten im gesangspädagogischen Bereich kamen bereits zu Wort. Die unterschiedlichen Biografien, die Didaktik und Methodik der Gesangslehrenden, aber auch die Gemeinsamkeiten wurden für die vorliegende Arbeit bereits fruchtbar gemacht. In einem weiteren Schritt werden nun einige Gesangspädagoginnen und Gesangspädagogen gesondert zu speziellen Projekten befragt. Das Augenmerk richtet sich nun auf gesangspädagogische Konzeptionen innerhalb der allgemeinbildenden Schulen. Fünf Konzepte sollen im Folgenden näher betrachtet werden.

In den durchgeführten Interviews mit den Gesangspädagoginnen und Gesangspädagogen der vorzustellenden Konzeptionen wurde ersichtlich, dass die unterschiedlichen Gesangspädagogen und Initiatoren der Konzepte für die Durchführung der Konzepte Schlüsselpersonen sind. In den Interviews wurde ein starker Personenbezug deutlich. Anhand von Leitfadeninterviews wurden die einzelnen Projektleiter und Gesangspädagogen befragt. Hierfür entschied ich mich wiederum, da die Leitfadeninterviews erfolgversprechend, einerseits auf die Ansprache unterschiedlicher Themen, die durch „das Ziel der Untersuchung und nicht durch die Antworten des Interviewpartners bestimmt" sind, und andererseits weil es in den Projektbeschreibungen darum geht, möglichst viele Informationen zu den Projekten herauszufiltern und zu erheben.[351]

Ziel der Befragungen sollte nicht nur sein, die unterschiedlichen Konzepte kennenzulernen und miteinander zu vergleichen, sondern vielmehr über die mit ihnen verbundenen Personen eine Innenansicht der Konzepte zu erlangen. Bei manchen Befragungen wurde sehr schnell ersichtlich, dass der Aufbau der Konzeptarbeit eng an die Biografie seines Initiators geknüpft und aus dieser erwachsen war. Es galt hier Fragen zu entwickeln, die sowohl über den Gesangspädagogen und sein spezielles Konzept Antworten erwarten ließen, wie auch solche, die Auskunft über seine Einschätzung und Wertschätzung zum Singen in der Schule erwarten ließen. Zunächst sollte das Vorgehen, ähnlich wie bei den Individualkonzepten der Gesangspädagogen, aussehen. Dies jedoch schien zu weit von den eigentlichen Konzepten wegzuleiten. Der Fokus musste also stärker in Richtung des Konzeptes gelenkt werden.

Zwar wurden die Interviews anhand ähnlicher Kategorien untersucht, die Verarbeitung des Materials wurde jedoch modifiziert. Im Endeffekt sollen hier folgende fünf Kategorien betrachtet werden:

---

351   Gläser, Laudel 2010: a.a.O., S. 111

1. Persönlicher Hintergrund: Auffälligkeiten in der eigenen Sängerbiografie, Bezug zum Singen
2. Projektleitung/Arbeit für das Projekt: gesangspädagogische Arbeit, Projektarbeit
3. Einschätzung der Projektarbeit: Vorteile/Nachteile der Konzeption aus Sicht des Lehrenden, besondere Förderung der Lernenden durch das Konzept
4. Singen als besondere Förderung: Potentiale des Singens für Schülerinnen und Schüler
5. Singen als ästhetische Bildung: ästhetische Bildungspotentiale im Singen, Beitrag des Singens zur ästhetischen Bildung

Im Folgenden werden also keine Darstellungen und Vergleiche der Gesangspädagogen folgen, sondern eine Darstellung der unterschiedlichen Konzepte von innen heraus, nämlich aus Sicht der Gesangspädagogen. Zu Beginn der Konzeptbeschreibung werden die Ergebnisse der Interviews, besonders die biografischen Besonderheiten der Projektinitiatoren und Gesangspädagogen herausgestellt und mit den allgemeinen Projektinformationen verknüpft. Am Ende der Projektdarstellungen erfolgt dann ein Vergleich der Projekte und gesangspädagogischen Vorgehensweisen.

Die hergestellten Transkripte wurden durchnummeriert und mit Buchstaben zur Kenntlichkeit versehen. So bedeutet beispielsweise B 110, dass aus dem Transkript B die Zeile 110 zitiert wird.

3.5 Gesangspädagogische Arbeit in der Schule an Beispielen, Innenansichten von Gesangskonzeptionen

Im Folgenden werden unterschiedliche gesangspädagogische Konzeptionen und Unterrichtsformen an Schulen vorgestellt. Die Konzepte wurden hinsichtlich ihrer Ziele, ihrer Schwerpunkte und Methoden, aber auch bezüglich ihrer Erfolge untersucht. Hierzu wurden bereits vorhandene Evaluationen, Projektinformationen von Tagungen oder Informationsmaterial zu den Projekten einbezogen. Zudem fanden Interviews mit den Gesangspädagoginnen und Gesangspädagogen sowie den Projektleitern beziehungsweise den Projektinitiatoren statt. Die Eindrücke der Projektarbeit wurden durch jeweilige Hospitationen und Videomaterial verstärkt. Die Erkenntnisse über Gemeinsamkeiten in der gesangspädagogischen Arbeit, methodische oder pädagogische Erfolge sowie positive Nebeneffekte der Projekte werden für die Rahmenkonzeption einer schulischen Gesangspädagogik, die am Ende dieser Arbeit stehen wird, wegweisend sein.

Zu Beginn der Darstellungen erfolgt eine Innenansicht der Projektarbeit, die durch ein ausführliches Interview mit den Hauptverantwortlichen und Hospitationen ermöglicht wurde. Es folgen Projektbeschreibungen und ein Einblick in die unterrichtliche Umsetzung des jeweiligen Projektes. Am Ende eines jeden Interviews wurde mit den Befragten über den Beitrag des Projektes und des Singens allgemein in Hinblick auf die ästhetische Bildung gesprochen.

3.5.1 Jedem Kind seine Stimme

„Jedem Kind seine Stimme" lautet der Titel zweier Projekte, die unabhängig voneinander in zwei Städten Nordrhein-Westfalens stattfinden. Eines der Projekte, „JEKISS – Singende Grundschulen in Münster", fördert momentan 5.600 Grundschüler von insgesamt 28 Münsteraner Grundschulen. Durchgeführt wird das Projekt von der Westfälischen Schule für Musik der Stadt Münster. Ebenso durch die Musikschule organisiert ist das Projekt „Jedem Kind seine Stimme" in Neuss (JeKiSti). An diesem Projekt nehmen alle Grundschulen von Neuss teil. Im Rahmen der vorliegenden Arbeit fanden Interviews mit den Projektleitern und mit Gesangspädagogen statt. Beide Projekte sollen im Folgenden dargestellt und am Ende in einer Auswertung aller Projekte verglichen werden.

3.5.1.1 *Innenansichten des Projektes JEKISS – Singende Grundschulen in Münster – Perspektiven der Projektinitiatorin*

Das Projekt „JEKISS – Singende Grundschulen in Münster" wurde in den Jahren 2007 bis 2010 von der Westfälischen Schule für Musik der Stadt Münster erfolgreich umgesetzt. Seither ist es als pädagogisches Programm nachhaltig und dauerhaft in Münster verankert.

Das pädagogische Konzept JEKISS stammt von Inga Mareile Reuther. Sie ist Diplompädagogin für Klavier, Gesang, Elementare Musikerziehung und gleichzeitig Mitglied der Schulleitung der Westfälischen Schule für Musik der Stadt Münster. Sie entwickelte das Multiplikationsmodell im Rahmen ihrer Unterrichtsschwerpunkte Musiktheater und Kinderchorarbeit. Sowohl die Bausteine des Konzeptes als auch das dafür eingesetzte Liedgut sind das Ergebnis einer fast zehnjährigen Erprobung. Reuther konnte ihre Erfahrungen an insgesamt fünf Grundschulen und mit wöchentlich jeweils vierzehn Schul- und Musikschulchören sammeln und wählte für das Projekt nur Übungen und Lieder aus, die sich bei allen Gruppen bewährt hatten. Im Interview beschreibt sie, dass sie im Rahmen ihrer Bezirksleitung für die Westfälische Schule für Musik in einem sozialen Brennpunkt in Münster bereits seit 1998 mit Kindern arbeitete. Da die Kinder hier nachmittags nicht den Weg in die Stadtteilmusikschule fanden, lockte sie diese mit Musicalproduktionen in die Welt des Singens und Musizierens. Die dafür erforderliche Kinderchorarbeit legte sie in Randstunden innerhalb des Schulvormittags direkt vor Ort in der Schule selbst.

Bei der Arbeit mit den Schulchören fiel ihr auf, dass die Chorschülerinnen und -schüler „sehr große Freude am Singen hatten und sich durchweg mit dem Liedgut identifizierten".[352] Sie beschreibt, dass sich die Kinder in ihrem Verhalten positiv entwickelten und sich in Chorstunden sehr schnell ein Gefühl von Gemeinschaft entwickelte:

> „Introvertierte Kinder fanden über diesen Weg schnell die Möglichkeit, aus sich heraus zu kommen, hyperaktive Kinder integrierten sich von ganz allein in die Gruppe."[353]

Diese positiven und effektiven Erfahrungen nahm sie schließlich zum Ausgangspunkt für die Konzeptentfaltung und versuchte die erfahrene Wirkung zu potenzieren. 2003 unternahm sie zum ersten Mal den Versuch, eine ganze Grundschule zu „musikalisieren", weitere kamen hinzu. 2005 hatte sie das gesamte Konzept schließlich ausgearbeitet und führte es an einer Schule zum ersten Mal so durch, wie es heute umgesetzt wird (vgl. A 101-102). Im Interview beschreibt Reuther, wie ihr das Singen selbst im frühkindlichen Alter geholfen hat. So war sie ein Kind, das erst mit vier Jahren sprach. Mit dem Eintritt in den Kindergarten begann sie sehr schnell ihr Defizit nachzuholen, weil hier täglich mit den anderen Kindern und Erzieherinnen im Kreis stehend gesungen wurde (vgl. A 4-10).

Eine Erfahrung, die für sie nicht beispielhafter und einprägsamer sein könnte. Bis heute scheint sie sehr motiviert und inspiriert von der Kraft und dem Glücksgefühl, welches das Singen hervorruft. Singen war für ihr Leben von Anfang sehr wichtig, es war ein fester Bestandteil von Familienritualen. So sang man beim Spülen des Geschirrs oder beim Autofahren (vgl. A 18-20). Sie beschreibt, dass ihr diese ursprünglichen Erfahrungen in Kindergarten und Familie während des Studiums zwar nicht mehr präsent waren, sie aber wieder

---

352   Knoll, Reinhard: Singen in der Grundschule. Tagungsdokumentation, Hrsg.: Stadt Neuss, der Bürgermeister, Musikschule, Reinhard Knoll, Redaktion: Dr. Annekatrin Schaller, 1. Auflage Oktober 2009, Neuss 2009, S. 19

353   Knoll 2009: a.a.O., S. 19

in ihr Gedächtnis kamen, als sie anfing in dem besagten sozialen Brennpunkt in Münster zu arbeiten. Sie bemerkte, dass dort kaum Musik gemacht wurde, keiner sang und fast keiner ein Instrument spielte. Man arbeitete auch in der Schule nur mit Musikaufnahmen, die falsche Singvorbilder, meist aus den Bereichen des Mainstreams oder populärer Kinderliedermacher in oft zu tiefer Singlage, vorgaben (vgl. A 26-29). So beobachtete Reuther, dass die Kinderstimmen in ihren Potentialen und Vorzügen nicht gefordert wurden. Fast alle Lieder wurden in tiefer Erwachsenen-Singlage gesungen, viele Kinder sangen entweder zu laut oder tonal unsauber. Reuther glaubte daran, dass man auch diese Kinder für das „schöne Singen" gewinnen könnte. Sie stellte sich eine entscheidende Frage: „*Wie kann ich den Kindern einen Ohrwurm vermitteln, so dass sie diesen zu Hause die ganze Woche über intrinsisch motiviert singen?"* (A 36-38) Sie gründete zunächst in den Schulen einen Schulchor. Das war ihr jedoch zu wenig, denn „*der Funke sprang nicht auf die Schule über*". (A 50) Nur die Chorschülerinnen und -schüler sangen engagiert, die restlichen Schülerinnen und Schüler jedoch nicht. Bei einem Schulfest gab es schließlich ein entscheidendes Erlebnis, als plötzlich die ganze Schulgemeinde in den Refrain eines bekannten Stückes einstimmte. Zum ersten Mal waren alle von der Atmosphäre des gemeinsamen Singens so begeistert, dass dies einvernehmlich mit den Lehrkräften und der Schulleitung ausgebaut werden sollte. Reuther entwickelte also die Idee, den Lehrkräften das Liedgut zur Verfügung zu stellen. Diese sollten die Lieder dann mit Unterstützung der einzelnen Chorkinder möglichst täglich mit allen Kindern der Klasse gemeinsam singen (vgl. A 57-61). Sie merkt im Interview an, dass davon auszugehen sei – wie auch schon von den anderen Gesangspädagogen bestätigt –, dass nur noch wenige Eltern mit ihren Kindern sängen. Deshalb sieht sie „die einzige Chance, dass Kinder wieder zu der Kulturtechnik Singen Zugang finden, darin, dass externe Musikpädagoginnen und Musikpädagogen Singen in die Schulen bringen und natürlich mit den Grundschullehrkräften zusammenarbeiten. Denn nur diese gehen täglich mit den Kindern um (vgl. A 72-73). Ein sehr wichtiger Aspekt war laut Reuther dabei, den Lehrkräften Mut zu machen, mit Schülerinnen und Schülern wirklich in „*kindgerechter Tonhöhe*" zu singen. (A 83) Dieses sei die einzige Möglichkeit, das kindliche Stimmorgan in vollem Umfang zu entwickeln und damit eine vollwertige Singkompetenz zu erreichen.

Im Jahr 2007 startete durch die Initiative von Prof. Ulrich Rademacher das Pilotprojekt der Westfälischen Schule für Musik der Stadt Münster. Ab dieser Zeit bildete Reuther auch die ersten Chorleiter aus (vgl. A 102-104). Diese begannen zusammen mit ihr die mittlerweile 28 singenden Grundschulen zu betreuen. Die intensive Arbeit mit den Lehrkräften ist ein spezifisches Merkmal des Münsteraner Konzeptes. Hier wird von Beginn an Wert darauf gelegt, dass die Grundschullehrkräfte als Multiplikatoren fungieren. Entsprechend hoch ist der Projektaufwand. Die JEKISS-Chorleiterinnen, meist Gesangspädagogen, unterrichten nicht nur die Chorkinder, sie bilden auch die Grundschullehrkräfte fort. Von der Idee bis zur Ausführung lag ein weiter Weg: Doch letztlich konnten mit diesem Modellprojekt der Westfälischen Schule für Musik der Stadt Münster weit über 60% der Grundschulkinder mit einem musikalischen Basisangebot erreicht werden. Insgesamt 5.600 Kinder singen seither täglich mit ihren Klassenlehrkräften und treffen sich mit ihrer Schulgemeinschaft zu regelmäßigen Singtreffen, die die Schulen zu den besonderen „singenden" Grundschulen machen. Im Folgenden werden die Projektziele zusammengefasst dargestellt.

3.5.1.2 *Projektbeschreibung und Projektziele*

Grundsätzlich versucht das Projekt JEKISS neben der Grundmusikalisierung der Schülerinnen und Schüler auch einen Ausgleich, ein Gegengewicht zum Schulalltag, der stark von kognitiven Anforderungen geprägt ist, zu bieten.[354] Durch die Beschäftigung mit der eigenen Stimme wird der Schwerpunkt von rein kognitiven Lernprozessen auf die physischen Erfahrungen gerichtet. Das synästhetische Wahrnehmen, die Körperarbeit und Schulung der Stimmfunktion – vermittelt über die eigene, leibliche Erfahrung – ist für die Schülerinnen und Schüler neu. Das tägliche Singen zwischen Fächern wie Rechnen und Schreiben soll als eine Art musikalische „Grundnahrung" verstanden werden. Darüber hinaus wird durch das Auswendigsingen des Liedrepertoires die Gedächtnisleistung gestärkt. Die Bewegungen schulen die Motorik und Koordination der Schülerinnen und Schüler und veranlassen natürliche Bewegungsimpulse.[355]

Das Konzept bezieht also den Singenden in seiner psychophysischen Gesamtheit ein. Auf der Internetseite des Projektes findet sich das erklärte Ziel des Projektes: Jedes Kind soll mit Gesang erreicht werden, unabhängig von sozialen und kulturellen Unterschieden, unabhängig auch vom Bildungsstand. Denn, so wird direkt herausgestellt, Singen kann kulturelle Identität stiften und fördert

---

354   Knoll 2009: a.a.O., S. 20
355   Knoll 2009: a.a.O., S. 20

den interkulturellen Dialog.[356] Zudem benötigen die Kinder weder Instrumente noch Instrumentalunterricht, um in die Welt der Musik einzusteigen. Sie erhalten durch das gemeinsame Singen und die Teilnahme an dem Projekt eine „vollwertige Grundmusikalisierung", an die weitere musikalische Aktivitäten anschließen können.

Tatsächlich ist es mit diesem Modell möglich, dass 100% aller Grundschulkinder, also jedes Kind, mit einem elementaren Angebot musikalischer Bildung erreicht werden.[357] Jede Schülerin und jeder Schüler bekommt – unabhängig vom kulturellen oder sozialen Hintergrund – das gleiche Unterrichtsangebot, welches in einer umfassenden Basismusikalisierung besteht. Das Konzept beschreibt, dass regelmäßig singende Kinder ein Gefühl für Form, Metrum und Rhythmus bekommen und Singen deshalb auch gute Voraussetzungen für ein Instrumentalspiel jeglicher Art bietet. Das Singen wird als ursprünglich-elementare Ausdrucksform des Menschen angesehen.

Dadurch, dass nicht nur Kinderchorarbeit geleistet wird, sondern die ganze Schulgemeinde musikalisiert wird und die Lehrer fortgebildet werden, wird das Singen als fester Bestandteil innerhalb der Schulgemeinde etabliert. So versteht sich das Projekt als ein „Musikalisierungsangebot für Grundschulen in Münster, das die Schule als Ganzes einbezieht (‚Singende Grundschule')".[358] Die Sing-Qualität kommt dabei von der speziell ausgebildeten JEKISS-Chorlehrkraft, die Sing-Quantität setzen die Grundschullehrkräfte um.

Innerhalb der Schule gibt es vier wesentliche Projektbausteine: den Schulchor, Fortbildungen der Grundschullehrkräfte, tägliches Singen in der Klasse und das Schulsingen. Dadurch, dass das Singen einen so wesentlichen Bestandteil des Alltags der Schülerinnen und Schüler ausmacht, werden die Kinder ganz besonders nachhaltig gefördert. Es wird beschrieben, dass auch die Schul- und Klassengemeinschaft durch das tägliche gemeinsame Singen besonders gestärkt wird. Der Alltag soll durch das gemeinsame Singen rhythmisiert und strukturiert werden, darüber hinaus soll das Liedgut „identitätsstiftend" wirken.[359]

Die Gesangspädagogen wurden für die Betreuung an den Grundschulen von Reuther fortgebildet oder bilden sich derzeit im Franz-Hitze-Haus in Münster von weiteren JEKISS-Ausbilderinnen fort. Momentan betreuen 15

---

356   Vgl. http://www.muenster.de/stadt/musikschule/jekiss.html, 14.02.2011, 16:00 Uhr
357   http://www.muenster.de/stadt/musikschule/jekiss_projekt.html,   14.02.2011, 16:12 Uhr
358   Knoll 2009: a.a.O., S. 18
359   Knoll 2009: a.a.O., S. 18

Chorlehrkräfte die 28 Grundschulen. Circa 300 Lehrkräfte fungieren als Sing-Multiplikatoren in ihren Klassen.[360]

Die Lehrerfortbildung zielt darauf den Lehrerinnen und Lehrern das gemeinsame Liedrepertoire zu vermitteln und sie für das Singen mit Kindern in kindgerechter Tonhöhe zu sensibilisieren. Das Projekt soll nach einer Art „Schneeballprinzip" funktionieren. Auf diese Weise will man eine hohe Wirksamkeit erreichen. Man versucht mit einem „geringen Personalaufwand einem Maximum an Kindern musikalische Bildung" anzutragen.[361] Die Projektbausteine und die Durchführung des Projektes im Schulalltag sollen im nächsten Abschnitt erläutert werden.

3.5.1.3 JEKISS im Schulalltag und Unterricht

Einen ersten Eindruck von der Umsetzung und der Lebendigkeit des Projektes erhielt ich bei einer Hospitationsstunde. Bei meiner Ankunft sah ich inmitten des Schulhofes zwei Mädchen, die in der Pause zu ihrer Chorleiterin liefen, um ihr ein neues Lied, welches sie in der letzten Woche gelernt hatten, vorzusingen. Voller Konzentration und mit großer Ernsthaftigkeit postierten sich die beiden Schülerinnen vor der Chorlehrkraft und sangen dieser das neue Lied von Anfang bis Ende vor. Die Chorleiterin lobte die Schülerinnen sehr und diese waren stolz und freudig ob dieses Erlebnisses. Solche Vorkommnisse, so berichtete mir nachher die Chorleiterin, seien nicht selten. Das Singen ist für die Kinder ein fester Bestandteil ihres Lebens. Es wird für sie selbstverständlich, die Kinder haben keinerlei Hemmungen ihrer Stimme Ausdruck zu geben.

Der musikalische Schulalltag, der von den drei wesentlichen Bausteinen Schulchor, Lehrerfortbildung und dem gemeinsamen Singen geprägt ist, wird im Folgenden näher beleuchtet:

Die Teilnahme am Schulchor ist innerhalb dieses Projektes freiwillig. Er kann zwar halbjährlich gekündigt werden, ist im Prinzip aber für die ganzen vier Grundschuljahre angelegt. Die meisten der Schulchorkinder nehmen für die Dauer dieser Zeit an ihm teil und werden allmählich zu unverzichtbaren Singspezialisten, die ihre Klassenlehrkraft beim täglichen Singen unterstützen und oft auch in der weiterführenden Schule ein vertiefendes Singangebot wahrnehmen. Es wird Wert darauf gelegt, dass sich der Chorunterricht in den Kanon des Kernunterrichts eingliedert und damit weit über die Dimension einer Regel-

---

360   Knoll 2009: a.a.O., S. 18
361   Knoll 2009: a.a.O., S. 23

AG hinausgeht. Er findet innerhalb der Woche einmal vormittags beziehungsweise mittags im Anschluss an den regulären Unterricht statt. Der Stundenplan sieht vor, dass Erst- und Zweitklässler jeweils in der fünften Stunde den Chorunterricht absolvieren, Dritt- und Viertklässler jeweils in der sechsten Stunde. Die Grundschullehrkräfte werden beim Singen in der Klasse von den Chorkindern wiederum unterstützt, da diese das Liedrepertoire auch schon im Chor gelernt haben.[362] Reuther berichtet davon, dass es besonders wichtig sei, die Chorstunde stark zu ritualisieren: „Es gibt immer ein Rituallied und einen Stopptanz", weil einige Kinder durch Dienste in ihrer Klasse zu spät kommen. Diese reihen sich dann störungsfrei in die ritualisierten Sing- und Kreistänze ein. Die Abläufe sind sich sehr ähnlich, lediglich die Stimmbildungsübungen und das Liedrepertoire werden allmählich weiterentwickelt und variiert (vgl. A 127-132). Ritualisierte Abläufe festigen Erlerntes und vermitteln den Lernenden zusätzlich ein Gefühl von Geborgenheit und Vertrauen innerhalb der Gruppe, was für das gemeinsame Singen sehr entscheidend ist. Nur in einer entspannten Atmosphäre können sich die Kinder ganz dem Singen hingeben. Dies gilt besonders im Hinblick auf die Tageszeit, so haben die Kinder ja schon einen ganzen Schulvormittag hinter sich.

Als nächsten wichtigen Aspekt innerhalb der Chorarbeit sieht Reuther die Stimmbildungseinheit. Die Grundschulkinder sind oft absolute Singlaien (vgl. A 136). Sie beobachtet, dass die Kinder in den Kindergärten zumeist entweder gar nicht oder zu tief mit ihren Erzieherinnen singen. Die Kinder müssen also zunächst einmal ihre physiologischen Möglichkeiten ausschöpfen. Sie werden an unterschiedliche Stimmgebungen herangeführt. Dies geschieht auf spielerische Art und Weise. So nennt Reuther die Bruststimme „Löwen- oder Bärenstimme". Die Kopfstimme wird „Kuschelstimme" genannt. Die eigentlich wichtige Stimme für das Singen in der Schule und im Kinderchor, nämlich eine gemischte Stimme mit einem hohen Anteil an Kopfstimme, heißt im Chorunterricht „Jubelstimme". Wie in der Hospitation beobachtet, sind die Kinder so flexibel im Umgang mit diesen drei Stimmen, dass sie im Unterricht schon durch einen kurzen Hinweis den Singstil wechseln können und auch innerhalb des Liedes direkt umschalten können. Insbesondere, wenn der Chor ins Plärren oder Schreien verfällt, reicht oft ein kleiner Hinweis von der Chorlehrkraft, damit die Kinder in die Kopfstimme wechseln und daraufhin sofort sauberer intonieren. Im Anschluss an die Stimmbildungsarbeit folgt dann immer die Weiterarbeit an einem Lied der letzten Woche oder das neue Erarbeiten eines Stückes. Die JEKISS-Chorleiter arbeiten generell immer mit der Call-&-

---

362 Knoll 2009: a.a.O., S. 18

Response-Methode und verknüpfen das Singen mit weichen Bewegungsele-menten und Gesten (vgl. A 145-146). In der Hospitationsstunde war zu bemer-ken, dass sich die Kinder hochkonzentriert und professionell der Sache widme-ten. Die Abläufe schienen den Schülerinnen und Schülern sehr vertraut und wurden routiniert durchgeführt. Reuther unterstreicht, dass es wichtig sei, den Kindern zwar Bewegungen (Moves) an die Hand zu geben, diese aber nicht zu unkontrolliert ausführen zu lassen. Wenn die Kinder auf der Stelle springen, geht die sängerische Stütze schnell verloren und die Intonation verschlechtert sich. Also müssen einfache Schrittfolgen gewählt werden und viele Bewegun-gen mit den Armen, die den Rumpf in Balance halten und die Atemtätigkeit nicht einschränken. Bewegungen sind andererseits sehr wichtig, da sie die Lust am Singen fördern. Sie werden ebenfalls dem natürlichen Bewegungsdrang der Kinder gerecht. Zudem fördert es auch das Koordinationsvermögen. Koppelt man das Singen an eine bestimmte Bewegung, so Reuther, verankern sich die Prozesse viel tiefer im musikalischen Gedächtnis.

Die Chorstunde wird stets, so auch in der Hospitationsstunde, mit einem Lied, das die Kinder bereits kennen und gut können, beendet. Dies hat den so typischen Ohrwurm-Effekt, der hilft, das gelernte Lied auch zu Hause zu sin-gen. Von den Eltern, so Reuther, kommt häufig die Rückmeldung, dass dies auch geschehe und die Kinder *„so für sich im Kinderzimmer ihre Stimmung aufhellen"*. (A 176)

Die Fortbildung der Grundschullehrkräfte vollzog sich während der Mo-dellphase über ein Jahr, wurde vom Land NRW und den Sponsoren Sparkasse Münsterland Ost und dem Lions-Club finanziert und fand immer im Anschluss an die Schulchor-Einheit in der siebten Stunde statt.[363] Es wird angegeben, dass bei den Lehrerinnen und Lehrern zunächst einmal „eventuell vorhandene Sing-hemmungen" abgebaut werden sowie das Singen in „kindgerechter Tonlage" geübt wird.[364] Die Grundschullehrenden sollen im Endeffekt in ihren Klassen das Singen anleiten können und werden hierzu weitergebildet. Man strebt hier ein individuelles Fortbildungskonzept an und wechselt zwischen Einzel- und Kleingruppencoaching sowie Gruppenstunden. Zudem stehen die Chorleitun-gen an den jeweiligen Schulen einmal in der Woche innerhalb der großen Pause für Fragen zur Verfügung. Das Projektkonzept vollzieht sich auf diese Weise effizient und kostengünstig, denn nur die JEKISS-Chorkraftmuss bezahlt wer-den. Die Lehrkräfte vermitteln das Liedgut innerhalb ihrer Klassen immer mit Unterstützung der einzelnen Kinder aus dem Schulchor, die ihre Mitschülerin-

---

363   Knoll 2009: a.a.O., S. 18
364   Knoll 2009: a.a.O., S. 18

nen und Mitschüler entsprechend motivieren. Da die Grundschullehrkräfte zumeist fachfremd unterrichten und zum Teil keinerlei Singerfahrung mitbringen, ist die Aufgabe, das Singen in den Klassen anzuleiten, nicht immer einfach und die Grundschullehrkräfte müssen sich selbst stets fortbilden. Reuther sieht, dass die Grundschullehrkräfte einerseits die Anleitung und andererseits Inspiration und Motivation zum regelmäßigen Singen benötigen (vgl. A 226-229). Das ist auch für die JEKISS-Chorleiter eine anspruchsvolle Aufgabe. Das Besondere des Projektes ist eben die Ansprache der gesamten Grundschule; dies geht nur in Zusammenarbeit mit den Grundschullehrkräften. Ein Problem, so bemerkt Reuther, ist, dass die Lehrerfortbildung nur für ein Schuljahr vom Land bezahlt wird. Nach diesem Jahr ist für die Grundschullehrkräfte keine Weiterbildung mehr vorgesehen. Häufig verlässt die Lehrerinnen und Lehrer dann die Motivation und sie singen nicht mehr so oft mit ihren Klassen. (A 213-216) Dieses Problem wurde von der Projektleitung wie von den Schulen erkannt, weshalb diese nun auf eigene Kosten kleine Nachschulungen buchen. An diesen sechs Terminen im Jahr sollen zumindest die Lieder für das Schulsingen geprobt werden und soll ein kleines Coaching stattfinden (vgl. A 222-225).

In der Klasse wird möglichst jeden Tag innerhalb des Regelunterrichts gemeinsam gesungen. Die Chorkinder fungieren hier als Experten für das Liedgut und als Vorbilder für ihre Mitschüler, besonders hinsichtlich der kleinen Bewegungschoreografien. Dies unterstützt die Lehrerinnen und Lehrer und schafft für die Chorkinder eine positive Verstärkung und Motivation, die Lieder bereits in den Chorstunden zu lernen. Zudem stehen den Grundschullehrkräften im Unterricht CDs mit Lieder-Playbacks in kindgerechter Tonhöhe zur Verfügung.[365] Dieses regelmäßige Singen in der Klasse fördert und manifestiert das erlernte Liedrepertoire. Außerdem bringen nun die Chorkinder den anderen Kindern in Zusammenarbeit mit der Grundschullehrkraft etwas bei. Im Sinne des kooperativen Lernens ist dies eine sehr fortschrittliche Lernmethode.

Eine weitere Motivation und auch eine gewisser Leistungsdruck bestehen für die Grundschullehrkräfte im Vorbereiten des Schulsingens. Eigentlich kann man Lieder, die man einige Wochen täglich singt, ohnehin im Schulsingen zusammen mit den anderen vortragen. Sollte eine Lehrkraft die Lieder einmal nicht singen, würde sich das sofort im Schulsingen bemerkbar machen. Reuther gibt an: „[...] natürlich will niemand, dass seine Klasse als einzige im Schulsingen steht und das Lied nicht kennt [...]" (A 220-221) Die Schulsingen finden vier Mal im Jahr statt und werden von der Chorleitung organisiert und

---

365   Knoll 2009: a.a.O., S. 22

geleitet.[366] Ein Schulsingen dauert circa 30 Minuten. In dieser Zeit singt die ganze Schulgemeinschaft gemeinsam Lieder des JEKISS-Repertoires. Ein bis zwei Lieder darf der Schulchor alleine vortragen.

Innerhalb eines Schuljahres versucht die JEKISS-Chorlehrkraft im Schulchor ein Liedrepertoire von circa 20 Liedern zu erarbeiten. Die Lieder werden alle in „kindgemäßer, höherer Stimmlage" gesungen. Das Singen wird von Bewegungen, Gesten und leichten choreografischen Abläufen begleitet. Die Schülerinnen und Schüler singen im Stehen und auswendig im „metrisch-rhythmischen Prinzip des Vor- und Nachsingens".[367] Die Klassen selbst kommen auf etwa 15 Lieder, die sie auswendig und mit allen Strophen beherrschen. Da die Call-&-Response-Methode viele Lehrkräfte überfordert, wird auch akzeptiert, dass nur zur Playback-CD gesungen wird, die aber zumindest in kindgerechter Tonhöhe und auch von JEKISS-Kindern samt Klavierbegleitung eingesungen wurden. Reuther bemerkt, dass innerhalb des Konzeptes sehr viel Zeit in das Motivieren der Schülerinnen und Schüler, aber auch das der Lehrerinnen und Lehrer investiert werden muss (vgl. A 205-207). Motivation bieten den Kindern inspirierende, schön klingende Melodien oder rhythmisch ansprechende Lieder. Ebenfalls die kindgerechten und singunterstützenden Choreografien und auch die harmonische Begleitung mit den speziell dafür entwickelten Klavier-Patterns. Auf diese Weise empfinden die Schülerinnen und Schüler das Singen nicht nur als Stimmbildung, sondern sofort als gemeinsames freudvolles Musizieren.

Ganz wichtig ist Reuther auch, dass die Kinder und Lehrerinnen und Lehrer, die an dem Projekt beteiligt sind, diese Arbeit freiwillig machen. Singen, so Reuther, kann man nicht erzwingen, im Singen steckt auch immer ein „Seelenfaktor". Wenn man singt, kehrt man sein Inneres nach außen und macht sich verletzbar. Sie würde kein Kind dazu zwingen, im Schulchor zu singen. Verknüpft ein Kind Singen mit negativen Gefühlen, erreicht man genau das Gegenteil von dem, was beabsichtigt war. Die Klassenlehrkräfte bekommen den Rat, die Kinder, die nicht sofort mitsingen wollen, nicht zu zwingen oder zu maßregeln. Beim täglichen Singen sollte jedoch konsequent immer wieder angeboten werden mitzusingen. Das darf zum Beispiel auch nur ein Liedteil oder der Refrain sein. Ziel des Projektes ist es, dass das Singen immer selbstverständlicher wird. Dadurch, dass es jeden Tag praktiziert wird, wird die Akzeptanz für das Singen nach und nach erhöht (vgl. A 315-318). Die Kinder erwerben durch das tägliche Singen eine Basiskompetenz, ob sie nun im Chor singen oder nicht. Sie

---

366   Knoll 2009: a.a.O., S. 18
367   Knoll 2009: a.a.O., S. 22

erwerben ein großes Liedrepertoire, das sich durch das auswendige Singen in den Köpfen verankert und zeitlebens zur Verfügung steht. Innerhalb des Projektes ist Empathie für andere Stimmen und Leistungen ein ganz großes Stichwort. Keiner darf hier einen anderen auslachen. Rücksichtnahme und Disziplin werden durch bestimmte Regeln, die vor Einzelvorsingen vereinbart werden, gezielt geübt. Zudem wird das gemeinsame Singen reflektiert. Reuther beobachtet, dass es ganz wichtig ist, die Kinder auch einmal gemeinsam toben und brüllen zu lassen, doch schon sofort entsteht der der Wunsch, danach *„schön zu singen"*, denn das gefällt ihnen doch besser. (A 388-389) Hier findet durch die eigene Erfahrung mit dem Singen und die Reflexion über die Klangwirkung ästhetische Bildung statt.

3.5.1.4 Ausblick: Singen als Beitrag zur ästhetischen Bildung im Projekt JEKISS

Das pädagogische Programm ist darauf angelegt, nachhaltig und langfristig zu funktionieren, und wird bislang von allen Seiten gut angenommen. Dabei hilft die unbefristet an der Schule verbleibende JEKISS-Chorlehrkraft, deren Chorarbeit dauerhaft über die Chorgebühren finanziert werden kann. Besonders attraktiv ist der Aspekt, dass alle Schülerinnen und Schüler in nur einem Projekt erreicht und beschult werden können.[368] Das Instrument Stimme scheint an dieser Stelle richtig gewählt, da jeder Mensch dieses in seinem Körper trägt und einen leichten Zugang dazu finden kann. Die finanzielle Forderung an die Eltern der Chorkinder ist sehr gering (derzeit 6 Euro monatlich, für Familien mit Sozialhilfebezügen kostenfrei). Um die Erfolge des Konzeptes zu optimieren, wäre es gut, wenn die Schülerinnen und Schüler mehr Zeit für die reine Stimmbildung bekommen könnten und die Lehrkräfte mehrt Zeit in ihre Singschulung investieren könnten. Reuther zieht im Zusammenhang mit den eigenen JEKISS-Schulchorkindern, die momentan nur 45 Minuten Singunterricht in der Woche erhalten, den Vergleich zum Domchor, bei dem Schülerinnen und Schülern zwei Chorproben und auch Stimmbildung geboten bekommen. Das JEKISS-Projekt kann hier, so erklärt es Reuther, eher mit einer Art Breitensport verglichen werden. Für die spezialisierte stimmliche Entwicklung im Schulchor kann es gerade für die Chorleiter manchmal unbefriedigend sein, da man immer wieder neu beginnen muss, immer wieder neue Erstklässler folgen und die bereits ausgebildeten Viertklässler am Ende des Schuljahres die Schule verlas-

---

368   Knoll 2009: a.a.O., S. 23

sen (vgl. A 187-197). Dieses Problem ist ein generelles Phänomen im Schulalltag. Als Lehrender hat man stets mit wechselnden Schülergruppen zu arbeiten. Das Projekt JEKISS ist abhängig von der Motivation der Schülerinnen und Schüler, aber auch von der Motivation der Grundschullehrkräfte. Alle zusammen tragen die „singende" Grundschule.

Zu der Frage nach dem Beitrag des Singens zur ästhetischen Bildung äußert sich Reuther ganz klar: Singen eigne sich nach ihrer Einschätzung nur dann zum Anregen ästhetischer Bildungsprozesse, wenn es auch differenziert angeleitet und erlernt wird. Es kommt immer darauf an, wie gesungen wird. Die Kinder sollten daher lernen, ständig auf sich selbst zu hören und einander zuzuhören. So ist beispielsweise auch ein dynamisches Differenzieren wichtig (vgl. A 410-417). Durch die Call-&-Response-Methode sieht Reuter eine Kommunikation entstehen, die ein Reagieren auf das Gegenüber ermöglicht. Jedes Kind kann so ein Gespür für den Gesamtklang und für sich selbst innerhalb der Gruppe entwickeln. Wichtig ist Reuther, dass nicht von jedem Kind Perfektion verlangt wird, sondern jedes Kind einen individuellen Beitrag nach seinem Können liefern darf (vgl. A 475-476).

3.5.1.5 *Innenansichten des Projektes JeKiSti, Neuss – Perspektiven des Projektmanagers*

Das Musikprojekt „Jedem Kind seine Stimme" unterstützt Neusser Grundschulkinder der zweiten und dritten Klasse in ihrer stimmlich-musikalischen Entwicklung. Holger Müller ist Gesangspädagoge und Projektmanager des Projektes. Er arbeitet an der Musikschule Neuss und koordiniert die Projektdurchführung. Neben Gesang, klassischer Gitarre und Kontrabass studierte er auch das Fach Kulturmanagement (vgl. B 4-17). Zunächst übernahm er nur die Öffentlichkeitsarbeit des Projektes. Im Herbst 2009 kam er dann zur kommissarischen Projektkoordination und seit 2010 ist er als Fachleiter für Grundschulprogramme der Musikschule festangestellt.

Das Projekt JeKiSti begründete sich, so beschreibt Müller, auf einer Idee der Musikschule Neuss. Die Musikschulleitung wollte ein Projekt etablieren, das an allen Grundschulen das gemeinsame Singen ermöglicht. Durch Erfahrungen mit dem Projekt „JeKI" wusste man, dass das Singen in diesem Projekt damals noch zu kurz kam.

Dem Großprojekt „JeKiSti" liegt die Erkenntnis zugrunde, dass durch das Singen ein Kontakt zur Musik hergestellt werden kann, der ganz ursprünglich an den Menschen gebunden ist. Zunächst soll das Singen als allgemeines Medium zum Kennenlernen von Musik geschult werden. Erst dann geht man allmählich zur allgemeinen Musiklehre und in einem weiteren Schritt in eine differenzierte Arbeit am Instrument oder auch zum Chorsingen über (vgl. B 36-40). Ein wesentlicher Vorteil ist an dieser Stelle auch, dass die Organisation eines gemeinsamen Singens wesentlich einfacher geschehen kann als die Organisation von Instrumentalgruppen oder Klassen. Müller stellt Folgendes heraus: *„Wir haben natürlich auch die Erfahrung gemacht, Singen funktioniert überall, Singen kann jeder/jedes Kind und insofern war der Anfang ganz einfach, weil die Idee sofort einleuchtet. Die Schulen wurden anfangs gefragt, wer Interesse hätte, die Resonanz war von Anfang an sehr groß."* (B 46-49) Dieses anfängliche Interesse an dem Projekt belief sich in Zahlen auf 52 Klassen der zweiten Schuljahre. Von Jahr zu Jahr kamen dann weitere Klassen hinzu (vgl. B 50-52). Das Projekt war zunächst für eine Testphase von zwei Jahren vorgesehen. Mit dem ersten Versuchsjahr dauerte die Testphase insgesamt drei Jahre. Das Projekt JeKiSti verstand sich seit Beginn als eine Ergänzung zum regulären schulmusikalischen Unterricht.[369] An ihm nehmen momentan über 4.000 Kinder der zweiten und dritten Grundschulklassen teil. Diese kommen aus allen Grundschulen in Neuss. Insgesamt 156 Klassen, mehrere Jahrgangsstufenchöre in den Schulen und auch Förderchöre, die nachmittags stattfinden, sind nach Aussage des Projektmanagers in das Projekt integriert (vgl. B 54-57).

In einer Schulstunde wöchentlich, welche in den regulären Schulunterricht am Vormittag integriert ist, findet der JeKiSti-Unterricht statt. Unterrichtet wird von erfahrenen Gesangspädagogen im Teamteaching. Es entstehen keine zusätzlichen Kosten für die Eltern, da das Projekt vom Land Nordrhein-Westfalen und der Sparkasse Neuss subventioniert und finanziert wird.

Der Unterricht besteht aus drei Bausteinen: 1. Gesang, Stimmbildung, Sprecherziehung, 2. Rhythmik und elementare Musikerziehung, 3. Richtlinien und Lehrpläne im Fach Musik der Grundschule.[370] Neben der stimmlich-gesanglichen Betätigung kommen auch die Unterrichtselemente Sprechen, Musikkunde, Bodypercussion und das Orff-Instrumentarium zum Einsatz. Die Schülerinnen und Schüler bekommen durch das Konzept die Möglichkeit, ihre eigenen Fähigkeiten zu erfahren und unter professioneller Anleitung zu erproben. Die Schüler erhalten ein Unterrichtsangebot, das sie sonst nicht bekommen würden, zudem lernen die Grundschullehrer von den Gesangspädagogen und

---

369   Knoll 2009: a.a.O., S. 48
370   Vgl. das Werbevideo auf http://www.youtube.com/watch?v=RBnS1fB0ufk, 14.02.2011, 17:09 Uhr

bekommen so einen Einblick in die Thematik. Spezielle Fortbildungen für die Grundschullehrkräfte sind jedoch nicht vorgesehen.

3.5.1.6 Konzeptbeschreibung und Ziele

Die Projektidee und das erklärte Ziel des Projektes „Jedem Kind seine Stimme" in Neuss ist das Ermöglichen einer elementaren Musikalisierung der Grundschulkinder in Neuss. Diese soll sich unabhängig von jeglichem sozialen oder kulturellen Hintergrund vollziehen.[371] Es wird die Vermittlung von Sprach- und Singkompetenzen, Ausdrucks- und Gestaltungsfähigkeiten, elementarer, musikalischer Fähigkeiten und Kenntnisse im Bereich der Musikkultur angestrebt.[372] Die Schülerinnen und Schüler der zweiten und dritten Klasse sollen durch die Arbeit mit ausgebildeten Sängerinnen und Sängern ihre eigene Singstimme spielerisch entdecken und ihrem Alter entsprechend entwickeln. Auf diese Weise erfahren die Kinder eine musikpraktische Ergänzung zum regulären Musikunterricht. Sie setzen sich aktiv mit dem eigenen Instrument Stimme auseinander. Darüber hinaus verfolgt das Projekt das Ziel einer weitreichenden, anhaltenden Motivierung der Kinder zum Singen und zum Gebrauch ihres erworbenen Liedrepertoires.[373] Sie sollen aber nicht nur stimmlich gefördert werden, sondern auch in ihrer Wahrnehmung des eigenen Körpers und der Umwelt. Außerdem sollen die sensomotorischen Fähigkeiten der Kinder weiterentwickelt werden.[374] Das Projekt besitzt ein pädagogisches Rahmenkonzept, in welchem die Inhalte definiert sind. Jeder Gesangspädagoge hat zwar eine Methodenfreiheit, es existiert jedoch eine Vorgabe darüber, was in welchem Zeitraum gelernt werden muss (vgl. B 193-197). Als wichtig stellt Müller heraus, dass das Projekt immer versucht integrativ zu arbeiten und an die allgemeine Musiklehre gebunden vorzugehen. Es findet, so betont er, kein Gesangsunterricht statt. Zwar wird gesungen, aber auch getanzt, es findet an den Körper gebundene Bewegung statt, Bodypercussion und eine elementare Musikerziehung mit dem Schwerpunkt des Singens (vgl. B 206-212). Es ist außerdem vorgesehen, dass eine Absprache zwischen den Projektdurchführenden und den Schulen erfolgt. Die vorgesehenen Lerninhalte der Grundschulen werden mit

---

371　Vgl. Knoll 2009: a.a.O., S. 48

372　Vgl. Barz, Heiner; Kosubek, Tanja: Begleitforschung zu „Jedem Kind seine Stimme". Ein Projekt der Musikschule der Stadt Neuss in Kooperation mit Neusser Grundschulen, Evaluationsbericht, Februar 2011, S. 2

373　Knoll 2009: a.a.O., S. 48

374　Knoll 2009: a.a.O., S. 49

den Projektinhalten verglichen. Man versucht hier Schnittmengen zu finden, um so ein einheitliches, passendes Vorgehen zu gewährleisten. Die Kooperation mit den Grundschulen sieht Müller als zumeist unproblematisch (vgl. B 219-222).

3.5.1.7 JeKiSti im Schulalltag, unterrichtliche Umsetzung

Um den einzelnen Projektbestandteilen gerecht zu werden, bildete man vor Beginn der Projektarbeit ein Team aus Vertretern der drei Bereiche Rhythmik/elementare Musikerziehung, Gesang und Schulmusik.[375] Dieses Team erarbeitete dann ein Konzept für das vorgesehene Unterrichtsprojekt. Ebenfalls mussten die Gesangspädagogen für das neue Unterrichtsfeld geschult werden. Die meisten Gesangspädagogen sind Musikschullehrer, die zu ihrer gesangspädagogischen Ausbildung noch eine Ausbildung in musikalischer Früherziehung vorzuweisen haben. Außerdem mussten die Grundschullehrkräfte noch in die Methodik und Vorgehensweise eingeführt werden. Die Grundschullehrkräfte besitzen meist keine musikalische oder schulmusikalische Ausbildung.

Fester Bestandteil des Projektes ist der regelmäßige Austausch der Dozenten in Teamsitzungen, die dem Erfahrungsabgleich und der Planung der zukünftigen Vorhaben dienen.

Innerhalb jeder Unterrichtseinheit versucht man Elemente der drei Bestandteile zu integrieren und orientiert sich zudem auch an den Richtlinien für das Fach Musik in der Grundschule. Der Fokus liegt jedoch auf der ganzheitlichen Stimmschulung:

> „Ein besonderer Schwerpunkt liegt darauf, die eigene Stimme mit dem ganzen Körper zu erleben. Bewegung, Raum- und Körpererfahrung sind daher wichtige Bestandteile des Unterrichts. Der gesamte Körper wird zum Instrument."[376]

Die Gesangspädagogen sind bemüht den Unterricht abwechslungsreich und doch ritualisiert zu gestalten und nutzen unterschiedliche Musikalisierungsangebote aus. Unterrichtsinhalte sind: Singen, spielerische Stimm- und Sprechübungen, Stimmbildung, Atemschulung und Körperwahrnehmung, Raum- und Körpererfahrung, Tanz und Bewegung, Bodypercussion, Experimentieren mit Klängen und Geräuschen, Musik hören, umsetzen und machen, sich über Musik

---

375 Knoll 2009: a.a.O., S. 50
376 Knoll 2009: a.a.O., S. 51

verständigen, Notationsmöglichkeiten kennenlernen, Spiel mit einfachen Instrumenten, Instrumentenkunde, Instrumente bauen. In Planung ist ein Liederbuch, welches den Unterricht unterstützen soll.

Das Besondere am Projekt JeKiSti ist, dass dieses Projekt in den regulären Unterricht integriert ist. Es ist kein fortbildungsbasierendes Konzept. Wenn sich eine Schule zum Projekt anmeldet, kann das Projekt an dieser Schule direkt starten. Die Spezialisten gehen dann in die Klassen und arbeiten mit den Schülern: *„[...] wir haben den direkten Draht zu den Schülern.“* (B 69-70) Mittlerweile, so erklärt Müller, ist es sogar so, dass es nicht nur ein einziges Konzept gibt, nach dem alle Gesangspädagogen vorgehen müssen, sondern die einzelnen Konzeptelemente werden für die Schulen angepasst. Für die Projektjahre 2010 bis 2012 wurde das Konzept noch einmal modifiziert. Ab der ersten und zweiten Klassenstufe gibt es als Kern der Ausbildung die JeKiSti-Inhalte, darüber hinaus kommen ab der zweiten Klasse auch instrumentale Elemente hinzu. Es gibt eine Art Instrumentenkarussell, welches den Kindern ein erstes instrumentales Experimentieren, ein Erfahren von unterschiedlichen Klängen und Instrumentenhandhabe vermittelt. Ab der dritten und vierten Klasse wird dann ein weiterführendes Singangebot gemacht, welches sehr individualisiert und von Schule zu Schule verschieden verläuft (vgl. B 74-85).

Das Projekt JeKiSti ist nicht das einzige Projekt der Musikschule Neuss. Das Projekt profitiert von der langjährigen Erfahrung der Musikschule im Bereich der Projektarbeit, im Bereich der Fortbildungsangebote für Lehrerinnen und Lehrer, aber auch dem eigentlichen Unterricht. Der Blick richtet sich immer wieder auch in andere Städte, auf andere Projekte, von denen man lernen will. Ständig scheinen die Konzepte in einem Prozess zu sein und werden wachsam überarbeitet: *„Es kann nicht sein, dass man etwas anfängt und dann immer bei der Grundidee bleibt, weil man muss aus den Erfahrungen ja auch lernen, auch aus Evaluationsergebnissen, aus den eigenen Erfahrungen, aus den Erfahrungen der Grundschulen.“* (B 103-106)

Das Projekt JeKiSti ist voll finanziert und damit kostenfrei für die Eltern, weil es ergänzender Teil des regulären Schulunterrichts im Fach Musik ist und nach Regelung der Aufsichtsbehörden in diesem Bereich keine Entgelte erhoben werden dürfen.

Der JeKiSti-Unterricht ist für die Schülerinnen und Schüler kostenfrei, da das Projekt vollständig finanziert wird. Den Schülerinnen und Schülern stehen pro Woche zwei Unterrichtsstunden innerhalb des Regelunterrichts zu.

3.5.1.8 Ausblick: Singen als Beitrag zur ästhetischen Bildung im Projekt JeKiSti

Im Interview beschreibt Müller die stimmlichen Probleme der Schülerinnen und Schüler, bevor die Gesangspädagogen in den Klassen die Arbeit aufnehmen: 70 bis 80% der Kinder können ihre Stimme nicht altersgerecht benutzen, sie können *„nicht mehr"* singen. (B 130-131) Geht man davon aus, dass jeder Mensch zum Zeitpunkt der Geburt ein freischwingendes, intaktes Stimmorgan hat sowie über eine korrekte Atemtechnik verfügt, so ist festzustellen, dass viele Menschen innerhalb der Jahre dieses Potential verlieren und die zuvor unterbewusst richtige Stimmführung verlernen. Müller spricht davon, dass die Kinder einerseits in der Bruststimmlage „gefangen" sind, sie andererseits im Singen ihre natürliche Kopfstimme oder die gemischte Stimme noch nicht entdeckt haben. Sie können ebenfalls keine Tonhöhen orten, Töne nicht halten, Melodien nicht entsprechend nachsingen und haben rhythmische und sprachliche Defizite (vgl. B 135-139). All diese Aspekte werden bei der JeKiSti-Ausbildung berücksichtigt und bearbeitet. Die Kinder erhalten also eine umfassende musikalische Basis. Müller erwähnt besonders, dass das Konzept von Sachverständigen durchgeführt wird. Die Kinderstimme muss bei diesem Konzept im Fokus stehen, ihre Eigenheit und ihre besondere Physiologie. Es gibt wenige Fachkräfte in diesem Bereich, weder in Schulen noch in Kindergärten, deshalb sei sehr viel *„Halbwissen/Unwissen"* im Umlauf, so bemerkt Müller. (B 152-155) Für das Anbahnen der ästhetischen Bildung ist also nicht immer nur wichtig, dass gesungen wird, sondern besonders wie gesungen wird. Die Kinder sollen nicht nur Liedsänger auf CDs nachahmen können, sie sollen erst einmal ihre eigene Stimme entdecken. (B 160-162) Dies ist ein wesentlicher Anspruch des Projektes JeKiSti.

Müller beschreibt des Weiteren zahlreiche Sekundäreffekte des Projektes: Eine große Rolle spielt die soziale Komponente der Projektarbeit. Kinder singen gemeinsam mit ihrer ganzen Klasse, vielleicht in einem Jahrgangsstufenchor, sie musizieren und agieren miteinander. Dies wirkt sich positiv auf die Integration, das Gruppengefühl, die Rücksichtnahme untereinander und das Zuhören aus (vgl. B 164-169). Darüber hinaus besitzt der Gegenstand Singen aber noch etwas, das Müller mit dem „direkten Draht zur menschlichen Seele" beschreibt. Das Singen hat etwas zutiefst Unmittelbares. Es besitzt für jedes Kind oder auch jeden Menschen eine individuelle, besondere Bedeutung. Müller berichtet von Fortbildungen und Sing-Symposien, wo nach wissenschaftlichen Vorträgen oder einfach zwischendurch einmal gesungen wird. Dies geschieht ganz bewusst, da auch die erwachsenen Teilnehmer merken sollen, *„was das Singen mit einem im Moment des Singens tut".* (B 168-175) Singen erweckt in diesen Momenten neue Kräfte, es motiviert, führt neuen Sauerstoff hinzu, bündelt die Konzentration und schärft die Sinne auch wieder für emotionale Wahrnehmungen. (B175-177) Auf diese Weise vergegenwärtigen sich die Teilnehmerinnen und Teilnehmer wieder den Grund ihrer Anwesenheit bei derartigen Veranstaltungen. Müller meint, dass sich alle, die mit Kindern singend arbeiten, in einem Punkt einig wären: *„Singen ist auch für die emotionale Entwicklung, für das Sich-wirklich-Wohlfühlen ein ganz wichtiger Faktor".* (B 178-180) Im gemeinsamen Singen vollziehen alle Beteiligten eine gleiche Handlung, wie Müller sagt: *„Wir können natürlich den ganzen Tag immer miteinander sprechen, aber in dem Moment, wo wir wenigstens mal ein paar Minuten miteinander singen, kommen wir auf einen gemeinsamen Nenner."* (B 180-183)

Das Projekt JeKiSti vermittelt den Schülerinnen und Schülern über den Stimmbildungsunterricht hinaus ein Repertoire an Liedern. Müller machte die Erfahrung, dass die Schülerinnen und Schüler innerhalb dieses Repertoires eine differenzierte Wahrnehmung für die Qualität der einzelnen Lieder entwickeln. Sie können diese Wahrnehmung zwar noch nicht differenziert formulieren, aber es wird deutlich, dass sich in ihrer synästhetischen Wahrnehmung etwas verändert hat. Müller berichtet davon, dass alle Schulklassen bisher immer betonten, dass sie am liebsten das Lied „Bunt sind schon die Wälder" gesungen hätten. Dieses besitzt, so Müller, eine *„ganz hervorragende Melodie, die ist einfach melodisch so gelungen [...]".* (B 237-240) Dies ist laut Müller ein Indiz dafür, dass die Schülerinnen und Schüler ein ästhetisches Empfinden für die Musik entwickeln.

Über das Nachvollziehen der Melodie durch das eigene Singen verringert sich die Distanz zu den Liedern. Ein anderes Reflektieren ist nun möglich. Zudem lernen die Kinder einen Teil des Kulturgutes kennen, sie haben an dieser Kultur teil und verarbeiten das Erlebte aktiv: So Malen die Schülerinnen und Schüler zur Musik, sie reden über Musik, beschreiben diese und nicht zuletzt wird über das Singen als solches reflektiert. *„[...] was ist hier das Besondere an dem Lied oder an dem Stück Musik, das wir gerade gehört haben",* es wird ein reflektorischer Zugang zur eigenen Singleistung hergestellt: *„[...] warum klingt es schöner, wenn die ganze Klasse schön singt und nicht brüllt, und nicht jeder so laut er kann singt, wenn jeder auf den anderen hört, wenn man zusammen anfängt, wenn man auf einem Atem singt, wenn man zusammen einatmet[...]".* (B 256-261) Diese Aspekte besitzen sehr viel Anspruch an

Körper und Geist. Sowohl kognitive wie vor allem auch leibbezogene Prozesse vollziehen sich hier. So stellte man während des Projektes schon fest, dass die Schülerinnen und Schüler auch zwischen der Qualität einzelner Gesänge sehr wohl unterscheiden konnten. Die Grundschülerinnen und -schüler entwickeln eine besondere Wahrnehmung für die Musik. Sie können in ihren Worten festhalten, welcher Gesang ihnen besser gefällt oder welches Stück für sie schöner klingt, wenn auch das Vokabular zur differenzierten Analyse noch nicht entwickelt ist: *„Sie merken nur, da ist irgendwas besonders dran, aber das merken sie, ohne es bestimmen zu können".* (B 248-249)

3.5.1.9 Wissenschaftliche Begleitung

Die wissenschaftliche Begleitung und Evaluation des Projektes wird von der Heinrich-Heine-Universität in Düsseldorf geleistet. Im Folgenden sollen erste Ergebnisse der Evaluation dargestellt werden. Sie entstammen dem Bericht von Mitarbeiterin Tanja Kosubek und Prof. Dr. Heiner Barz, Abteilung für Bildungsforschung und Bildungsmanagement. Die Evaluation bietet den Projektleitern eine Möglichkeit der Reflexion über Projektinhalte und Informationen über „Stärken und Herausforderungen" des Projekts.[377] Hierbei wurden alle Beteiligten des Projektes in den Blick genommen – Kinder, Eltern, Lehrerinnen und Lehrer. Besonders ist die Untersuchung der (musik-)pädagogischen Erträge seitens der Schülerinnen und Schüler und der Lehrerinnen und Lehrer von Interesse gewesen. Zur Überprüfung dieser Punkte bediente man sich eines qualitativen Methodenrepertoires, da man erkannte, dass sich mögliche Transfereffekte im Bereich von Kreativität, Selbstwahrnehmung und Findung sowie ästhetischen Prozessen nicht durch ein standardisiertes Verfahren herausfinden lassen. Eine erste Evaluation wurde nach dem Schuljahr 2008/2009 durchgeführt. Die Ergebnisse dieser Ersterhebung im Jahre 2009 und die Ergebnisse des Evaluationsbericht 2011 sollen hier vorgestellt werden.

Lehrerinnen und Lehrer, Gesangspädagoginnen und Gesangspädagogen und auch die Schülerinnen und Schüler wurden in leitfadengestützten Interviews befragt.

Die Schülerinnen und Schüler befragte man besonders zu ihrer spontanen Projektwahrnehmung, zur Unterrichtsgestaltung und zu den Gesangspädagogen, zur eigenen Musikbiografie, zum Thema Gender, Interkulturalität und zu

---

377   Barz, Kosubek 2011: a.a.O., S. 1

den (musik)pädagogischen Erträgen.[378] Die Erwachsenen befragte man ebenfalls nach ihrer spontanen Projektwahrnehmung, dem Implementierungsverlauf, der Organisation des Projektes und der Kooperation der Beteiligten auf Projekt-, Schul- und Unterrichtsebene, zum Thema Gender, Interkulturalität, den (musik-)pädagogischen Erträgen und den Erfolgsfaktoren für das Projekt.[379]

Die Ergebnisse der ersten Evaluation zeigten Erträge auf folgenden Ebenen: 1. auf Individualebene der Kinder, 2. auf Unterrichtsebene, 3. auf Schulebene und 4. auf einer Systemebene.

Auf der Individualebene wurde besonders die positive Lernatmosphäre benannt. Durch ihre Möglichkeiten zur Teilhabe aller Kinder, den Raum zur Darstellung im eigenen, angeleiteten Vorsingen und die Bewertungsfreiheit werden die Kinder positiv bestärkt.[380] Die Schülerinnen und Schüler bekommen innerhalb des Projektes die Möglichkeit, sich neu zu erfahren und auszuprobieren, eine neue Rolle auszutesten und ihr Selbstbewusstsein zu stärken. Die Lehrer befinden dies als sehr wichtig, da jedes Kind so auch einmal außerhalb des regulären Schulbetriebes zeigen kann, was es alles kann. Ein weiterer positiver Nebeneffekt des Projektes, der sich schon zu Beginn zeigt, ist die Förderung von Kindern mit Sprachproblemen oder von zurückhaltenden Kindern. Über das Singen werden sowohl die Sprache wie auch die Sozialkompetenz der Kinder gefördert. Zudem erhalten die Kinder im Singen ein zusätzliches Ausdrucksmedium.[381] Nicht nur die eigene Ausdrucksfähigkeit wird somit geschult, sondern auch die Wahrnehmung für die Gruppe und die Konzentrationsfähigkeit nehmen nach Aussage der Lehrkräfte deutlich zu:

„Die Methodik einer Kombination aus gemeinsamem Singen, Stimm- und Bewegungsübungen wirkt sich auch über den JeKiSti-Unterricht hinaus aufmerksamkeitsstimulierend auf viele Kinder aus."[382]

Die Schülerinnen und Schüler empfinden es als belebend und freuen sich im Unterricht Bewegungen auszuüben, nachzuahmen und somit aktiv zu sein. Besonders am Morgen wird durch die gemeinsamen Übungen der Kreislauf

---

378 Kosubek, Tanja; Barz, Heiner: Auszug aus dem Gesamtbericht: Evaluation des Projekts „Jedem Kind seine Stimme" (JeKiSti) der Musikschule der Stadt Neuss in Kooperation mit Neusser Grundschulen, Zwischenbericht zur qualitativen Ersterhebung Juli 2009, Düsseldorf 2010, S. 1

379 Kosubek, Barz 2009: a.a.O., S. 2

380 Kosubek, Barz 2009: a.a.O., S. 2

381 Vgl. Kosubek, Barz 2009: a.a.O., S. 2

382 Kosubek, Barz 2009: a.a.O., S. 2

angeregt und somit eine Konzentrations- und Leistungsbereitschaft überhaupt erst möglich. Die gezielt angewendeten Stimmübungen erweitern den Stimmumfang der Lernenden und bilden die Stimme gezielt aus. Zudem erhalten die Schülerinnen und Schüler ein erweitertes Liederrepertoire und lernen somit viele neue Lieder kennen. Die jeweiligen Gesangsdozentinnen und Gesangsdozenten besitzen nicht nur fachlich eine entscheidende Rolle für den Lernprozess, sie werden als sogenannte Türöffner für ein allgemeines Interesse an Musik beschrieben.[383] Ebenso lässt sich erkennen, dass die Schülerinnen und Schüler durch das gemeinsame Musizieren eine Klassengemeinschaft bilden und diese gestärkt wird. Auch kognitiv schwächere Schülerinnen und Schüler werden in die Gemeinschaft integriert und arbeiten mit den anderen in Gruppen zusammen. Auch die gemeinsame Auftritts- und Bühnenarbeit wirkt sich positiv auf die Gemeinschaft aus.[384]

42% der befragten Eltern erkennen positive Entwicklungen an ihren Kindern, die auf das Projekt JeKiSti zurückzuführen sind. Circa ein Drittel der Eltern stellt fest, dass das Kind durch die Motivation des Projektes auch zu Hause mehr singt.[385] Die Eltern sind sich nahezu ohne Ausnahme darüber einig, dass das Projekt fortgeführt werden soll. Unabhängig davon, ob sie unmittelbar positive Veränderungen an den Kindern bemerken, wollen sie weiterhin diese Möglichkeit für die Kinder behalten. Es wird ersichtlich, dass sie von dem Projekt auch keine direkt und unmittelbar sichtbaren Nebeneffekte fordern, sie scheinen das Angebot musikalisch-kultureller Bildung dankbar anzunehmen und seine Wichtigkeit zu erkennen.

Auf Unterrichtsebene befinden die unterrichtenden Lehrerinnen und Lehrer das Projekt als sehr inspirierend und fühlen sich auch in Hinblick auf ihren eigenen Unterricht bereichert. Insgesamt werden eine „Professionalisierung des Musikunterrichts und Innovationen in der Unterrichtsstruktur" verzeichnet.[386] Mit der Projektarbeit einher geht eine Lehrerfortbildung durch die Gesangspädagogen. Die Grundschullehrer, die meist keine ausgebildeten Musiklehrer sind, fachfremd oder auf Basis eines Zertifikatskurses das Fach Musik unterrichten, arbeiten innerhalb des Projektes mit den externen Gesangspädagogen in Form von Tandem-Teaching. Durch das gemeinsame Unterrichten erfahren

---

383   Kosubek, Barz 2009: a.a.O., S. 3
384   Vgl. Kosubek, Barz 2009: a.a.O., S. 3
385   Vgl. Barz, Kosubek 2011: a.a.O., S. 3
386   Kosubek, Barz 2009: a.a.O., S. 3

die Grundschullehrer eine „informelle Weiterbildung in Gesangsdidaktik und Stimmbildung".[387]

Ein großes Thema aktueller Schulforschung und ein Problem in manchen Städten und Bereichen ist das Thema Interkulturalität. Die Befragten konstatieren durch die Projektarbeit positive Entwicklungen im Bereich der Integration von Kindern mit Migrationshintergrund. Nicht für alle Migrationskinder ist das Singen eine selbstverständliche Praxis. Im angeleiteten JeKiSti-Singen erhalten die Kinder unter Umständen ein besseres Gefühl für die eigene Stimme und die gemeinsame Ausdrucksmöglichkeit durch das Singen.

Auch im viel diskutierten Thema Gender gibt es positive Entwicklungen im Projekt zu verzeichnen. Die anfängliche Befürchtung, Jungen könnten sich weniger beteiligen, scheint, so Lehrerinnen und Gesangspädagoginnen und Gesangspädagogen, nicht zuzutreffen.[388] Die stimmliche Entwicklung der Jungen ist besonders in Hinblick auf ehemalige „Brummer" positiv. Die Qualität des Jungengesanges hat sich in einigen Fällen sehr gesteigert, so berichten die Grundschullehrerinnen.

Mit Blick auf die gesamte Schulebene besitzt das JeKiSti-Projekt ebenfalls einen hohen Attraktivitätsgrad. Die Schulkultur wird durch das gemeinsame Liedrepertoire angereichert und auch das Schulprofil und das Schulimage werden durch die Öffentlichkeitsarbeit der Gesangsgruppen, die zahlreiche Auftritte absolvieren, aufgewertet.[389]

Insgesamt erhofft man sich durch dieses Projekt auch auf Systemebene eine Aufwertung des Faches Musik. Durch die Verbreitung der Projekterträge und der positiven Resonanz könnte dies auch bildungspolitisch sehr interessant sein:

> „Das Fach Musik hat dadurch auch, denke ich, wieder einen höheren Stellenwert bekommen, wenn man sieht, was es alles erreichen kann."[390]

Auf Seiten der Grundschullehrkräfte ist ein einmütiger Tenor festzustellen, der so mündlich wie schriftlich in den Befragungen festgestellt wurde. Alle wünschen sich eine Fortführung des Projektes und erhoffen sich, dass es so weitergeht. Von Seiten der Lehrkräfte wird das Projekt dankbar und engagiert aufgenommen und unterstützt.[391]

---

387   Kosubek, Barz 2009: a.a.O., S. 3
388   Vgl. Barz, Kosubek 2011: a.a.O., S. 6
389   Vgl. Kosubek, Barz 2009: a.a.O., S. 3
390   (Zitat: Grundschullehrkraft) Kosubek, Barz 2009: a.a.O., S. 3
391   Vgl. Barz, Kosubek 2011: a.a.O., S. 6

Einige Verbesserungsvorschläge oder Wünsche werden aber dennoch laut. Zum einen erhoffen sich die Grundschullehrkräfte eine bessere Zusammenarbeit im Unterricht, die besonders organisatorisch noch ausbaufähig ist, zum anderen könnte man sich vorstellen, dass das Unterrichtsangebot durch Instrumentalunterricht erweitert wird, hier gibt es jedoch schon Projekte, die besonders diesen Schwerpunkt setzen, und zum Dritten wünschen sich die Grundschullehrkräfte weitere Informationsveranstaltungen zum Projekt, die die Kommunikationsstrukturen wiederum erleichtern sollen. Hier gibt es jedoch schon einige Angebote, die aber nicht immer genutzt werden.[392] Im Großen und Ganzen fällt das Urteil der Grundschullehrkräfte, Eltern und Schülerinnen und Schüler sehr positiv aus. Die Gesangspädagoginnen und Gesangspädagogen sehen das Projekt jedoch nicht uneingeschränkt positiv. Sehen sie die musikalische Entwicklung der Kinder als „überwältigend hoch", so erkennen sie doch Probleme in der zeitlichen Organisation des Unterrichts.[393] Sie befinden die eine Unterrichtsstunde in der Woche als zu wenig und nicht ausreichend, um Schülerinnen und Schüler wirklich zu begleiten und vorzubereiten. Zudem bemerken die Gesangspädagogen und Gesangspädagoginnen, dass ihr teilweise außerunterrichtlicher Arbeitsaufwand wie Vor- und Nachbereitung der Unterrichtsstunden, Extraproben, zusätzliche Gespräche und Generalproben nicht entsprechend entlohnt werden. Sie empfinden die „permanente Reisetätigkeit" von einer Schule zur nächsten als aufwendig und belastend.[394] Diese Einschätzungen der Arbeitsbelastung von Gesangspädagoginnen und Gesangspädagogen werden von den Grundschullehrkräften bestätigt. Sie beobachten ebenfalls, dass die Gesangslehrkräfte häufig überarbeitet erscheinen. Es scheint also in diesem Bereich noch einigen Optimierungsbedarf zu geben, damit auch die Gesangspädagoginnen und Gesangspädagogen Entlastung erfahren und ihr eigentliches Tätigkeitsfeld ungehindert ausüben können.

3.5.2 Die Mozartklassen – Perspektiven der Projektleitung und einer Gesangspädagogin

Die Gesamtschule Willy-Brandt in Castrop-Rauxel bietet seit 2006 ihren zukünftigen Fünftklässlern die Wahl zwischen einer üblichen Klasse, einer Klasse mit Musikschwerpunkt und einer Klasse, in der das Fach Mathematik besonders gefördert wird. Die Musikklassen heißen an der Gesamtschule „Mozart-

---

392 Vgl. Barz, Kosubek 2011: a.a.O., S. 7
393 Barz, Kosubek 2011: a.a.O., S. 8
394 Vgl. Barz, Kosubek 2011: a.a.O., S. 8

klassen". Hier werden die Schüler und Schülerinnen von Beginn an im Fach Musik durch zusätzliche Unterrichtsstunden und außerunterrichtliche Veranstaltungen gefördert.

Frau R. hat die Leitung und Koordination der Mozartklassen inne. Sie selbst unterrichtet Musik an der Schule, wirkt aber auch in der Schulleitung mit. Als eines von fünf Kindern erlebte sie im Elternhaus schon sehr früh gemeinsames Musizieren und hatte die Möglichkeit, sich frei und kreativ mit Musik auseinanderzusetzen. In der Musik hatte sie, so beschreibt sie, immer die Möglichkeit, Dinge gestalterisch zu verarbeiten (vgl. C 20-21). Auch Frau R. hat Musik also schon sehr früh als besonderen Teil ihres Lebens entdeckt und schätzen gelernt. Sie schildert, dass die Musik in ihrem Leben auch heute noch ganz besonders wichtig ist, um den Alltag und den Stress des Tages abzubauen und wieder neu anzukommen (vgl. C 25-26). Selbsterfahrung und Selbstgestaltung ist für sie daher ein erklärtes Ziel für die Mozartklassen an der Schule. Die Etablierung der Mozartklassen erklärt sich auch daraus, dass die Schule in einem Einzugsgebiet liegt, in dem viele Eltern ihren Kindern keine musikalische Instrumentalausbildung bieten können, da sie nicht über die nötigen finanziellen Mittel verfügen. Die Kinder sind dennoch zum Teil sehr musikinteressiert und auch begabt. Die Mozartklasse soll eben diesen Kindern eine Möglichkeit bieten, mit Musik in Berührung zu kommen, Musik zu erleben, sich selbst über die eigene Singstimme zu erfahren. Wenn ein Mensch Musik macht, muss er, so Frau R., nicht immer von außen bewertet werden, sondern kann sich auch selbst bewerten und reflektieren oder eine positive Entwicklung feststellen. Über die Musik erlebt man sich selbst neu und bekommt ein anderes Wertgefühl, so Frau R. (vgl. C 78-79).

Frau B. ist diplomierte Gesangspädagogin und arbeitet mit den Mozartklassen als Stimmbildnerin und Gesangspädagogin. Von ihren jahrelangen Erfahrungen als Kinderstimmbildnerin profitieren nun die Mozartklassen. Frau B. merkt an, dass das Singen eine gute Basis für andere Fächer bietet. Hat man sich schon einmal so sehr mit sich selbst auseinandergesetzt, so dürfte diese Auseinandersetzung auch für andere Fächer Früchte tragen, besonders dann, wenn es um ein sinnliches Wahrnehmen des Selbst geht. Durch diese Arbeit werden *„die Sinne viel feiner geschult"*, man entwickelt mehr Sensibilität, eine Eigenschaft, die von enormer Wichtigkeit in allen Bereichen des Lebens sein kann. (D 106-109)

3.5.2.1 Projektbeschreibung und Projektziele

Die Ziele der Mozartklasse sind eindeutig auf eine spezielle Grundmusikalisierung über das Singen ausgerichtet. Eine Besonderheit ist hier nicht nur das gemeinsame Singen, sondern auch der Kleingruppenunterricht, der einen besonderen Schwerpunkt auf die Bildung der Stimme setzt. Frau B. legt Wert darauf, dass in dieser Zeit Stimm-, Atem- und Körperübungen vollzogen werden (vgl. D 37-39). Die Anzahl der Schülerinnen und Schüler in den Kleingruppen ist sehr überschaubar und so ist eine individuelle Arbeit möglich.

Im Kleingruppenunterricht von Frau B. wird auch auf die Wünsche der Schülerinnen und Schüler Rücksicht genommen. Sie gibt an, dass in ihrem Unterricht zunehmend auch Stücke gesungen werden und die Übungen in den Stücken Anwendung finden. Der Unterricht vollzieht sich wie auch der Unterricht in der Mozartklasse über drei bis vier Schuljahre. Haben die Schülerinnen und Schüler ein gewisses Niveau erreicht, so wird mit ihnen mehr und mehr auch an Liedern gearbeitet. Frau B. hat festgestellt, dass die Motivation der Schülerinnen und Schüler viel höher ist, wenn sie mit ihnen auch an Stücken arbeitet, die die Schülerinnen und Schüler selbst hören und mögen (vgl. D 40-41). Mittlerweile bereitet sie immer öfter auch Stücke vor, die auf Wunsch ihrer Lernenden ausgewählt wurden. Man kann zwar auch viele andere Lieder singen, *„aber es ist ganz schwer da die Begeisterung in den Schülern zu wecken".* (D 42-43) Das Engagement der Schülerinnen und Schüler sei im Vollzug der selbstausgewählten Musik wesentlich höher. Die Entscheidung, mit Schülerinnen und Schülern schwerpunktmäßig aktuelle und schülerzentrierte Literatur zu singen, ist keine sehr einfache Entscheidung. Im Bereich der Stimmbildung entscheidet man sich für ein stilistisches Vorgehen ebenso wie für einen bestimmten Gegenstand, an dem etwas gelernt werden soll. Dies kann durchaus ein bekanntes Lied, beispielsweise aus den aktuellen Charts sein, welches näher betrachtet und erarbeitet wird. Doch ist ein Auftrag der Arbeit mit Kindern und Jugendlichen sicherlich auch, diesen neue Erfahrungsräume an für sie bisher unbekannten Musikstücken zu eröffnen.

Die Vorteile dieser Unterrichtsform sieht sie besonders an den positiven Entwicklungen der Kinder; so beobachtet sie, dass die Kinder mehr Selbstbewusstsein entwickeln, dass sich das Auftreten der Kinder, die Körpersprache und Körperhaltung deutlich verbessern und dass sich auch die Sprechfähigkeit und die Deutlichkeit der Artikulation der Schülerinnen und Schüler durch den Unterricht zunehmend entwickeln (vgl. D 47-50). Frau B. bemerkt, dass das Singen die Sprechfähigkeit insofern beeinflusst, als *„wenn man vor jemandem* *singt, dann kann man auch vor jemandem sprechen".* (D 85-87) Sie beschreibt das Singen als etwas Unmittelbares. Direktes Singen ist „ein Schritt mehr" als Sprechen: *„Das ist irgendwie so die Seele sofort, direkt".* (D 88) Es gibt kein Medium, das zwischen Akteur und Rezipienten geschaltet ist, sondern nur die unmittelbare Erfahrung der Stimme und die Weitergabe der eigenen Stimme, des körpereigenen Instruments.

Eine Erkenntnis, die sich an dieser Stelle schon zeigt, ist die Wichtigkeit der Wiederholung und Konsequenz in der Stimmbildung. Übungen müssen geübt, wiederholt und automatisiert werden. Dadurch wird auch die Stimmphysiognomie trainiert.

3.5.2.2 Die Mozartklasse im Schulalltag, unterrichtliche Umsetzung

In der Praxis bedeutet dies: Die Kinder erhalten einmal in der Woche Stimmbildungsunterricht in einer Kleingruppe von drei Schülerinnen und Schülern. Durchgeführt wird diese Stimmbildungseinheit von qualifizierten Gesangspädagogen. Außerdem singen die Schülerinnen und Schüler gemeinsam in einem Schulchor. In regelmäßigen Konzerten wird das Erarbeitete vorgetragen. Innerhalb des Projektes erhält jede Schülerin und jeder Schüler neben dem Chorsingen in der Klasse und dem regulären Musikunterricht zusätzlich 30 Minuten Stimmbildungsunterricht in einer Kleingruppe von drei Personen. Das Besondere der Mozartklasse liegt darin, dass die Schülerinnen und Schüler innerhalb eines Klassenverbandes miteinander singen. Diese Arbeit mit den Schülerinnen und Schülern erfordert allerdings auch zeitliche Ressourcen. Hier sieht Frau B. einen Nachteil im Projekt. Man bräuchte viel mehr Zeit für den Unterricht, denn für drei Schülerinnen und Schüler nur 30 Minuten in der Woche zur Verfügung zu haben, erachtet sie als sehr gering (vgl. D 59-61). Nicht vergessen werden sollte an dieser Stelle, dass die Schülerinnen und Schüler nicht nur den Einzelstimmbildungsunterricht in der Kleingruppe erhalten, sondern auch wöchentlichen Musikunterricht und Chorunterricht bekommen. Der Kleingruppenunterricht ist sicherlich aber ein ganz wesentlicher und unabdingbarer Bestandteil des Projektes und mit 30 Minuten pro drei Kindern in der Woche zeitlich sehr eng bemessen. Man entschied sich innerhalb des Projektes jedoch auch deshalb für die Arbeit in Dreiergruppen, weil Einzelunterricht von 10 Minuten wohl deutlich zu wenig gewesen wäre. Frau B. sieht Vorteile in der Arbeit mit Dreiergruppe, so beschreibt sie die Entwicklung eines Gemeinschaftsgefühls schon innerhalb der Dreiergruppe, was sich dann wiederum auch auf die ganze Klasse auswirkt, wenn Lieder später im Chor zusammengesungen werden. Ein Ziel der Projektarbeit ist auch, dass es immer wieder Stücke gibt, die von den Schülerinnen und Schülern zusammen präsentiert werden. Zumeist werden die Stücke nachher vor einem größeren Publikum präsentiert, was für Schülerinnen und Schüler ein besonderes Unternehmen ist: *„gemeinsam durch diese kleine, kurze, schwere, aufregende Zeit zu gehen und etwas geschafft zu haben, das verbindet schon"*. (D 73-74)

3.5.2.3 Ausblick: Singen als Beitrag zur ästhetischen Bildung in den Mozartklassen

In der Hospitationsstunde wurden zahlreiche Stimmbildungsübungen exerziert. Die Stimme wurde erwärmt und weitergebildet. Über das Nachahmen eines Kuckucks sollten die Kinder ein Gefühl für den Raum zwischen Zungengrund und Gaumensegel bekommen, ein Raum, der für das Singen von großer Bedeutung ist und der stets geöffnet sein muss. Zu Beginn der Übung hörte man, dass viele Schüler diesen Raum noch nicht gefunden hatten. Die Stimmen klangen noch flach und nicht offen. Die Gesangspädagogin forderte die Kinder immer wieder dazu auf, sich selbst genau zuzuhören. Sie sang die Übung technisch korrekt und in kindgerechter Art vor und die Kinder probierten diesen Klang zu erlangen. Dies funktionierte bemerkenswert. Die Kinder waren sehr konzentriert und aufmerksam.

Frau B. beschreibt, dass durch den Umgang mit Musik und das eigentätige Singen auch Gefühle zum Ausdruck gebracht werden. Sie sieht ein großes Potential darin, dass Schülerinnen und Schüler durch die Musik ein Medium an die Hand bekommen, womit sie ihren Gefühlen Ausdruck verleihen können. (vgl. D 51-53) Hier liegt ein großes Potential dieser Arbeit, ein Effekt, der nicht zu unterschätzen ist: Durch das Singen und die Auseinandersetzung mit der Stimme kommen die Schülerinnen und Schülern sich selbst und ihren Gefühlen näher. Darüber hinaus, so bemerkt Frau D., *„singen sie nicht nur schön irgendwelche Melodien nach"*, sondern beschäftigen sich mit dem Inhalt der Musik. (D 52) Sie hat die Erfahrung gemacht, dass die Schülerinnen und Schüler ein Bewusstsein für Musik entwickeln können, wenn man sie auf den Gehalt und Inhalt der Musik hinweist: *„Wenn man den Schülern das bewusst macht, was sie da gerade singen, dann fangen sie auch an, über die Musik das zu transportieren"*. (D 54-55)

3.5.3 Die Domsingschule – Interview mit Gisbert Brandt

Gisbert Brandt ist eine Schlüsselperson für die Kölner Domsingschule. Er ist ein Gründungsmitglied der Schule und zudem der Fachvorsitzende des Faches Musik. Neben seiner Lehrtätigkeit an der Domsingschule Köln hält er Kurse im Bereich der Ward-Methode und ist auch selbst musikalisch sehr aktiv. In einem Interview gibt er Einblicke in seine persönliche Biografie und die Arbeit an der Domsingschule. Brandt beschreibt, dass zu seiner Kindergartenzeit noch viel gesungen wurde. Die wohl prägendste musikalische Sozialisation erfuhr er in seiner Familie. Seine Mutter sang sehr gerne und hatte ein Liederrepertoire, welches ein achtstündiges Singen ermöglichte, ohne auch nur ein Lied zu wiederholen (vgl. E 6-14). Dieser frühe Kontakt mit dem Singen, die Integration des Singens in den Alltag empfindet Brandt als sehr wichtig und sehr entscheidend für den weiteren Verlauf seines Lebens. Im Laufe der Zeit sang er in verschiedenen Chören, hatte Klavierunterricht und Gitarrenunterricht. Neben der Musik galt sein Interesse auch den Naturwissenschaften und so wählte er Mathematik und Physik im Leistungskurs. Musik wurde zu seinem dritten Abiturfach. Diese beiden Fachbereiche begleiten Gisbert Brandt durch sein Leben und er entscheidet sich nach einigen Umwegen für ein Studium der Musik und Mathematik für die Sekundarstufe I (vgl. E 38-39). Zu diesem Zeitpunkt jedoch ist er sich noch sicher, dass er im Endeffekt kein Lehrer werden möchte. Während seiner Studienzeit lernt er die Kodály-Methode kennen und besucht in Ungarn Musikgrundschulen, Musikgymnasien und die Musikhochschule in Budapest, wo die Kodály-Methode als geschlossenes System Anwendung findet. Seine Faszination für dieses Thema ist von Beginn an sehr groß (vgl. E 46-55). Nach einiger Zeit der Recherche wird ihm auch bewusst, warum er schon immer der Solmisation mächtig ist. Sein früherer Grundschullehrer beherrschte die Tonika-Do-Methode und lehrte sie den Schülern (vgl. E 59-60). Seine persönliche Biografie ist also auf das Engste mit dem Thema Solmisation verwoben. Er vergleicht das frühe Erlernen der Solmisation mit dem Erlernen einer musikalischen Muttersprache. Keiner könne nachher beantworten, woher er seine Muttersprache beherrsche, so sei es mit der Solmisation. Diese sei bei frühkindlichem Erlernen „ganz tief im Gehirn verankert". Auch wenn die Kinder mit Hilfe der Ward-Methode Noten lesen können „wie andere Leute Zeitung", können die Schülerinnen und Schüler sich Jahre später meist nicht mehr daran erinnern, wie sie mit Hilfe der Tonsilben „do, re, mi, fa, sol la ti do" ihre Tonvorstellung entwickelt haben.[395]

Auf der Suche nach einem Thema für seine Examensarbeit führt ihn sein Weg in die Niederlande, wo er schließlich die Ward-Methode kennenlernt und feststellt, dass diese Methode besser zum mitteleuropäischen Kulturkreis passt als die Kodály-Methode. Er beginnt seine Recherchen zur Ward-Methode und verfasst schließlich eine 250-seitige Examensarbeit zu dieser Methode (vgl. E 74-82). Auch nach seinem Studium beschäftigt er sich weiterhin mit der Ward-Methode. In den Niederlanden nimmt er an Ward-Kursen teil und erlernt die Methode. In Deutschland ist die Ward-Methode zu diesem Zeitpunkt noch nicht bekannt und so organisiert er erste Kurse mit den niederländischen Ward-Dozenten in Deutschland (vgl. E 85-90). Die Ward-Methode begleitet Gisbert Brandt seither in seinem Leben. Schon während seiner Referendarzeit experimentierte er mit der Ward-Methode an einer Realschule. Dies jedoch reichte ihm nicht an Erfahrungsschatz. Er wollte die Ward-Methode für jüngere Kinderzugänglich machen und so ging er zum Kölner Domchor (vgl. E 92-105). Die Ward-Methode ist speziell für Grundschüler entwickelt und so stellt Brandt sich dem damaligen Domkapellmeister vor, dem diese Methode bereits bekannt ist. Er engagiert Brandt und überträgt ihm eine Gruppe von Jungen, die auf den Domchor innerhalb der Nachmittagsbetreuung vorbereitet werden soll, da es zu diesem Zeitpunkt noch keine Domsingschule gibt (vgl. E 110-113). Brandt beschreibt diese ersten Erfahrungen in der tatsächlichen Praxis als *„sehr heilsam".* (E 117) Viele Ideen kann er hier austesten, seine Ansichten an der Praxis überprüfen und einige Dinge der Realität anpassen. Der zukünftige Schulleiter der Domsingschule ist zu dieser Zeit so zufrieden mit seiner Arbeit, dass er Brandt für die Arbeit an der Domsingschule gewinnen möchte, und so beginnt Brandt in der neu gegründeten Domsingschule mit vier Wochenstunden, parallel zu seinem Referendariat, die Arbeit. Nach seiner Referendariatszeit musste Brandt dann schließlich eine Entscheidung treffen: *„Bewerbe ich mich für den Staatsdienst, also gehe ich an eine ganz normale Haupt-, Real- oder Gesamtschule oder bleibe ich an der Domsingschule?"* (E 139-140) Brandt wählt den finanziell unergiebigen Weg und bleibt an der Domsingschule, wo er zunächst jedoch nicht mit einer vollen Stelle einsteigen kann, da die Schule noch nicht so groß ist. Voller Überzeugung gibt er jedoch an: *„Dieses Umfeld kriege ich an keiner anderen Schule geboten und den Stellenwert, den die Musik an der Domsingschule hat, der ist überhaupt nicht vergleichbar mit den allgemeinbil-*

---

395   Petersen, Anna: Unterricht im Takt. In: Begegnung. Deutsche Schulische Arbeit im Ausland, 33. Jahrgang, 03/2012, Bremen 2012, S. 18

denden Schulen.“ (E 146-148) Darin liegt begründet, warum er schließlich doch – entgegen seiner einstigen Einstellung – Lehrer wird. Der Beruf des Musiklehrers an einer regulären, staatlichen Schule ist nicht mit seiner Tätigkeit an der Domsingschule zu vergleichen. Musik unterrichten ist, so Brandt, anstrengender als jedes andere Unterrichten. Im Musikunterricht gelte es stets in Aktion zu sein und *„die Fäden zusammenzuhalten“*. (E 152-156) Dennoch wirkt Brandt nicht unzufrieden, denn an der Domsingschule fand er den Ausnahmezustand: *„An der Domsingschule ist es aber einfach anders und deshalb kam dann auch die Entscheidung, hier kannst du bleiben, und so bin ich dann geblieben und das ist jetzt mehr als 25 Jahre her.“* (E 164-167) Seine Stelle wächst mit der Größe der Schule gleichsam an. Die von Brandt eingeführte Ward-Methode ist für das Konzept der Domchornachwuchsbildung unabdingbar. In der Festschrift zum Schuljubiläum der Domsingschule heißt es:

> „Die Ward-Methode ist seit der Gründung der Kölner Domsingschule 1986 eine Komponente des Unterrichts. Sie zieht sich wie ein roter Faden durch die musikalische Ausbildung der Kinder.“[396]

Von Beginn ihrer Schulzeit werden die Kinder mit der Ward-Methode vertraut gemacht. Dies geschieht zunächst sehr langsam und kleinschrittig. Bei der Hospitation einer ersten Klasse, die erst ihre zweite Ward-Lektion hatte, fiel auf, wie schnell sich die Kinder in die Methode eingefunden hatten, wie selbstverständlich sie die Anweisungen umsetzten und wie selbstständig sie von Beginn an mit der Ward-Methode arbeiteten. Gisbert Brandt gibt an, dass die Ward-Methode für ihn nach wie vor die beste Methode sei, um den Kindern die musikalische Erfahrung über das Singen zu vermitteln. Auf direkteste Art und Weise, nämlich über das körperlich selbstständig erfahrene Erleben, erhalten die Schülerinnen und Schüler ihre Grundmusikalisierung. Die Methode ist seit über 40 Jahren in Gebrauch und innerhalb dieser Zeit wurde sie stets evaluiert, modifiziert und verbessert (vgl. E 290-292). Schon zu Beginn einer jeden Unterrichtsstunde findet eine ritualisierte, gesungene Begrüßung statt. Der Lehrer begrüßt seine Schülerinnen und Schüler mit einer kurzen Tonfolge, die Schülerinnen und Schüler erwidern dies einzeln oder in der Gruppe. Auf diese Weise beginnt man nicht nur den Tag musikalisch, die Konzentration der Kinder wird direkt auf die Sache fokussiert. In den ersten beiden Klassen erhalten die Schülerinnen und Schüler drei bis vier Mal wöchentlich Unterricht in der Ward-

---

396 Trebels, Gertrud, Riehm, Annette: 1986-2011. Kölner Domsingschule. Erzbischöfliche Grundschule für Jungen und Mädchen. Festschrift zum 25-jährigen Bestehen, Köln 2011, S. 46

Methode. Die Unterrichtssequenzen sind jedoch sehr kurz, sodass die Kinder von Beginn an nicht überfordert werden. Sichtbar wurde besonders in der Hospitation der ersten Klasse, dass die Tätigkeitsfelder und die zu bewältigenden Aufgaben nach kurzer Zeit immer variieren. Auf diese Weise fällt es den Schülerinnen und Schülern leichter, ihre Konzentration zu wahren. Die ersten zwei Grundschuljahre sind als eine Art Grundkurs in der Ward-Methode zu verstehen.[397] Den Kindern werden in dieser Zeit die wichtigsten musikalischen Grundkenntnisse nahegebracht. Die Schülerinnen und Schüler sollen nach der zweiten Klasse in der Lage sein, einfache Melodiefolgen der Dur-Tonleiter vom Blatt zu erarbeiten. Der Lehrer singt dabei zu keinem Zeitpunkt die Melodie vor.[398] Erst in der dritten und vierten Grundschulklasse wird der Unterricht dann in Form von zwei vollen Wochenstunden abgehalten. In dieser Zeit werden die Schülerinnen und Schüler mehr und mehr auf das Singen in den Domchören vorbereitet. Besonders das mehrstimmige Chorsingen wird ab diesem Zeitpunkt in den Fokus gerückt. Mehrstimmige Sätze und Kanons gehören zu dieser Zeit in das Repertoire.[399] Zudem erhalten die Kinder des vierten Schuljahres aktuell Musiktheorieunterricht vom Leiter der Musikschule. Auf diese Weise wird das praktische Wissen theoretisch untermauert. In der Hospitationsstunde einer vierten Klasse wurde die Selbstverständlichkeit im Umgang mit musiktheoretischen Phänomenen anhand einer Übung in Moll deutlich. Über das Singen der Moll-Tonfolge erkannten die Kinder das Tongeschlecht, bemerkten, dass die Tonfolge auf der sechsten Stufe der Solmisationsskala, nämlich auf dem la, beginnt und stellten so eine Verbindung zu den Kirchentonarten her. Ebenso konnten die Schülerinnen und Schüler in einem – für dieses Alter – hochentwickelten Vokabular die Eigenschaften des Tongeschlechtes Moll zum Ausdruck bringen. Durch die Ward-Methode war ihnen dieses Tongeschlecht vertraut, da sie es schon singend erfahren hatten. Auf diese Weise erhalten die Kinder einen persönlichen Bezug zu einem theoretischen Inhalt, weil ihnen dieser durch das eigene Singen viel vertrauter ist, als wenn das Phänomen nur auf dem Papier verhaftet existiert. Der Umgang mit Tonfolgen, mit Noten und den dazugehörigen Klängen ist den Schülerinnen und Schülern irgendwann tatsächlich so vertraut wie die eigene Muttersprache.

---

397 Vgl. Trebels, Riehm 2011: a.a.O., S. 46
398 Trebels, Riehm 2011: a.a.O., S. 46
399 Vgl. Trebels, Riehm 2011: a.a.O., S. 46

3.5.3.1 Die Tradition der Dommusik, musikalische Arbeit und Zielsetzung

Die Arbeit in der Kölner Domsingschule ist in ein Drei-Instanzen-Modell eingegliedert. Diese drei Instanzen sind organisatorisch unabhängig voneinander aufgebaut. Seit fast 150 Jahren existiert die erste Instanz, der Kölner Domchor. Der Domchor in Köln ist ein vierstimmig gemischter Knabenchor, der unter der Leitung des Domkapellmeisters steht. Dieser ist hat die musikalische Leitung der Dommusik inne (vgl. E 170-176). Die Kölner Domsingschule ist die zweite Instanz. Sie arbeitet eng mit den Domchören zusammen und fördert den Nachwuchs der Domchöre. Bewusst hat man damals kein Internat eingerichtet, da man erkannte, dass man bereits viel früher mit der Förderung der Stimmen anfangen musste. Schon in der Grundschule wollte man die musikalische Kompetenz der Schülerinnen und Schüler ausbilden (vgl. E 193-194). Da die Domsingschule den Auftrag besitzt, den Nachwuchs der Domchöre zu sichern, wird das Fach Musik in der Domsingschule wie ein Hauptfach behandelt. Brandt erklärt: *„Singen, Lesen, Schreiben, Rechnen und dazu kommt natürlich noch die Religion, weil wir ja eine erzbischöfliche Schule sind".* (E 211-212) Die Domsingschule Köln ist eine private Grundschule für Jungen und Mädchen, die sich in der Trägerschaft des Erzbistums Köln befindet. Trotz ihres besonderen Profils und des erklärten Ziels, Erziehungs- und Glaubensgemeinschaft zu sein, ist die Schule wie eine reguläre Grundschule organisiert. Sie ist eine staatlich anerkannte Ersatzschule. Ihre Schulleitung ist autonom und wird nicht von der musikalischen Arbeit beispielsweise in der Aufnahme der Schülerinnen und Schüler bestimmt (vgl. E. 213-215). Das Interesse der Eltern an der Schule ist jedes Jahr sehr groß. Lange Anfahrtszeiten werden in Kauf genommen, doch einige Interessenten müssen jedes Jahr abgewiesen werden, da die Domsingschule nur eine gewisse Aufnahmekapazität besitzt.[400]

Seit etwa 1994 existiert die dritte Instanz der Kölner Dommusik, welche die Musikschule des Kölner Domchores bildet. Die Musikschule besitzt die Aufgabe, den Instrumentalunterricht, der ein weiteres Angebot darstellt, zu koordinieren. Ebenso koordiniert die Musikschule die Stimmbildung für die Domchöre und die musikalische Früherziehung. Für die Sängerinnen und Sänger der Kölner Domchöre ist das Erlernen eines Instruments verpflichtend:

> „Die Ausdrucksfähigkeit mit Musik gelingt durch den Gebrauch der menschlichen Stimme und dem individuell gewählten Instrument. Musi-

---

400   Petersen 2012: a.a.O., S. 17

kalische Strukturen und Prozesse lassen sich besonders gut auf einem Instrument entdecken, darstellen und wieder auf das Singen übertragen."[401]

Die Gesamtheit der musikalischen Ausbildung steht im Vordergrund. Es geht
also nicht nur um die Nachwuchsförderung für die Domchöre, sondern auch um
eine individuelle musikalische Förderung jedes Einzelnen. Folgende Instrumente stehen den Schülerinnen und Schülern ab der Klasse drei zur Wahl: Block-
flöte, Querflöte, Oboe, Klarinette, Saxophon, Trompete, Violine, Viola, Vio-
loncello, Kontrabass, Klavier, Orgel und Gitarre. Der Instrumentalunterricht
findet als Einzelunterricht statt und ist an das Ensemblespiel gebunden, welches
in regelmäßigen Abständen als Gruppenunterricht erfolgt, und auch Konzerte
und Vorspielabende bieten Anlass zum Zusammenspiel und zur Präsentation
des Erarbeiteten.[402] Besonders unterstützt von der Musikschule werden die
Sängerinnen und Sänger, die ein Musikstudium anstreben.

Die Grundschule und die Musikschule sind integriert in das Kardinal-
Höffner-Haus. Unter dem Dach dieses Hauses finden sich auch der Kölner
Domchor und der Mädchenchor am Kölner Dom. Brandt betont, dass sich alle
drei Instanzen stets bemühen, miteinander gut zusammenzuarbeiten, sodass die
Kontinuität des Lernbetriebes gegeben ist. Eine gute Kommunikation, die in
Dienstbesprechungen und verschiedenen Gremien ihren Ausdruck findet, ist
von besonderer Wichtigkeit (vgl. E 227-230).

3.5.3.2 Unterrichtsalltag in der Domsingschule

Die Kölner Domsingschule besitzt als Grundlage des Gesangskonzeptes die
bereits vorgestellte Ward-Methode. Vom ersten Schultag der Kinder an gehört
diese Methode zu den Grundbausteinen der Schüleraktivität. Die Methode hat
zum Ziel, den Kindern eine solide musikalische Bildung zu vermitteln. Die
tägliche Unterricht in der Ward-Methode verfolgt zudem folgende Ziele: die
Entwicklung einer gesunden, klangschönen Stimme, die viel genannte Erziehung zu musikalischer Selbstständigkeit, die Entwicklung einer inneren Klangvorstellung und die Entwicklung eines stabilen Rhythmusgefühls.[403] All diese
Ziele werden über den Gebrauch der Stimme erreicht. Das gemeinsame Singen

401   http://www.koelner-dommusik.de/index.php/de/musikschule/instrumental-
       unterricht,17.09.2012, 16:40 Uhr
402   Vgl. http://www.koelner-dommusik.de/index.php/de/musikschule/instrumental-
       unterricht, 17.09.2012, 16:40 Uhr
403   Trebels, Riehm 2011: a.a.O., S. 47

ist hier für die musikalische Erziehung das grundlegende Medium. Innerhalb einer Unterrichtssequenz gibt es verschiedene Elemente: Stimmbildung, Gehörbildung, Rhythmus, Notation, Improvisation und Melodien/Lieder. Innerhalb des Unterrichts wechselt der Lehrer sehr schnell die einzelnen Elemente miteinander ab. Auf diese Weise entstehen keine Langeweile und auch keine Ermüdung auf Seiten der Schülerinnen und Schüler, die gerade in dieser Altersgruppe bei zu langem Verharren an der gleichen Stelle aufkommen können.[404] Die einzelnen Elemente werden auf folgende Art durchgeführt: Die Stimmbildung wird mit Hilfe von einfachen Übungen vollzogen. Zunächst ist es für die Lehrer der Domsingschule sehr wichtig, dass die Kinder ein Gespür für ihre eigene Stimme bekommen, um diese handhaben und regulieren zu können. Einfache Übungen versuchen kleinschrittig den Tonumfang zu steigern und den Fokus auf den rechten Stimmsitz und die Klangschönheit zu richten. Ziel ist es, den Kindern eine „wohlklingende, genau intonierte Stimme" zu ermöglichen.[405] Im Bereich der Gehörbildung ist der Umgang mit der Ward-Methode sehr entscheidend, denn jedem Ton wird eine bestimmte Silbe zugeordnet. Durch das wiederholte Singen und Einüben entwickelt sich ein tonales Vorstellungsvermögen, welches auch die Erarbeitung des Tonmaterials leichter ermöglicht. Das musikalische Gedächtnis wird durch die Übungen immer wieder aktiviert und es ist den Schülerinnen und Schülern möglich gehörte Melodien aus der Erinnerung zu verschriftlichen.[406]

Das Rhythmusempfinden wird über die Körperbewegung aktiviert. Die Kinder vollziehen gemeinsam rhythmisch-tänzerische Bewegungen, die dem Drang nach Bewegung zur Musik koordiniert Raum verleihen. Es geht um die exakte Ausführung der verschiedenen Notenwerte und das Nachvollziehen und Umsetzen rhythmischer „Spannungsverläufe".[407] Der Rhythmus wird nicht geklatscht oder geklopft, er wird mit der Stimme dargestellt. Für die einzelnen Notenwerte existieren einzelne rhythmische Silben (vgl. E 252-255).

Der Bereich der Notation wird langsam und kindgerecht erarbeitet. Die Kinder bekommen Möglichkeiten an die Hand, gesungene und gehörte Melodien einfach schriftlich festzuhalten. Schritt für Schritt werden sie an die komplexe Notenschrift herangeführt. Ziel dabei ist, dass sie mit der gleichen Selbstverständlichkeit mit dieser umgehen können, wie sie es im Deutschunterricht

---

404   Vgl. Trebels, Riehm 2011: a.a.O., S. 46
405   Trebels, Riehm 2011: a.a.O., S. 47
406   Trebels, Riehm 2011: a.a.O., S. 48
407   Trebels, Riehm 2011: a.a.O., S. 48

mit den Buchstaben der Schriftsprache können.[408] Innerhalb des Elements Improvisation lernen die Schülerinnen und Schüler sich selbstständig und bewusst musikalisch zu artikulieren und zwar nicht nur im Bereich der Reproduktion, sondern verstärkt auch im Bereich der Eigenproduktion. Die Kinder sind dazu angehalten mit dem erlernten musikalischen Repertoire zu experimentieren, zu improvisieren und kleine Kompositionen zu erstellen.[409] Brandt gibt an, dass er die Kinder, wenn er dieses Thema stärker in den Vordergrund stellen würde, zu „kleinen Komponisten erziehen" könnte. (E 264-266)

In der Ward-Methode sind Melodien und Lieder enthalten, die sich stets auf den aktuellen Leistungsstand der Schülerinnen und Schüler beziehen. Das gemeinsame Erarbeiten der Lieder und Melodien wendet das zuvor Gelernte praktisch an. Innerhalb der Lieder gilt es für die Kinder sowohl Rhythmus wie auch Tonhöhe anzuwenden und in einen Zusammenhang zu bringen. Der Lehrer hält sich bei der Aneignung der Lieder möglichst zurück und singt nicht vor. Die Schülerinnen und Schüler sind dazu angehalten, sich möglichst alles selbst zu erarbeiten.[410]

Das wichtigste Ziel der Ward-Methode ist für Gisbert Brandt jedoch, die Freude am Musizieren zu vermitteln. Wichtig ist ihm, dass die Kinder wirkliche Freude an der Arbeit mit der Ward-Methode haben, sie das freiwillig machen und damit auch die Voraussetzung geschaffen wird, dass die Kinder gut arbeiten.

3.5.3.3 Singen als Beitrag zur ästhetischen Bildung, Singen als fester Bestandteil des Lebens

Gisbert Brandt berichtet im Interview, dass er in seinem Unterricht häufig bemerkt, wie die Arbeit und die Erfolge der Ward-Methode das musikalische Selbstbewusstsein der Schülerinnen und Schüler fördern. Die Schülerinnen und Schüler entwickeln durch das Mitwirken im Chor Bühnenerfahrung und haben so bald keine Scheu mehr vor Publikum aufzutreten. Die Ward-Methode schult nicht nur das saubere Intonieren, das Tonvorstellungsvermögen sowie das Rhythmusempfinden, sondern entwickelt auch musikalisches Selbstbewusstsein (vgl. E 300-302). Die Schülerinnen und Schüler werden in der Arbeit nach und nach mehr mit sich selbst und ihrer eigenen musikalischen Aufgabe, der Entwicklung ihrer Singstimme und ihrer musikalischen Fähigkeiten, mit dem Ziel

---

408   Trebels, Riehm 2011: a.a.O., S. 48
409   Trebels, Riehm 2011: a.a.O., S. 48
410   Vgl. Trebels, Riehm 2011: a.a.O., S. 48

im Domchor zu singen, konfrontiert. Das Musizieren wird zu einem festen Bestandteil in ihrem Leben. Die Schülerinnen und Schüler entwickeln zudem von Beginn an eine besondere Fähigkeit zum Zuhören. Schon zu Beginn einer jeden Unterrichtseinheit beim Begrüßungsritual, während der Lehrer Töne und Tonart singend angibt, müssen die Schülerinnen und Schüler aufmerksam zuhören, damit sie dem Lehrer sauber entgegnen können. Die Unterrichtsatmosphäre während der Ward-Einheiten ist stets ruhig und die Schülerinnen und Schüler sind aufmerksam und positiv gespannt.

Brandt erwähnt zudem, dass heutzutage viele Informationen durch die Presse gehen, welche Eigenschaften die Musik besonders fördere. Man liest davon, dass das strukturierte Arbeiten, das strukturierte Denken oder die Konzentrationsfähigkeit der Schülerinnen und Schüler durch Musik gefördert werden (vgl. E 324-327). Sicherlich regt die Ward-Methode zahlreiche Nebeneffekte an. Das Wichtigste, das mit dem musikalischen Tun unmittelbar zusammenhängt, ist, so Brandt, die Fähigkeit zur Konzentration. Speziell durch die Arbeit mit der Ward-Methode wird diese Fähigkeit besonders gefordert. Brandt gibt an: *„Ich arbeite mit höchster Disziplin. Der Witz an der Sache ist, es macht den Kindern Spaß, weil es mit Musik verbunden ist."* (E 332-333) Die Schülerinnen und Schüler kommen zu der Einsicht, dass das gemeinsame Singen nur funktioniert, wenn alle zur gleichen Zeit singen und nicht mit anderen Dingen beschäftigt sind. *„Wenn ich einen Einsatz gebe [...] und dann die Hälfte der Klasse noch damit beschäftigt ist, Bleistifte zu sortieren, funktioniert das einfach nicht."* (E 330-332) Dies bemerken die Schülerinnen und Schüler ebenfalls und so verändern sie nach und nach ihr Verhalten und ihre Aufmerksamkeit. Für einen Chor ist das gemeinsame Handeln, das gemeinsame Auftreten, der Ein- und Auszug des Chores sehr wichtig. Die Präzision und Strukturiertheit, das gemeinsame Achten auf die anderen wird in der Kölner Domsingschule vom ersten Tag an eingefordert. Brandt betont, dass dieses Einfordern der Disziplin nicht gleichzusetzen ist mit einem Drill, der auf die Kinder wirkt. Stets haben die Struktur und das disziplinierte Verhalten etwas mit dem Musizieren selbst zu tun. Dies funktioniert nicht, wenn die disziplinarischen Rahmenbedingungen nicht gegeben sind. Das ist für die Kinder auch in jungen Jahren sehr gut nachvollziehbar und bekommt so eine eindeutige Sinnzuweisung. Gisbert Brandt erklärt seinen Schülerinnen und Schülern stets, dass das Hören der Musik von besonderer Wichtigkeit für das eigene Musizieren ist. Aus diesem Grunde besteht er auf Stille im Klassenraum: *„[...] wenn ihr nicht hören könnt, was für Töne hier im Raum sind, dann könnt ihr auch selber keine sauberen Töne produzieren".* (E 344-345) Es geht darum, dass die Kinder schon zu Beginn eine Ahnung von der Wichtigkeit musikalischer Präzision bekommen. Denn *„wir singen nicht einfach drauf los und jetzt ist egal, wo unser Do ist und wir können es einen Ton tiefer nehmen, sondern vorher müssen alle Voraussetzungen gegeben sein".* (E 347-349) Brandt sieht im gemeinsamen Singen zudem eine Möglichkeit, an sozialen Grundsätzen festzuhalten. Das gemeinsame Singen ist für ihn der „Prototyp des sozialen Denkens und Handelns". (E 361) Gerade im Bereich der Grundschule ist in der letzten Zeit verstärkt zu erkennen, dass die Bestrebungen immer mehr in Richtung Individualförderungen gehen. Die Lehrerinnen und Lehrer bemühen sich auf die unterschiedlichen Lerntempi variabel zu reagieren. Dies ist eine durchaus positive Bestrebung. Problematisch daran ist allerdings, dass vielerorts diese Bemühungen insofern übertrieben werden, als die Gemeinschaftserziehung zugunsten der Individualförderung vernachlässigt wird. Brandt befürchtet: *„Wenn man das aber übertreibt, führt es dazu, dass wir unsere Kinder zu kleinen Egoisten erziehen."* (E 358-359) Die Schülerinnen und Schüler nehmen dann nur noch sich selbst wahr und nicht mehr ihre Rolle innerhalb der Gruppe. Brandt bezeichnet das gemeinsame Singen als beste Möglichkeit, diesem Phänomen entgegenzuwirken: *„Das gemeinsame Singen ist der Prototyp des sozialen Denkens und Handelns."* (E 361) Denn gerade in der Chorarbeit ist der Zusammenklang, das homogene Klingen der Stimmen das entscheidende ästhetische Ziel. Alle Sängerinnen und Sänger streben dem gemeinsamen Ziel entgegen.

Brandt führt jedoch noch ein weiteres Argument an: Für ihn ist das Singen eine wesentliche Grundäußerung des Menschen. Wenn man Menschen das Singen verböte oder es ihnen vorenthielte, würde man diesen Menschen einen ganz *„wesentlichen Bestandteil ihrer Persönlichkeitsstruktur"* vorenthalten. (E 365-367) Der Mensch ist ein Wesen der Gemeinschaft. Singen ist seit jeher und in allen Kulturen ein Gemeinschaftserlebnis (vgl. E 368-369). Die Sehnsucht nach dem gemeinsamen Singen, welches lange Zeit in vielen Zusammenhängen tabuisiert wurde, wächst wieder. Dies ist allerorts zu vernehmen. Sicherlich geschieht nicht jede Ausprägung dieses Phänomens in gleicher Qualität und Reflexion, aber die Tendenzen sind deutlich wahrnehmbar.

3.5.4 Die Düsseldorfer SingPause – Perspektiven der musikalischen Leiterin und des Projektmanagers

Im Jahr 2006 startete das Projekt SingPause in Düsseldorf. Es ist ein Projekt des Städtischen Musikvereins zu Düsseldorf, welches vom Kulturamt, vom

Schulverwaltungsamt Düsseldorf und von zahlreichen weiteren Sponsoren finanziert wird. Die Idee zum Projekt SingPause entstammt dem Projektmanager und Geschäftsführer Manfred Hill und der musikalischen Leiter Marieddy Rossetto. Sie ist das Ergebnis eines runden Tisches, den das Kulturamt Düsseldorf unter anderem mit dem Städtischen Musikverein zu Düsseldorf im Jahr 2005 initiierte.[411] Die Überlegungen kreisten um die musikalische Bildung der Kinder und Jugendlichen und den Sängerinnen- und Sängernachwuchs in den Chören. Manfred Hill, der Projektmanager der Düsseldorfer SingPause und deren Hauptinitiator, beschreibt, wie er selbst durch seine drei Söhne 30 Jahre lang den Musikunterricht an den Regelschulen verfolgt hat. Schließlich überlegte er, besonders in seiner Funktion als Chorvorsitzender des Städtischen Musikvereins, welcher auch auf die Förderung von Nachwuchssängern bedacht ist, dass die frühmusikalische Bildung wieder stärker in die Gesellschaft gebracht werden müsste (vgl. F 75). Der Musikunterricht, so sieht es Hill, habe seine Qualität in den Jahren verloren, an den meisten Grundschulen unterrichten die Musiklehrer nur noch fachfremd. Allein an den nun 58 Düsseldorfer Grundschulen, wo die SingPause nun aktiv ist, gäbe es nur noch circa fünf ausgebildete Musiklehrerinnen und Musiklehrer. Dieser Mangel führe dazu, dass der Musikunterricht häufig nur noch aus dem Abspielen von Musikaufnahmen bestünde und keine Musik mehr mit den Kindern gemacht würde. Hill formuliert klar: *„Wir haben unsere Stimme verloren."* (F 82-83) Diese Erkenntnis veranlasste Hill dazu aktiv zu werden und in Absprache mit dem Kulturdezernenten ein Pilotprojekt zu entwickeln, welches zunächst an einer Realschule durchgeführt wurde. Hill berichtet, dass die Resonanz auf dieses Projekt sehr groß gewesen wäre. So stellte man fest, dass es *„einen richtigen Hunger nach solchen Dingen gibt".* (F88) Aufgrund der professionellen Durchführung des Pilotprojektes wurde das Projekt auch auf Seiten der Schule und der Lehrerschaft sehr positiv empfunden. Die Diskussion wurde dann weitergeführt und schließlich entstand in einem kleinen Arbeitskreis das Konzept zur „Düsseldorfer SingPause". Methodisch steht auch hier die Ward-Methode im Mittelpunkt der unterrichtlichen Bestrebungen. Der Name „SingPause" soll auch darauf verweisen, dass während der Zeit des gemeinsamen Singens und Musizierens eine Pause, ein Einhalt in die alltägliche Praxis des Lernens und kognitiven tätigseins einkehrt. In dieser Zeit wird etwas anderes gelernt und erlebt. Hill bezeichnet die SingPause als eine Art *„Belüftung der Grundschulen".* (F 105) Er empfindet diese Belüftung der Grundschulen als ganz wesentlich für

---

411   Rossetto, Marieddy: Dokumentation „SingPause. Singen an Düsseldorfer Grundschulen", Düsseldorf 2006, S. 12

alles Lernen und Denken, damit alte Strukturen aufgebrochen und erneuert werden können (vgl. F 105-110).

Marieddy Rossetto, die Projektleiterin der Düsseldorfer SingPause, erlernte bereits mit fünf Jahren das Klavierspiel. In ihrem Heimatland Brasilien bemerkte man schnell, dass sie eine große musikalische Begabung aufwies, und stellte ein absolutes Gehör fest. Schon in jungen Jahren sammelte sie erste Erfahrungen im Bereich der Chorleitung. Nachdem sie ihren Abschluss im Fach Klavier gemacht hatte, ging sie nach Deutschland und studierte dort in Köln das Fach Chorleitung (vgl. F 1-18). Nach einigen Jahren, in denen sie auch in Brasilien unterrichtet und weitere Erfahrungen mit Chören gesammelt hatte, kehrte sie nach Deutschland zurück und leitete zunächst den Chor der Konzertgesellschaft Wuppertal, welcher ähnlich wie der Düsseldorfer Musikverein ein Chor mit großer Tradition ist, der seit 200 Jahren existiert. Nach einiger Zeit konnte Marieddy Rossetto dann auch den Düsseldorfer Musikverein übernehmen und ist nun Leiterin beider Chöre. Gemeinsam mit Hill überlegte sie dann, wie man auf nachhaltigstem Wege zu Chornachwuchs kommen könnte, und erforschte zunächst die Düsseldorfer Schulen und Kindergärten. Sie bot Fortbildungskurse für Musikerlehrer der Grundschule an und merkte, dass diese Bemühungen kaum zu etwas führten: *„Es gibt eine riesen Bedarf an Fortbildungen, aber man kommt bei Fortbildungen eigentlich nicht soweit, wie man kommen sollte, um etwas zu bewegen. Bis die Lehrer etwas gelernt haben, um den Kindern etwas beizubringen, ich weiß nicht, wie viele Generationen da an uns vorbeigehen sollen."* (F 50-53) Der Weg über die Fortbildung der Musiklehrerinnen und Musiklehrer schien also keine Perspektiven für das Ziel der frühmusikalischen Bildung zu bieten. So entschied man sich dafür, die Kinder auf direktem Wege von Sängerinnen und Sängern ausbilden zu lassen. Kinder, so Rossetto, *„tragen das ganz schnell weiter".* (F 54) Die Arbeit mit den Schülerinnen und Schülern zeigt, dass diese sehr offen für das Lernangebot sind, sie zeigt große Erfolge in der musikalischen Entwicklung der Kinder und somit, dass die Initiatoren viele richtige Entscheidungen getroffen haben. Innerhalb von Hospitationsstunden ist immer eine sehr große Motivation der Schülerinnen und Schüler festzustellen. Die Lernatmosphäre im Klassenraum ist stets von Konzentration und großer Aufmerksamkeit der Lernenden bestimmt. Der Erfolg des Projektes ist durch die Wahl der Ward-Methode entscheidend mitbestimmt. Dadurch, dass an allen Schulen das gleiche methodische und inhaltliche Programm läuft, ist eine gewisse Standardqualität unabhängig von den spezifischen Fähigkeiten der Singleiter gewährleistet.

Rossetto regte an, dass als Zielpunkt der Arbeit einmal im Jahr einige große Konzerte der SingPause in der Düsseldorfer Tonhalle stattfinden sollten. Auf diese Weise könnte man auch der Stadt und den Sponsoren zeigen, welche Früchte diese Arbeit trägt. Schon nach dem ersten Konzert der SingPause, zu dem alle Schulleiter Düsseldorfs eingeladen waren, waren die Resonanz und das Interesse an der SingPause so groß, dass alle Schulleiter die SingPause nun auch für ihre Schule gewinnen wollten (vgl. F 63-64).

3.5.4.1 Projektbeschreibung und Projektziele

Das Projekt SingPause in Düsseldorf wird aktuell an 58 Düsseldorfer Grundschulen durchgeführt. Insgesamt 38 Singleiter arbeiten an den einzelnen Grundschulen. 12000 Schülerinnen und Schüler der Grundschulklassen eins bis vier erhalten Unterricht im Projekt SingPause. Der Unterricht erfolgt im regulären Klassenraum, die Schülerinnen und Schüler benötigen kein Instrument und auch die Singleiter benötigen nur ihre eigenen Materialien. Dem Projekt zugrunde liegt wiederum die Ward-Methode. Zur Sicherung der Qualität müssen die Singleiterinnen und Singleiter ausgebildet sein im Bereich der Ward-Methode. Diese Methode ist die Basis der Arbeit. Der Unterricht läuft in allen Kursen und Schulen nach den gleichen inhaltlichen und methodischen Parametern ab.

Die Schülerinnen und Schüler erhalten Unterricht in den Methoden Justine Wards, die schon an früherer Stelle in dieser Arbeit Erwähnung fanden. Die einzelnen Elemente der Arbeit sind identisch zu den Bereichen der Arbeit in der Kölner Domsingschule. Erweitert ist das Programm um ein umfangreiches Liedrepertoire aus aller Welt, das in jährlich stattfindenden Konzerten in der Tonhalle Düsseldorf vorgestellt wird.

Die Ward-Methode, aber auch die Initiatoren der Düsseldorfer SingPause verfolgen als grundlegendes Ziel, bei den Kindern „wahre Freude und Begeisterung für das Singen und Musizieren" zu entwickeln.[412] Durch die einzelnen Elemente erlangen die Kinder Kompetenzen in Gehörbildung, Rhythmus, Notation, Improvisation, Melodien und Lieder und werden durch die spielerischen Übungen und Rätsel, die wie selbstverständlich in das Unterrichtsgeschehen eingebunden sind, motiviert.

Das Projekt SingPause ist besonders an Nachhaltigkeit und Beständigkeit interessiert. Die Kosten für das laufende Projekt werden zu 65% vom Kultur-

---

412   Rossetto 2006: a.a.O., S. 4

amt und Schulverwaltungsamt der Landeshauptstadt Düsseldorf getragen. 35% jedoch müssen jedes Jahr von besonders engagierten Sponsoren zusammenbekommen werden. Diese Arbeit übernimmt Manfred Hill.

3.5.5 Die SingPause im Schulalltag, unterrichtliche Umsetzung

An zwei Vormittagen innerhalb der Woche kommen die Singleiter für je 20 Minuten in den Regelunterricht und unterbrechen diesen für die SingPause. Sie erarbeiten mit den Schülerinnen und Schülern die musikalischen Grundkenntnisse nach der Ward-Methode und ein internationales, breitgefächertes Liederrepertoire.[413] Die Grundschullehrer bleiben zu dieser Zeit im Klassenraum und fungieren als eine Art „pädagogisches Rückgrat", welches die Kinder beaufsichtigt und, sollte dies von Nöten sein, für Disziplin sorgt. Außerdem profitieren die Lehrerinnen und Lehrer selbst von der qualifizierten Arbeit innerhalb der Klasse. Frau Rossetto beschreibt diese besondere Unterrichtssituation und die Zusammenarbeit zwischen Lehrern und Gesangspädagogen wie folgt:

> „Dadurch aber, dass die SingPause nur 20 Minuten lang ist, lohnt es sich nicht, dass der Lehrer weggeht. Der bleibt also und wenn er dann nicht gerade etwas am Computer macht, es gibt auch uninteressierte Lehrer. Aber die meisten interessieren sich schon dafür und wenn man dann einfach die Kinder beobachtet, sind das ganz andere Kinder. Sie sagen dann: In meinem Fach ist es nie vorgekommen, dass sich das Kind für etwas interessiert. Und gerade mit Musik, gerade mit diesen Zahlen, weil alles ist erst einmal mit Zahlen und mit Noten und die Kinder begreifen auf einmal etwas. " (F 177-184)

Diese besondere Situation ist eine Chance für die Grundschullehrerinnen und -lehrer, ihre Schülerinnen und Schüler einmal anders zu erleben. Sie fungieren als Hospitanten und nehmen so die Beobachtungsperspektive ein.

Wie in Hospitationen zu beobachten war, werden die Schülerinnen und Schüler von den Singleiterinnen und Singleitern, immer wieder zu musikalisch-selbstständigem Handeln angeleitet. Dies geschieht in Form von Rätseln oder kleinen Übungen, die die Kinder eigenständig zu lösen haben. Innerhalb meiner Hospitationen konnte ich eine große Beteiligung beim Lösen der Rätsel und kleineren Übungen beobachten, was auf eine hohe Motivation der Schülerinnen und Schüler schließen lässt. Während des Singens werden die Schülerinnen und Schüler zum gesunden und klangschönen Gebrauch ihrer Stimme angeregt und

---

413   Rossetto 2006: a.a.O., S. 3

aufgefordert. Die Schülerinnen und Schüler entwickeln mit der Zeit eine eigene, innere Klangvorstellung und durch den besonders motivierenden Umgang mit dem Element Rhythmus ein sicheres Rhythmusgefühl. Da die Methode kleinschrittig und stets auf Wiederholung achtend vorgeht, kommt jede Schülerin und jeder Schüler mit dem Lerntempo zurecht und erlebt Erfolgserlebnisse. Hill berichtet, dass er es immer wieder faszinierend findet, wie sehr die Methode auf die Motivation der Kinder bedacht ist. Die Singleiter loben die Kinder immer wieder. Wenn einer, so Hill, vielleicht nicht so gut singt, ist er vielleicht gut im Bereich Rhythmus oder einem anderen Element und erlebt so Erfolge. Außerdem helfen die Schülerinnen und Schüler sich gegenseitig bei der Aussprache der fremden Texte. In jeder Klasse befinden sich Kinder mit Migrationshintergrund, die Experten für die Textaussprache der Lieder in ihrer Muttersprache werden.

Die Konzerte, die einmal im Jahr stattfinden, sind sehr große und aufwendige Veranstaltungen. In jedem Konzert stehen im unteren Bereich der Tonhalle circa 1000 Kinder, die ohne eine vorherige Probe miteinander singen. Im oberen Rang sitzen Eltern und Gäste der Veranstaltung. Dadurch, dass alle Grundschüler und Grundschülerinnen an allen Grundschulen das gleiche Programm durchlaufen, sind alle auf diesen Auftritt vorbereitet. Die Übungen innerhalb der Methode vermitteln alle eine große musikalische Präzision und schulen die musikalische Intelligenz der Kinder. Auf diese Weise ist es möglich, dass die Kinder im Konzert alle zusammen *„komplizierte Sachen singen"*. (F 189) Sie schaffen es gemeinsam anzufangen, gemeinsam aufzuhören und beachten auch musikalische Feinheiten wie piano und crescendo, so Rossetto (vgl. F 191-192).

3.5.5.1 Singen als Beitrag zur ästhetischen Bildung durch die SingPause

Marieddy Rossetto erkennt wesentliche Vorteile innerhalb der Methode in der Verständigung zwischen Lehrenden und Lernenden. Sie sieht in der andersartigen Arbeit ein Potential, das für die Grundschullehrerinnen und Grundschullehrer ein neues Erkennen der Kinder ermöglicht. Rossetto beschreibt dieses so:

> *„Wenn ein Kind eine gewisse Begabung hat oder man merkt, das Kind lernt, hat man einen gewissen Respekt davor. Die Kinder wachsen in den Augen der Erwachsenen."* (F 186-187)

Die musikalische Bildung verändert jedoch nicht nur die Sicht auf das Kind, sondern das gesamte Persönlichkeitsgefüge des Kindes. Über diese Form von

Bildung wird das Kind zusätzlich aufgewertet und erhält besondere Anerkennung.

Zudem sieht sie ein sehr großes Potential darin, dass die Schülerinnen und Schüler sich die erworbenen Inhalte wirklich zu eigen machen, sie nehmen alles in sich auf und lernen die Elemente der Methode sowie die Lieder ohne Hilfe eines Instruments, ja nicht einmal unter Zuhilfenahme eines Zettels oder Stiftes. Die gelernten Inhalte fügen sich unmittelbar in die psychophysische Gesamtheit des Kindes ein. Als primären, wichtigen Effekt der SingPause benennt Rossetto die Entwicklung der musikalischen Intelligenz. Häufig wird die große Aufnahmefähigkeit der Kinder unterschätzt. Die Kinder sind in ihren Fähigkeiten und ihrem Verhalten wie „kleine Musiker", sie verknüpfen die einzelnen Elemente der Ward-Methode miteinander, auch wenn die Bausteine nebeneinander gelehrt werden. Rossetto beschreibt, wie sich bei den Lernenden die einzelnen Bestandteile der musikalischen Grundbildung aufbauen und zusammenfügen und sich ein inneres Gefüge entwickelt (vgl. F 162-168). Dies, so ist herauszustellen, ist ein primärer Effekt der ästhetischen Bildung durch das Singen.

Hill beschreibt, wie auch schon Gisbert Brandt in der Kölner Domsingschule, dass sich auch durch die Arbeit in der SingPause das Selbstbewusstsein der Kinder steigert. Die Schülerinnen und Schüler können auf diesem Selbstbewusstsein, das wie ein Fundament gelegt ist, aufbauen, sie können sich für ein Instrument entscheiden oder das musikalische Bildungsgut auf anderem Wege in die Welt tragen (vgl. F 134-137). Dies empfindet Hill als besonders wichtig, aber stellt zudem auch heraus, dass es für ihn besonders schwierig ist, den Menschen zu verdeutlichen, wie wichtig diese Form von Bildung innerhalb der Gesellschaft ist (vgl. F 139). Das besondere Potential der SingPause und derartiger Projekte muss durch Hospitationen miterlebt werden und so lädt er des Öfteren auch Sponsoren in den SingPausen-Unterricht ein. Um das enorme Potential des Projektes für die Zukunft der Gesellschaft herauszustellen, bedient er sich eines Vergleiches:

> *„Ich sehe die SingPause als kleines Pflänzchen und daraus könnte ein Baum werden und dann könnte dieser Baum auch einen Schutz bringen für unsere Gesellschaft oder für unsere gesellschaftspolitische Entwicklung, wenn wir unter einem so musikalischen Baum stehen würden, würden wir uns ganz sicher darunter wohl fühlen, als Gesellschaft, und das könnte die Wirkung haben." (F 139-144)*

Dieses Potential besitzt die Bildung und besonders die ästhetische Bildung. Ein Potential, das eine Veränderung der Gesellschaft mit sich ziehen könnte. Aus diesem Grund will Hill Sponsoren überzeugen, indem er diese damit konfrontiert, dass diese eine Verpflichtung dazu haben, an der Qualität der Gesellschaft zu arbeiten. Er stellt neben zahlreichen Nebeneffekten, wie, dass die Schülerinnen und Schüler durch den Unterricht in der SingPause allgemein besser lernen können und insgesamt auch besser miteinander umgehen, besonders das Leistungsvermögen und das Können der Schülerinnen und Schüler heraus. So betont er, dass er *„bei jedem Besuch einer SingPause [darüber erstaunt ist], was Kinder also alles können, und diese Ressource haben wir in unserer Gesellschaft".* (F 151-153)

3.5.6 Auswertung

Singen ist unmittelbar, direkt und kann einen Menschen in vielen Lebenslagen unterstützen. Dies ist nur eine der vielen Erkenntnisse, die der Einblick in die zahlreichen konzeptionellen Ansätze ergeben hat. Dieser Erkenntnis folgend ergaben alle Interviews und Hospitationen ein ähnliches Hauptziel: die Lust am Singen und gemeinsamen Musizieren. Die Kinder sollen zunächst einmal jenseits von aller Leistungsorientierung Freude für die Musik, das gemeinsame Musizieren und besonders das Singen entwickeln. Die Musik steht also unmittelbar im Zentrum der musikpädagogischen Bestrebungen. Die erste Funktion der Projektarbeit ist in allen Fällen die Musik um ihrer selbst willen. Den Projektleitern und Gesangspädagogen scheint es darum zu gehen, die Musik in das Leben der Kinder zu integrieren. Die Freude am Musizieren und die Faszination für die Musik sollen geweckt werden. So lassen sich die Verantwortlichen nicht unter einen Legitimationsdruck setzen, der zum Beispiel fordern könnte, dass sich alle Schülerinnen und Schüler durch das gemeinsame Musizieren in ihren schulischen Leistungen zwangsläufig steigern, eine höhere Sprachkompetenz entwickeln und nun auch mathematische Transferleistungen erbringen können.

Weiterhin eine wichtige Erkenntnis, die alle Projekte vermittelt haben, lautet: Singen mit Kindern und Jugendlichen sollte gerade in der Anfangsphase unter der Anleitung einer ausgebildeten Fachkraft erfolgen. Diese Fachkraft leitet die Kinder im Singen an und vermittelt darüber hinaus in den meisten Projekten auch noch musikalische Basiskompetenzen. Besonders für die Grundschulen ist es von weitreichender Bedeutung, dass der Unterricht sachgemäß, also orientiert an der Fähigkeit und Spezifik der Kinderstimme, verläuft. Zu Beginn der folgenden Auswertung ist noch festzuhalten, dass die Arbeit in der Domsingschule Köln ganz anders angelegt als die Arbeit in den

Projekten JEKISS, JeKiSti und der SingPause. Die Schülerinnen und Schüler müssen bestimmte Aufnahmebedingungen erfüllen. Sie entscheiden sich von Beginn an für einen vorgezeichneten Weg, dessen Ziel das Mitwirken in den Domchören ist. Jedes Kind wird in der Domsingschule darüber hinaus auch im Bereich des Instrumentalspiels gefördert.

Die Projekte JEKISS, JeKiSti und SingPause werden an regulären Grundschulen durchgeführt und richten sich an alle Grundschülerinnen und Grundschüler. Eine Aufnahmeprüfung ist hier nicht zu absolvieren. Einen Sonderfall bilden auch die Mozartklassen. Zum einen ist es das einzige vorgestellte Projekt, welches an einer weiterführenden Schule und nicht an einer Grundschule stattfindet, zum anderen ist auch hier eine Aufnahmeprüfung zu absolvieren.

Weiterhin ist zu bemerken, dass es bei der Auswertung der einzelnen Singprojekte und Konzepte von besonderer Wichtigkeit ist, zwischen den Primäreffekten der gesangspädagogischen Arbeit, also den unweigerlich musikalischen Effekten, und den Sekundäreffekten, den sogenannten Nebeneffekten der gesangspädagogischen Arbeit, zu unterscheiden. Bezogen auf die Primäreffekte der Projekte haben sich folgende Themen herauskristallisiert:

1. Stimmbildung und kindgerechte Entdeckung und Entwicklung der Singstimme, Entwicklung der Körpersprache, Körperhaltung, Sprechfähigkeit, Atmung
2. Freude am Singen und Bewegen
3. Entwicklung eines Liedrepertoires
4. Musikalisierung der Schule/Multiplikation der Projektinhalte
5. Entwicklung eines musikalischen Reflexionsvermögens/Entwicklung einer allgemeinen musikalischen Intelligenz
6. Entwicklung musikalischer Selbstständigkeit/Erleben und Erfahren von Musik
7. Aneignung musiktheoretischer Phänomene über die Singstimme
8. Gehörbildung und Rhythmusgefühl
9. diszipliniertes Verhalten im Chor

1. Stimmbildung: Der Bereich Stimmbildung ist bei jedem Projekt ein unabdingbarer Primäreffekt. Die Projektleiter der Projekte JEKISS und JeKiSti betonen besonders die Qualität des Singens, ihnen ist wichtig, wie gesungen wird. Angestrebt wird ein gesunder, natürlicher Umgang mit der Stimme. Dieser soll eine altersgerechte Entdeckung und Entwicklung der eigenen Singstimme bewirken. Die Singstimme soll sich hierbei zu einer physiognomisch

gesunden und wohlklingenden Stimme entwickeln. Zur Stimmbildung gehören neben dem stimmtechnisch gesunden Singen auch das Erlernen von Atemtechnik, die Körperarbeit und das Training der Sprechstimme. Die Schülerinnen und Schüler der Mozartklassen erhalten zuzüglich zum regulären Musikunterricht den Stimmbildungsunterricht, der nicht nur die Stimme schult, sondern auch Körperarbeit leistet. So lernen die Schülerinnen und Schüler mit ihrem Atem umzugehen, ihre Sprechfähigkeit wird unmittelbar geschult, Körperhaltung und Körpersprache werden ihnen nicht nur bewusst gemacht, sondern auch korrigiert.

2. Freude am Singen: Als maßgebliches und unabdingbar eng mit dem musikalischen Primäreffekt des Projektes verbundenes Kriterium wird von allen Projektleitern und Gesangspädagogen übereinstimmend die Freude am Singen, die Lust zum Singen und Bewegen benannt. Ein Zugang zur Musik wird hergestellt, die Kinder entwickeln Freude am gemeinsamen Musizieren und Singen. Brandt von der Domsingschule in Köln betont, dass das wichtigste Ziel der Ward-Methode die Vermittlung der Freude am Singen und Musizieren sei. Die Kinder müssen Freude an dem, was sie leisten, haben. Im Projekt JeKiSti wird von der Motivation der Schülerinnen und Schüler zum gemeinsamen Singen und Musizieren gesprochen. Erklärtes Ziel ist hier die Unterstützung aller Grundschulkinder in ihrer stimmlich-musikalischen Entwicklung. Das Projekt SingPause will bei den Schülerinnen und Schülern ebenfalls eine wahre Freude für das Singen und Musizieren bewirken. Diese Freude und das Erleben des Glücksgefühls, wie Reuther es beschreibt, sind ein Garant für nachhaltige Arbeit. Motiviert durch die Freude am musikalischen Handeln bleiben die Kinder bei der Musik.

3. Liedrepertoire: In allen Projekten werden mit den Kindern zahlreiche Lieder unterschiedlicher Art gesungen. Die Kinder bekommen auf diese Weise einen wesentlichen Teil des Liedgutes übermittelt. Die Schülerinnen und Schüler identifizieren sich mit dem Liedgut, wie die Projektleitung von JEKISS zu beschreiben weiß. Die Identifikation mit diesem breit angelegten Liedgut trägt wesentlich zum kulturellen Erhalt dieses wichtigen Bestandteils der Kultur bei. Auch JeKiSti vermittelt den Schülerinnen und Schülern ein breites Liedrepertoire. Besonders die Vermittlung von Volksliedern steht hier im Mittelpunkt. Die Schülerinnen und Schüler der Mozartklassen werden hinsichtlich der Liedauswahl miteinbezogen. Hier hat sich gezeigt, dass in den Jahrgangsstufen fünf bis acht eine größere Motivation vorherrscht, wenn auch Lieder gesungen werden, die die Jugendlichen kennen und selbst hören.

4. Musikalisierung der Schule: Dieser Effekt ist auf besondere Art und Weise im Projekt JEKISS angelegt. Durch die nachhaltige, großflächige Anlegung des Konzeptes wird die ganze Schule musikalisiert. Es findet ein tägliches Singen innerhalb der Klassen statt, welches von den Grundschullehrerinnen und den Chorkindern angeleitet wird. Die Grundschullehrkräfte werden innerhalb des Projektes fortgebildet. Dies ist eine Besonderheit des Projektes JEKISS. Bei den Projekten JeKiSti und der SingPause sind die Grundschullehrkräfte zwar während der Unterrichtseinheiten anwesend, sie werden aber nicht speziell fortgebildet, sodass die musikalische Arbeit hier speziell von externen Musikpädagoginnen und -pädagogen geleistet wird. Wichtig ist, dass der JeKiSti-Unterricht und auch der Singunterricht in der Mozartklasse als eine Ergänzung zum regulären Musikunterricht angelegt sind und eine elementare Musikalisierung anstreben.

5. Musikalisches Reflexionsvermögen/Musikalische Intelligenz: Durch die Basismusikalisierung innerhalb der Projekte entwickeln die Schülerinnen und Schüler ein musikalisches Reflexionsvermögen, nicht nur für die musikalische oder gesangliche Leistung des Gegenübers oder eines musikalischen Gegenstandes, sondern auch für die eigene Singleistung, so wird es vom Projektmanager des Projektes JeKiSti beschrieben. In den Ausführungen zum Projekt JEKISS wurde von der Entwicklung eines Gespürs für den Gesamtklang und für sich selbst innerhalb der Gruppe, für die gesamtmusikalische Darstellungsleistung des Chores, eines Chores, der innerhalb des Schulsingens aus der gesamten Schulgemeinde besteht, geredet. Rossetto von der SingPause in Düsseldorf spricht von der Entwicklung einer musikalischen Intelligenz. Besonders durch die Anwendung der Ward-Methode im Projekt SingPause und innerhalb der Domsingschule Köln entwickeln die Schülerinnen und Schüler eine allgemeine musikalische Intelligenz, die sich über die Grenzen des Singens hinaus bewegt. Die Schülerinnen und Schüler entwickeln einen selbstverständlichen Umgang mit musiktheoretischen Phänomenen. Die Methode fördert und fordert die Kinder und bringt sie zu einem vernetzten Musikverständnis. Ihr Leistungspotential wird durch die Projektarbeit stark angeregt. Lehrende und Beobachter sind von der Leistungsfähigkeit der Schülerinnen und Schüler immer wieder überrascht und entwickeln den Kindern gegenüber großen Respekt.

6. Musikalische Selbstständigkeit/Erleben und Erfahren von Musik: Dadurch, dass die Kinder schon in der Grundschule mit der Musik in Berührung kommen, diese erleben und in der Musik selbst gestalterisch tätig werden, entwickeln sie eine Selbstverständlichkeit für das Singen und die Musik. Gemeinsames Musizieren und Singen gehören für die Schülerinnen und Schüler

zum alltäglichen Tagesinhalt. Der Schultag wird zumindest in einigen Projekten über das Musizieren sozusagen rhythmisiert.

7. Aneignung musiktheoretischer Phänomene: Die Schülerinnen und Schüler im Projekt SingPause und in der Domsingschule Köln erhalten eine umfassende musikalische Grundbildung. Die Ward-Inhalte, die sowohl in der Domsingschule wie auch in der SingPause Düsseldorf Anwendung finden, bewirken durch das kleinschrittige Fortschreiten eine fundierte, umfassende Grundmusikalisierung. Durch die stetige, selbstverständliche Anwendung der einzelnen Aspekte vernetzen die Schülerinnen und Schüler das gesamte Wissen und erleben die musiktheoretischen Phänomene förmlich. Dadurch wird der Umgang mit diesen selbstverständlich. Auch in den Projekten JeKiSti und den Mozartklassen ist der reguläre Musikunterricht eng an den Singunterricht gebunden, sodass spielerisch und musikpraktisch ein Zugang zu wesentlichen Phänomenen der Musiktheorie hergestellt wird.

8. Gehörbildung und Rhythmusgefühl: Durch das tägliche Singen wird das Gehör der Schülerinnen und Schülergeschult. Die Ward-Methode fördert den Bereich der Gehörbildung sehr, da durch die stetige Solmisation ein genaues tonales Vorstellungsvermögen hergestellt wird, das den Schülerinnen und Schülern irgendwann in Fleisch und Blut übergeht. Der Rhythmus wird auch über das Singen geübt und in Form von Patterns wiederholt und nachempfunden. In vielen Projekten finden sich gleichsam zum Singen auch immer Bewegungen, die das Singen unterstützen und dem kindlichen Bewegungsdrang entgegenkommen.

9. Disziplin im Chor: Die Primäreffekte sind jene, die unmittelbar im Zusammenhang mit der musikalischen Aktivität stehen. So ist auch das Singen im Chor ein ganz wesentlicher Teil der vorgestellten Konzeptionen. Zum Singen im Chor gehört unmittelbar auch die chorische Disziplin. Diese wird in allen Projekten angestrebt. Brandt von der Domsingschule Köln gibt an, dass die Kinder die Notwendigkeit der Disziplin innerhalb des Chores einsehen, da diese ja unmittelbar an das gemeinsame Musikmachen gebunden ist. Auf diese Weise ist dieser Aspekt ein wesentlicher Primäreffekt der Projekte.

Hinsichtlich der Sekundäreffekte der einzelnen Projekte werden folgende Themen, zum Teil auch mehrfach, genannt:

1. Förderung der Gemeinschaft
2. Integration, Schülerinnen und Schüler singen miteinander unabhängig
3. Förderung der Wahrnehmung/Schulung der Sinne und der Sensibilität
4. Therapeutische Wirkung

5. Schulung der Gedächtnisleistung
6. Koordinationstraining
7. Aufbau von Selbstbewusstsein
8. Entwicklung der Konzentrationsfähigkeit und der Disziplin

1. Gemeinschaft: Die Befragten schildern immer wieder sehr positiv die durch das Singen hergestellte Gemeinschaft innerhalb der Projekte. Innerhalb der Singklassen beispielsweise wird über das gemeinsame Singen eine gute Klassengemeinschaft hergestellt. Bei Projekt JEKISS werden die Chorstunden als harmonisch beschrieben. Die hier praktizierte Call-&-Response-Methode regt die Kommunikation an. Besonders vor Auftritten und Konzerten ist den Schülerinnen und Schülern ein guter Zusammenhalt und das gegenseitige Aufeinander-Abstimmen sehr wichtig. So wird es für die Mozartklasse beschrieben: gemeinsam durch diese kleine, kurze, schwere, aufregende Zeit zu gehen und etwas geschafft zu haben, das verbindet schon. (H 73-74)

2. Integration: Schülerinnen und Schüler singen in den Projekten JeKiSti, JEKISS und der SingPause miteinander unabhängig vom kulturellen und sozialen Background, alle Kinder können an den Projekten teilnehmen. JEKISS betont deshalb, dass jedes Kind mit Gesang erreicht werden soll, unabhängig von sozialen und kulturellen Unterschieden, unabhängig auch vom Bildungsstand. Auch das Projekt SingPause weiß: Singen kann kulturelle Identität stiften und versucht den interkulturellen Dialog zu fördern. Dieser Aspekt ist bei der Domsingschule und den Mozartklassen nicht unmittelbar gegeben, weil dort ja gewisse Aufnahmebedingungen verlangt werden.

3. Wahrnehmung/Schulung der Sinne und der Sensibilität: Das gemeinsame Singen fördert insgesamt, so ist es festzustellen, die Wahrnehmung der Schülerinnen und Schüler. Sie entwickeln eine besondere musikalische Sensibilität, die sich häufig auch in anderen Dimensionen bemerkbar macht. Das gemeinsame Musizieren verlangt, dass man sich gegenseitig zuhört und aufeinander achtet. Diese erlernte Kompetenz ist auch für den sonstigen Alltag wichtig. Denn hat man sich schon einmal so sehr mit sich selbst auseinandergesetzt, dürfte diese Auseinandersetzung auch für andere Fächer Früchte tragen, besonders dann, wenn es um ein sinnliches Wahrnehmen des Selbst geht.

4. Therapeutische Wirkung: Dem Singen wird allgemein eine große therapeutische Wirkung zugesprochen. So betonen nahezu alle Befragten, dass das Singen eine große Rolle für das Sich-Wohlfühlen besitzt. Sie sprechen dem Singen eine therapeutische Wirkung für Körper, Geist und Seele zu. Singen

regt die Atmung und die Sauerstoffzufuhr an, es belebt den Körper und spricht zahlreiche Areale des Körpers an.

5. Schulung der Gedächtnisleistung: Innerhalb der Projekte JeKiSti, JEKISS, SingPause und auch in der Domsingschule werden die Lieder mündlich tradiert. Sie sind also auswendig zu singen. Das Liedrepertoire erweitert sich stets, wodurch die Kinder auf eine immer größere Kenntnis an Liedgut zurückgreifen können.

6. Koordinationstraining: Durch die Bewegungen zum Singen werden die Koordinationsfähigkeit und die Motorik der Schülerinnen und Schüler gefördert. Die Schülerinnen und Schüler werden dazu angeregt, sich koordiniert zu bewegen. Die Bewegungen und Tänze werden auch ritualisiert eingesetzt.

7. Selbstbewusstsein: Hinsichtlich ihrer Fähigkeiten und Fertigkeiten entwickeln die Schülerinnen und Schüler im Laufe der Zeit ein gesundes Selbstbewusstsein. Besonders die Ward-Methode ist so konzipiert, dass hier Schülerinnen und Schüler häufig auch einzeln Übungen vortragen können. Die Kinder werden hierbei stets gelobt und durch die Gruppe und die Lehrperson bestärkt. Eine etwaige Kritik ist immer nur konstruktiv zu formulieren. Dadurch, dass alle Singenden auch einmal alleine vorsingen, bauen sich hier zahlreiche Hemmungen ab. Ein wesentlicher Aspekt ist auch, dass die Kinder bereits so früh mit dem Singen beginnen, dass es eine absolute Selbstverständlichkeit annimmt. Das Singen ist für die Kinder ein alltäglicher Vollzug, der zum Leben gehört.

8. Entwicklung der Konzentrationsfähigkeit und der Disziplin: Innerhalb der musikalischen Arbeit sind eine hohe Aufmerksamkeit, Konzentrationsfähigkeit und Disziplin an den Tag zu legen. Diese Aspekte sind eng an das eigentliche Musizieren gebunden und besitzen so eine nachvollziehbare Zweckhaftigkeit. Die Schülerinnen und Schüler werden immer wieder dazu angehalten, aufmerksam und konzentriert zu arbeiten. Dies prägt das Arbeitsverhalten der Kinder und sie entwickeln eine Gewohnheit zum konzentrierten, aufmerksamen Arbeiten.

Außer den genannten Effekten wurde in vielen Interviews darüber hinaus immer wieder etwas anderes zu umschreiben versucht, nämlich, dass das Singen weitere Potentiale birgt, die nur schwer in Worte zu fassen seien. Holger Müller beschreibt es als „direkten Draht zur menschlichen Seele". Inga Mareile Reuther spricht von einem „Seelenfaktor". Frau B. vom Projekt Mozartklasse beschreibt das direkte Singen als: „Das ist irgendwie so die Seele sofort, direkt". Diese Charakterisierung des Gegenstandes Singen spricht ihm ein spezifisch ästhetisches Potential zu. Singen hat, so sind sich viele Befragte einig, eine unmittelbare, individuelle Bedeutung für den Menschen.

Diese große individuelle Bedeutung des Singens für den Menschen kann über das musikalische Bildungsgut, welches die Kinder in den groß angelegten Konzeptumsetzungen erlebt haben, in die Welt getragen werden. Die Bildung der Kinder ist auch in diesem ästhetischen Bildungsrahmen eine Ressource der Gesellschaft. Das in den Projekten oder durch die Konzepte Erlebte prägt und bildet die Persönlichkeit der Kinder. Sie gewinnen hierdurch an Selbstwertgefühl und werden so sehr gefordert. Zudem erkennen sie immer wieder ihr Potential und entwickeln dieses. Singen ist darüber hinaus eine tatsächliche Grundäußerung des Menschen. Es dient zum einen als Ausdrucksmedium für Gefühle und Stimmungen, zum anderen jedoch ist im Menschen scheinbar eine Grundlust, ein Urtrieb zum Singen und Bewegen gelegt.

Innerhalb dieser Auswertung wurde deutlich, dass die Konzepte, die allesamt ein Ziel verfolgen, auf diesem Wege unterschiedliche Schwerpunkte besitzen, zum Teil gänzlich unterschiedliche Ansätze. Alle Konzepte streben jedoch im weitesten Sinne eine fundierte Grundmusikalisierung an, der weitere musikalische Aktivitäten folgen können. Diese Musikalisierung verläuft in einigen Fällen unabhängig von Kultur und sozialem Stand, ist in anderen Fällen jedoch an bestimmte Aufnahmebedingungen gebunden und nicht jedem zugänglich. Ebenso unterscheiden sich die Konzepte hinsichtlich ihres methodischen Vorgehens. Das Konzept JeKiSti ist zum Beispiel nicht an eine bestimmte Methode gebunden wie das Projekt der SingPause oder der Unterricht in der Domsingschule in Köln. Es herrscht für die Lehrenden eine Methodenfreiheit. Die zu erarbeitenden Inhalte sind jedoch vorgegeben. Das Konzept der Domsingschule Köln basiert auf den Inhalten der Ward-Methode, ebenso das Projekt SingPause in Düsseldorf. Durch die einheitliche Methode, die unabhängig von den Singleitern Anwendung findet, ist hier eine musikalische Standardqualität gegeben. Das Ziel der Projekte ist jedoch in jedem Fall das gleiche, alle sind bestrebt den Schülerinnen und Schülern die Freude und Lust für die Musik zu vermitteln. Sie werten das Singen und das kulturelle Liedgut wieder auf und bahnen ästhetische und musikalische Bildungsprozesse an. Auf diesem Weg treten zusätzliche positive Sekundäreffekte auf, die dem Wohle des Lernenden zugutekommen.

3.6 Ästhetische Bildungspotentiale in der Schule

Die aktuelle Schulpolitik strebt einer effizienten, kompetenzorientierten Haltung entgegen, was vor dem Hintergrund der internationalen Leistungsvergleiche durchaus nachvollziehbar und berechtigt ist. Die Sorge bleibt jedoch, dass ästhetische Erfahrungsräume verschlossen werden oder ästhetische Gegenstände nur noch am Rande Beachtung finden, gar nur noch funktional eingesetzt werden. Gerade dagegen wehrt sich die hier vertretene Auffassung von ästhetischer Bildung. Es soll um eine Ästhetik, die aus sich selbst heraus Bestand und Wert hat, gehen. Ästhetische Bildung soll nicht für irgendetwas gut sein oder irgendetwas kompensieren:

> „Ästhetische Bildung begnügt sich nicht mit der kompensatorischen Funktion, die ästhetischer Praxis im Kontext von Schule gerne zugewiesen wird. Dass das Malen von Bildern, das Proben und Aufführen szenischer Darbietungen, das Singen von Liedern und gemeinsames Trommeln einen wichtigen Ausgleich innerhalb des gleichförmigen und anstrengenden schulischen Alltags bedeuten können, ist gar nicht zu bestreiten. Aber darum geht es nicht. Allein als Trostspender und Mittel der Kompensation möchte sich ästhetische Bildung nicht missbrauchen lassen."[414]

Rolle bringt hier ganz wesentlich zum Ausdruck, dass ästhetische Bildung und im Zusammenhang dieser Arbeit besonders musikalische Bildung nicht nur zum Befriedigen emotionaler Bedürfnisse, zum Schaffen eines emotionalen Ausgleichs oder zu Kompensationsmöglichkeiten beitragen darf. Schule braucht ästhetische Erfahrungsräume, die Kindern ermöglichen, sich selbst neu zu entdecken, sich selbst und die Umwelt in einen Zusammenhang zu bringen und über eine Reflexion zu verändern oder zu ergänzen. Fächer wie Kunst, Musik, Religion, Sport oder Literatur sind Fächer innerhalb der Schule, die häufig direkt mit ästhetischer Bildung im Zusammenhang gesehen werden. Wünschenswert wäre allerdings, dass der „gesamte Fächerkanon" in den Blick genommen wird, denn jedem Fach kommt „eine besondere Form der ästhetischen Bildung" zu, die in ihm wohnt.[415]

---

414 Rolle 1999: a.a.O., S. 8
415 Liebau, Klepacki, Zirfas 2009: a.a.O., S. 93

3.7 Ästhetische Bildung in der Schule und ihre Legitimationsschwierigkeiten

Vor dem Hintergrund der aktuellen bildungspolitischen Bestrebungen scheint die Frage nach einer Ausbildung der ästhetischen Fähigkeiten vielleicht nicht immer zentral. Gerhard Velthaus beschreibt, dass die heutige Arbeitswelt, „lange Ausbildungswege verlangt und das Dasein des Menschen wohl mit am entscheidendsten bestimmt". In dieser Welt, in der es darum ginge zu bestehen und zu funktionieren, sei der „Gedanke einer ästhetischen Erziehung" als „Luxus" zu beschreiben".[416] Ist ästhetische Bildung ein Luxus? Die Antwort lautet: Sie ist unverzichtbar! Fragen zur ästhetischen Bildung stehen nicht jenseits gesellschaftlicher, kultur- und bildungspolitischer Annahmen und Entscheidungen.[417] Sie sind von zentraler Bedeutung. Und dennoch stellt man fest, dass die künstlerischen Fächer, wie eben das Fach Musik, ins Abseits geraten. Hans Günther Bastian spricht von einem musikalischen Bildungsnotstand, der eingetroffen ist.[418] Musik wird in manchen Jahrgangsstufen gänzlich vom Stundenplan gestrichen, extremer Musiklehrermangel gewährleistet nicht einmal den regulären Musikunterricht geschweige denn die Arbeit in Arbeitsgemeinschaften. Den „Hauptfächern", oder gar den „wichtigen Fächern" soll mehr Raum verliehen werden. Aber welche Kriterien entscheiden über Wichtigkeit oder Unwichtigkeit eines Faches? Zunächst einmal sieht man sich hier mit den bildungspolitischen Entscheidungen konfrontiert. Hans Daucher beschreibt die vorliegende Situation sehr trefflich:

> „Ästhetische Erziehung hat es in einer Zeit, in der wirtschaftliche und technische Interessen im Vordergrund stehen, schwer, sich zu legitimieren. Die Ansicht, dass das Schöne und die Kunst mit dem Nützlichen nichts zu tun haben, entstammt schließlich einer langen philosophischen Tradition."[419]

Daucher verdeutlicht damit ein wesentliches Problem. Kunst kann sich in einer Welt, die sich an Funktionalität und Nutzen orientiert, nur schwer legitimieren,

---

416 Velthaus, Gerhard: Bildung als ästhetische Erziehung, Bad Heilbronn 2002, S. 191

417 Vgl. Bastian, Hans Günther: „Ohne Musik ist die Schule ein Irrtum". Nachdenken über Humanisierungspotenziale von Musik(erziehung). In: Bastian, Hans Günther; Kreutz, Gunter (Hrsg.): Musik und Humanität, Mainz 2003, S. 73-88

418 Bastian 2003: a.a.O., S. 9

419 Daucher, Hans: Zum Legitimationsproblem der ästhetischen Erziehung, In: Kraemer, Rudolf-Dieter (Hrsg.): Musik und Bildende Kunst, Essen 1990, S. 17

zumindest was Schulbildung angeht. Es ist auch für Eltern schwer nachvollziehbar, warum ihre Kinder, wenn sie doch keinen künstlerischen Beruf ergreifen wollen und bitte auch nicht sollen, sich in der Schule mit Musischem auseinandersetzen müssen. Warum sollen sie singen, malen, basteln oder Theater spielen? Manchmal hört man zwar, dass Kinder die Möglichkeit erhalten sollen, sich Ausdruck zu verleihen, man ihre Kreativität und Phantasie fördern solle, doch dies kann ja in vielerlei Hinsicht geschehen und muss sich nicht auf künstlerische Tätigkeiten beschränken.[420]

So stellt sich also im konkreten Beispiel dieser Arbeit die Frage: Warum sollen Kinder in der Schule singen? Warum soll der Musikunterricht an allgemeinbildenden Schulen seinen Schülerinnen und Schülern dieses Angebot des Singens unterbreiten? Um hierzu eine Antwort zu finden, sollte man sich vor Augen führen, dass Musik eine ästhetische Praxis ist, „in der es uns Menschen um erfüllte Wahrnehmungsvollzüge geht, und dass der Gegenstand von Musikunterricht – Musik – für Schülerinnen und Schüler nur in erfüllter musikalisch-ästhetischer Praxis erfahrbar wird".[421] Schaut man noch einmal auf die hier verwendete Definition von Ästhetik, welche sie als etwas Zweckfreies beschreibt, als einen Wert, vielleicht sogar als den höchsten Wert, so fällt ein gewisser Widerspruch auf, der objektiv betrachtet zu einem Problem werden könnte. Die Frage, die sich hier stellt, lautet: „Wie kann etwas wertvoll sein, wenn dieser Wert zu nichts gut ist?"[422] Viele Menschen befinden das Schöne für wertvoll, obwohl es ja auf den ersten Blick nicht unsere Grundbedürfnisse, wie Essen, Schlafen, ein zu Hause und Sexualität, befriedigt. Die Grundbedürfnisse vieler Menschen sind um das Bedürfnis nach Ästhetik erweitert, und man könnte wohl behaupten, dass ihr Leben ohne das Schöne seinen Wert zu einem Großteil verlöre. Ich stelle deshalb fest, es gibt ein menschliches Bedürfnis nach Ästhetik, welches in engem Zusammenhang mit der Entwicklung von Fähigkeiten und Fertigkeiten des menschlichen Geistes steht. Es fungiert ohne einen Zwang aufzubauen, denn es vollzieht sich stets in Freiheit. Das Schöne, die Kunst zeigt uns die Welt in ihrer Ganzheitlichkeit, sie motiviert Menschen, verleiht ihnen Antrieb und bringt diese zu Erkenntnis. Streicht eine Schule nun eben diese Kunst, so nimmt sie sich ihre wesentliche „Antriebskraft".[423] Daucher entschärft den Legitimationsdruck wie folgt:

---

420   Vgl. Daucher 1990: a.a.O., S. 17
421   Wallbaum 2008: a.a.O. S. 93
422   Daucher 1990: a.a.O., S. 19
423   Daucher 1990: a.a.O., S. 26

„Zu ihrer Legitimation bedarf es keiner schöngeistigen Rechtfertigung, es sind handfeste biopsychologische Erkenntnisse, die es heute ermöglichen, ihre Bedeutung mit wissenschaftlicher Begründung aufzuzeigen."[424]

Für die Kunst in der Schule gibt es also auch eine biopsychologische Argumentation. Daucher merkt dazu an, dass die Kunst eine ganz besondere Möglichkeit besitzt, nämlich jene der Ermöglichung von Erkenntnis. Kunst besitzt „holistische Qualität".[425] Sie ermöglicht eine ganzheitliche Wahrnehmung.

Doch häufig hat Anderes den Vorrang: Kompetenzerwerb und Vergleichbarkeit sind Konstanten, die die aktuellen Bestrebungen beschreiben. Häufig interessieren nur die „Nebenwirkungen" der Künste für die Schule und werden in der Diskussion ganz groß gedacht. Gemeinsames Singen oder Musizieren wirke sich positiv auf die Sozialkompetenz der Schülerinnen und Schüler aus, es steigere den Lernerfolg, die Konzentration und insgesamt die schulische Leistung. Liebau nennt die Argumentation „politisch stark".[426] Er weist jedoch darauf hin, dass die Argumentation pädagogisch sehr unbefriedigend bleibt. Der Unterricht in den musischen Fächern bleibt häufig noch allzu zweckorientiert. Was für einige Schulen und Konzeptionen schon sehr gelungen funktioniert, ist allgemein noch nicht festzustellen, denn betrachtet man die derzeitigen Versuche vielerorts, werden Schülerinnen und Schüler nach ihrer Schulzeit in die „musikalische Unmündigkeit" entlassen.[427] Die Rede ist nicht einmal davon, dass die meisten Schülerinnen und Schüler keinerlei musikalische Grundkenntnisse, Fähigkeiten und Fertigkeiten erwerben, sondern vielmehr dass sie kaum ein Verständnis und eine Wertschätzung für die Musik entwickeln:

„Sie leisten es in der Regel nicht, Liebe, Achtung und Ehrfurcht gegenüber Musik zu bewahren oder zu entwickeln, eine ausreichende musikalische Bildung zu vermitteln und gleichzeitig zum verantwortungsvollen Umgang mit Musik zu erziehen."[428]

Gemeint sind hier die Schulen, Kindergärten und in manchen Fällen sogar die Hochschulen. Warum wird besonders die musikalische Bildung, aber auch grundsätzlich die ästhetische Bildung häufig so unterschätzt und bleibt uner-

---

424   Daucher 1990: a.a.O., S. 26
425   Daucher 1990: a.a.O., S. 27
426   Liebau, Eckart: „Kulturelles Lernen", Vortrag Fachgespräch zur ästhetischen Bildung, 4. Dezember 2006, Akademie Schloss Rotenfels
427   Vgl. Pachner 2004: a.a.O., S. 21
428   Pachner 2004: a.a.O., S. 21

kannt? Diese Frage muss auf verschiedenen Ebenen beantwortet werden. Die Defizite in diesem Bereich dürfen nicht nur auf die mangelnde häuslich-ästhetische Bildung zurückgeführt werden, auch nicht ausschließlich auf die beschränkte politische Verantwortungsübernahme in diesem Bereich und sicherlich nicht allein auf die schlechte Lehrerausbildung im Bereich der Künste. All diese Faktoren spielen jedoch eine nicht unwesentliche Rolle. Schon immer gab es Probleme mit Stundentafeln und der Unterrichtsverteilung, nun, da sich die Schulzeit von neun weiterführenden Schuljahren auch noch auf acht weiterführende Schuljahre verkürzt, gibt es wohl kaum noch Zeit für musische Fächer oder künstlerische Arbeitsgemeinschaften. Es scheint, als sei in der heutigen Schule keine Zeit mehr, sich mit ästhetischen Dingen zu beschäftigen:

> „Die Lehrpläne unserer Schulen sind die Eisbergspitzen dieses Phänomens, signifikante Matrizes für das Denken unserer Zeit und ihr Verhältnis zur Kultur, teilweise fatale Lächerlichkeiten!"[429]

Fächer wie Musik und Kunst werden in den unteren Jahrgängen häufig, wenn überhaupt, nur einstündig unterrichtet. In dieser einen Stunde kann jedoch kaum etwas in Bewegung geraten, es fehlt die Nachhaltigkeit. In der aktuellen Schulwelt werden die musischen Fächer teilweise ignoriert.

Gerade künstlerische Prozesse besitzen ihre eigenen Gesetzmäßigkeiten von denen die Schülerinnen und Schüler ungemein viel für sich selbst lernen können. Künstlerische Prozesse benötigen Zeit, Muße und natürliche Entwicklung. Problematisch ist an den aktuellen Tendenzen besonders, dass es manchmal kaum noch Raum gibt, um Individualität zu fördern. Viele Schülerinnen und Schüler nehmen dies gar nicht bewusst wahr, sie kompensieren dieses Defizit mit einer Art Gleichgültigkeit der Schule und dem Lernen gegenüber, die nicht selten daraus resultiert, dass die Wünsche der Schülerinnen und Schüler nicht erkannt und keineswegs berücksichtigt werden. Die Schule bietet aufgrund enger Zeitraster und Stundentafeln kaum Raum zur Entfaltung des Selbst, zum Kennenlernen der eigenen Interessen und zum inneren Wachstum. So kommt es nicht selten dazu, dass Menschen ohne Perspektiven die Schule verlassen und der Gesellschaft überlassen werden. Die Gesellschaft nun ist unzufrieden, weil sie Ambition und Ehrgeiz bei diesen Menschen vermisst. Doch wundert dies, wenn es für die jungen Leute selbst in der Schule keine Möglichkeit gab, sich selbst zu entdecken?

---

429   Pachner 2004: a.a.O., S. 23

Wie kann dies verändert werden? Wo liegen ungenutzte Potentiale und wie können Schülerinnen und Schüler wieder motivierter werden? Mehr denn je müssen Schule und Pädagogik ihren Auftrag in der Vermittlung kultureller Aspekte wiederfinden. Schülerinnen und Schüler müssen Anknüpfungspunkte finden, der pädagogische Auftrag lautet hier, „die Schnittstellen des Gemeinsamen aufsuchen, Berührungspunkte und Übereinstimmungen akzentuieren", denn nur so kann genügend Raum für Identifikation bereitgestellt werden, so können sich Zöglinge wieder verstanden und angesprochen fühlen.[430] Über die Ermöglichung ästhetischer Erfahrungsräume kann eine Möglichkeit der Identifikation geschaffen werden, die Schülerinnen und Schüler in ihrer Selbsterfahrung und Persönlichkeitsbildung unterstützt. In der Auseinandersetzung mit ästhetischen Gegenständen, mit sinnlich Wahrnehmbarem, beim Lesen zwischen den Zeilen, beim genauen Zuhören und Zusehen, lernen die Schülerinnen und Schüler etwas ganz Wesentliches für sich selbst und ihr Leben, sie lernen zu reflektieren. Sie lernen die Welt besonders anzuschauen und erfahren ihre eigenen Sinne neu. Diese Form von ästhetischer Bildung birgt noch viel zu wenig erschöpfte Möglichkeiten für jeden Einzelnen.

Die Schule hat hierbei die Aufgabe, sich ständig zu erneuern, optimale Lösungen zu suchen und mit veralteten Konzeptionen zu brechen. Dies gilt nicht nur für den musikalischen und künstlerischen Bereich, doch beobachtet man gerade im musikpädagogischen Bereich häufig „einen pseudo-künstlerischen Touch" und ein „vorwiegend historisierendes Erziehungsbild".[431] Es gilt vielleicht auch hier mehr ein neues Bild von Jugend zu akzeptieren – wie dieses auch immer aussehen mag oder sich verändert. Die Schülerinnen und Schüler müssen immer wieder bekräftigt werden, sie sollen spüren, dass man mit ihnen gemeinsam auf die Suche geht nach neuen Erfahrungen, nach faszinierenden Nischen und dass sie berechtigt sind, subjektiv wahrzunehmen:

> „In der Akzeptanz der Subjektivität gründet der Aufbruch zum kreativen Tun und zum Aufspüren von Gestaltungsmöglichkeiten, die jeder einzelne Mensch wie auch jede Gemeinschaft besitzt."[432]

Die Subjektivität des Menschen ist sein großes Potential, welches wahres künstlerisches Schaffen erst ermöglicht.

Die Schule dieser Zeit muss sich wieder mehr auf die Entfaltung ihrer Schülerpotentiale konzentrieren. Sie muss ästhetische Erfahrungsräume schaffen,

---

430   Pancher 2004: a.a.O., S. 24
431   Pachner 2004: a.a.O., S. 24
432   Pachner 2004: a.a.O., S. 24

denn nur so kommen ihre Individuen zu einer fundierten ästhetischen Bildung, die als Grundbildung in der Menschenbildung zu verstehen ist.[433]

3.8 Ästhetische Bildung in der Schule durch Singen

Immer wieder war in Interviews und Hospitationen der Singprojekte die Rede davon, dass beim Singen etwas nur schwer in Worte zu fassendes passiere, etwas, wofür Wissenschaft und Medizin keine befriedigende Erklärung fänden. Oft war zudem die Rede von der Seele oder einer Unmittelbarkeit des Singens und Musizierens, von einem Zustand völliger Aufmerksamkeit für die Sache, in der alle anderen Faktoren des menschlichen Seins nahezu zweitrangig werden. Friedrich Schiller beschreibt dies wie folgt: Löst der Mensch sich innerhalb des künstlerischen Handelns sowohl von seiner körperlichen Bestimmung als auch von seiner geistigen Bestimmung, also von im schillerschen Sinne beiden Trieben, so wird er in einer neuen Weise bestimmbar. Er gelangt an einen Nullpunkt. Schiller spricht davon, dass der Mensch im Ästhetischen den Nullpunkt seiner Bestimmung erreichen kann.[434] Ein freier Mensch hat in jedem Moment die Möglichkeit, dieses Gleichgewicht des Nullpunktes, indem sich die gleichstarken Triebkräfte neutralisieren, zu erlangen. Der Mensch kommt zu einem beglückenden Gefühl von Harmonie zwischen Sinnlichkeit und Rationalität. Ein solches Gefühl kann beim Singen ausgelöst werden. Das sinnliche Erfahren des Tönens und Klingens des eigenen Leibes ist hier gepaart mit der kognitiven hergestellten Bereitstellung der rechten Gesangstechnik. Der Mensch gelangt so in einen ästhetischen Zustand. Dieser ästhetische Zustand besitzt eine Eigenschaft, die ihn gegenüber anderen Zuständen unterscheidet:

> „Jeder andere Zustand, in den wir kommen können, weist uns auf einen
> vorhergehenden zurück und bedarf zu einer Auflösung eines folgenden;
> nur der ästhetische ist ein Ganzes in sich selbst, da er alle Bedingungen
> seines Ursprungs und seiner Fortdauer in sich vereinigt."[435]

In diesem Zustand spielen also Zeit und äußere Umstände keine Rolle mehr. Schiller spricht von unendlicher Bestimmbarkeit und zugleich „erfüllter Unendlichkeit", ein Zustand, der den Menschen zu seinen eigenen Interessen hinführt und ihn frei macht, diesen folgend zu handeln. Die Kunst ist hierfür Bedingung

433   Liebau 2007: a.a.O., S. 10
434   Vgl. Schiller, Friedrich: Über die ästhetische Erziehung des Menschen, Reclam, München 2006, S. 83
435   Schiller 2006: a.a.O., S. 85f.

und Begründung. Der ästhetische Zustand ist die „Sphäre reiner Bildung".[436] Gemeint ist hiermit eine Bildung, die sich stets eben dadurch vollzieht, dass dem Menschen „wichtige Anlässe" geboten werden, damit er zur Einsicht und zu einer großen Gesinnung geführt wird.

Die ästhetische Bildung innerhalb der Schule ist eine, die, bezogen auf das Angebot des Singens, zwischen den Primär- und Sekundäreffekten abläuft. Innerhalb der musikalischen Handlung, des Primären des Prozesses, werden weitere Prozesse ausgelöst, wie die Förderung der sinnlichen Wahrnehmung, die Fähigkeit zum musikalischen Reflexionsvermögen und die Sensibilität für ästhetische Gegenstände. Durch diesen wichtigen Zustand des Singens, in dem sich die Schülerinnen und Schüler mit diesem künstlerischen Gegenstand auseinandersetzen, gelangen sie zu neuen Erkenntnissen, Einsichten über sich selbst und den Gegenstand und reichern somit ihre Gesinnung an.

Diese über das Singen vermittelte ästhetische Bildung kann auch für die ästhetischen Gegenstände in anderen Fächern sensibilisieren:

> „Ästhetische Erfahrung findet in den künstlerischen Fächern statt, aber durch die Akzeptanz des Ästhetischen in tendenziell jedem Lernprozess soll sich der Unterricht in ‚allen' Fächern verändern."[437]

Ist man sich darüber bewusst, profitieren alle Fächer von dieser Erkenntnis, die das Singen hier beispielhaft anführt.

Ästhetische Bildung durch Singen fordert vom Erlernten und Erfahrenen angewendet und gelebt zu werden. So wird der Mensch durch den Bildungsprozess dauerhaft geformt, wie von Humboldt festhält.

Singen ist eine aktive wie rezeptive Tätigkeit, es ist an eine gestalterische Leistung und eine Darstellungsleistung geknüpft, leitet dazu an die eigene Umwelt, so zum Beispiel im gemeinsamen Singen, zu genießen, zu kritisieren oder zu verändern und ermöglicht darüber hinaus ein „Verständnis der gesellschaftlichen Bedingungen und Wirkungen ästhetischer Phänomene und eine Ich-Stärkung durch Sensibilisierung der Perzeption".[438] Somit erfüllt der Ge-

---

436 Menze 1991: a.a.O., S. 41
437 Otto, Gunter: Über die Veränderung des Lernens durch ästhetische Erfahrung als Beitrag zur (ästhetischen) Bildung. In: Krakauer, Peter Maria; Khittl, Christoph; Mittendorfer, Monika (Hrsg.): Der Diskurs des Möglichen. Musik zwischen Kunst, Wissenschaft und Pädagogik. Festschrift für Wolfgang Roscher zum 70. Geburtstag, Anif/Salzburg 1999, S. 350
438 Vgl. Hentig, Hartmut von 1970: a.a.O., S. 93

genstand des Singens, wie ausführlich dargestellt wurde, alle Voraussetzungen, um einen ästhetischen Bildungsprozess anzubahnen.

4. Rahmenkonzeption einer schulischen Gesangspädagogik

„Singen ist das Fundament zur Musik in allen Dingen. / Wer die Composition ergreift / muß in seinen Sätzen singen. / Wer auf Instrumenten spielt / muß des Singens kündig seyn. Also präge man das Singen / jungen Leuten fleißig ein. "

(Georg Philipp Telemann)

Die vorliegende Arbeit hat gezeigt, welches Potential das Singen in Hinblick auf die ästhetische Bildung besonders innerhalb der Schule bieten kann. Das oben stehende Zitat von Georg Philipp Telemann fasst diesen Stellenwert des Singens zusammen. Schon Telemann erkannte die Wichtigkeit des Singens und dessen fundamentalen Stellenwert für eine Grundmusikalisierung. In den einzelnen Konzeptionen und Projekten wurde die Umsetzung dieses Gedankens gezeigt. Es gibt zahlreiche Konzepte, die das Singen in den Grundschulen wieder mehr in den Fokus rücken. Die Projekte sind bekannt und auch häufig in den Medien vertreten. Bei näherer Recherche fällt jedoch auf, dass es derartige Projekte kaum an weiterführenden Schulen gibt, und wenn, dann betreffen sie nur die jüngeren Schülerinnen und Schüler, wie zum Beispiel die Schülerinnen und Schüler der Mozartklasse in Klasse fünf und sechs.

Trotz Stimmmutation und Pubertät oder gerade deshalb und auch aufgrund des wachsenden schulischen Leistungsdrucks ist es jedoch umso wichtiger, auch älteren Schülerinnen und Schülern durchgehend musische Perspektiven zu eröffnen, mit ihnen gemeinsam einen Raum für sich selbst zu erschließen, ihnen zu zeigen, wie viel in ihnen steckt, von dem sie vielleicht noch nichts wussten, aber was sie belebt, ihre Persönlichkeit fördert und ihr Leben um vieles reicher macht. Weiterführende Schulen sollten darüber nachdenken, den ästhetischen Bildungsgedanken durch Schulgesang in den Schulen zu etablieren und zwar als durchgehendes Konzept.

Diese Zielsetzung soll die folgende Rahmenkonzeption unterstützen. Hierbei muss man sich zunächst wieder die Frage stellen: Welche Bedeutung kann es für Schülerinnen und Schüler haben in der Schule, im Musikunterricht in einem Schulchor oder Schulprojekt mitzusingen? Gemeint ist hier nicht nur die rein musikalische Praxis, sondern auch der Umgang mit einem Kunstwerk, das Erlernen und Auseinandersetzen mit einem zu erarbeitenden Werk, das Sprechen und Reflektieren über die Musik, das eigene Handeln und das gemeinsame Musizieren. Wie können solche Erfahrungen Bildungsprozesse anstoßen?

Was muss ein Lehrer, Chorleiter oder Projektleiter hier inszenieren, um von einem ästhetischen Erfahrungsraum sprechen zu dürfen?

4.1 Vorüberlegungen

Das folgende Rahmenkonzept einer schulischen Stimmbildung versteht sich nicht als stimmphysiologischer Leitfaden, sondern als gesangspädagogische Ideengebung zum strukturierten Ermöglichen ästhetischer Erfahrung durch das Singen. Es ist nicht eins zu eins in die Realität umzusetzen, sondern liefert nur Überlegungsansätze.

Die Rahmenkonzeption richtet sich besonders an weiterführende Schulen, als durchgehendes Konzept ab der fünften Jahrgangsstufe bis zum Schulabschluss. Wichtig ist, dass eine Kontinuität der gesangspädagogischen Arbeit angestrebt wird. Hierbei muss beachtet werden, dass die eigentliche gesangspädagogische Arbeit nicht in den weiterführenden Schulen oder den Grundschulen beginnt, sondern bereits in der Ausbildung der Musiklehrerinnen und Musiklehrer an den Hochschulen angesetzt werden muss. Die Hochschulen müssen mehr gesangspädagogische Kompetenzen vermitteln, durch verpflichtende Kurse zur Gesangsmethodik wie zum Beispiel der Ward-Methode und durch häufigeren Gesangsunterricht für ihre Studierenden. Nur durch das eigene Erfahren und Einüben gesanglicher Methoden und Techniken entwickeln die Lehramtsstudentinnen und Lehramtsstudenten ein sängerisches und methodisches Rüstzeug, welches die gesangspädagogisch kompetente Arbeit in der Schule ermöglicht.

4.2 Zielgruppe

Diese Rahmenkonzeption einer schulischen Gesangspädagogik strebt an, die Schule als Ganzes zu betrachten. Die Betrachtung der unterschiedlichen Konzeptionen hat gezeigt, dass die erfolgreichen Konzeptionen jeweils die gesamte Schule in die Projektarbeit einbeziehen. Die Schulgemeinschaft trägt das Konzept und wird in dieses integriert. Dies soll auch für die folgende Rahmenkonzeption wünschenswerter Weise gelten. Ein besonderer Schwerpunkt wird allerdings auf die weiterführenden Schulen zu richten sein. Einschränkungen hinsichtlich einer Schulform soll es hier nicht geben, gerade weil das Singen ein Gegenstand ist, der nicht an schulische Leistungsdimensionen geknüpft sein soll, sondern das Andere der Schule, die ästhetische Erfahrung anbahnen soll. Singen lernen ist ein sehr intuitiver Prozess. Er vollzieht sich nicht rein über die

Kognition, sondern über die leibliche Erfahrung des eigenen Materials und dessen Einsatzmöglichkeiten.

Wichtig ist, dass für alle Schülerinnen und Schüler ein altersgerechtes und fähigkeitsförderndes Angebot vorhanden ist. Alle Angebote sollten immer auf einer zunächst freiwilligen Basis stattfinden. Bereits vor dem Übergang auf die weiterführende Schule sollten sich Kinder und Eltern entschieden haben, ob sie für die weitere Schullaufbahn einen musikalischen Weg wählen wollen. Wenn diese Entscheidung gefallen ist, sollten die Schülerinnen und Schüler sich für einen bestimmten Zeitraum für die besondere Arbeit verpflichten. Es muss jedoch auch die Möglichkeit geben, den Musikzweig in Ausnahmefällen zu verlassen, wie zum Beispiel bei stimmphysiognomischen Schwierigkeiten. Die Schule sollte dann entweder eine Singklasse einrichten, die ausschließlich von den Kindern besucht wird, die diesen Schwerpunkt gewählt haben, oder die Kinder auf die verschiedenen Regelklassen aufteilen und sie nur zu den Sing-stunden zusammenkommen lassen. Ich würde erstere Variante vorziehen. Es gibt sicherlich aber auch zahlreiche pädagogische Argumente für die andere Variante, wie zum Beispiel die Einrichtung heterogener Lerngruppen, um keine Elitebildung anzustreben. Aber gerade für eine gemeinsame Chorarbeit scheint es sehr förderlich, wenn die Schülerinnen und Schüler in einer Klasse direkt als Chor zusammen sind und die Gemeinschaft von Beginn an gefördert wird.

Idealerweise fand in der Grundschule bereits Unterricht nach der Ward-Methode statt. An der weiterführenden Schule muss die Ward-Arbeit in der fünften und sechsten Klasse aufgegriffen werden. Die Kinder müssen weiterhin mit der Ward-Methode arbeiten. Das erste Jahr wird benötigt, um die Kenntnis-se der Kinder anzugleichen. Die Ward-Methode vermittelt den Kindern musik-theoretische Phänomene, die als Grundlage für die spätere Arbeit wichtig sind. Innerhalb dieser Zeit erhalten die Kinder Stimmbildungsunterricht in Klein-gruppen. Außerdem singen alle Kinder gemeinsam in einem Chorensemble. Ab der Jahrgangsstufe sieben gibt es dann das zusätzliche Angebot eines Mädchen-ensembles und Angebote für Jungen, die im Kontext der Stimmmutation mög-lich sind. Mädchen und auch Jungen sollen in jedem Fall weitersingen. Ab der Jahrgangsstufe sieben können die Schülerinnen und Schüler dann auch dem großen Schulchor (Mittelstufe und Oberstufe) beitreten. Dort wird differenzier-te, vierstimmige Chorarbeit angestrebt. Sollte die jeweilige Schule über eine Oberstufe verfügen, so sollte man die Potentiale der entwickelten Stimmen innerhalb der Oberstufe nutzen, um ein Oberstufenensemble oder einen Kam-merchor zu gründen. Hier ist es auch möglich, dass interessierte Eltern oder

Lehrerinnen und Lehrer mitwirken. Das Konzept soll also ein Angebot für alle Mitglieder der Schulgemeinde sein.

4.3   Musikalische Ziele

An den herausgearbeiteten Zielen der vorgestellten gesangspädagogischen Konzepte sollen sich auch die Ziele der vorliegenden Rahmenkonzeption einer schulischen Gesangspädagogik orientieren.

Das wichtigste Ziel ist hierbei die **altersgerechte Stimmbildung**. Innerhalb der Konzeption sollen die Schülerinnen und Schüler besonders in den ersten beiden Jahren an der weiterführenden Schule in Kleingruppen Stimmbildungsunterricht erhalten. In dieser Zeit werden wesentliche sängerische Grundlagen gelegt, Hemmungen werden abgebaut und die Singstimme wird entsprechend entdeckt und entwickelt. Hierzu sollte stets ein besonderes Augenmerk auf die Atemtechnik und stimmtechnische Grundparameter wie Stimmsitz, Stimmöffnung und Anbindung der Stimme an den Körper (Stimmstütze) gerichtet werden. Durch die Einhaltung dieser Parameter, die von einer professionellen Gesangslehrkraft eingefordert und überprüft werden müssen, entwickelt sich der rechte Aufbau von Muskulatur, die für das Singen benötigt wird. Eine Erkenntnis, die die vorangestellten Kapitel der vorliegenden Arbeit zeigten, ist die Wichtigkeit der Wiederholung und Konsequenz in der Stimmbildung. Übungen müssen geübt, wiederholt und automatisiert werden. Dadurch wird auch die gesunde Stimmphysiognomie trainiert.

Zur Unterstützung dieses Prozesses sollte **Körperarbeit** durchgeführt werden. Diese hilft dem Singenden eine körperliche Durchlässigkeit zu entwickeln, die für eine gesunde sängerische Öffnung und Anbindung an die Körperlichkeit unabdingbar ist. Die Körperarbeit sollte wesentliche Elemente der Bewegungslehre beinhalten. Verschiedene Techniken sind möglich, je nach Auswahl und Begabung des Unterrichtenden kann hier vorgegangen werden. Die Singenden sollten ein Bewusstsein für ihren Körper entwickeln. An ihrer körperlichen Präsenz, der Haltung und dem Stand sollte gearbeitet werden.

Die Schülerinnen und Schüler sollten durch **Erfolgserlebnisse** immer weiter motiviert werden. Hierzu eignet sich die Ward-Methode sehr, da sie die Progression des Lernprozesses unterstützt. Jeder Lernende ist hier auch einmal zum alleinigen Vorsingen angeregt. Die Schülerinnen und Schüler merken zudem, wie sich die einzelnen Elemente und Ward-Inhalte in ihren Köpfen zusammenfügen. Dies ist ein großes Erfolgserlebnis. Ein weiterer motivierender Aspekt ist das gemeinsame Musizieren im Chor. Die Schülerinnen und

Schüler singen von Anfang an auch in einem Chorensemble miteinander. Auf diese Weise werden die Freude am gemeinsamen Singen und die Freude an den zu singenden Stücken geweckt, die dann für einen Auftritt erarbeitet werden. Die Schülerinnen und Schüler sehen, dass die erarbeiteten Stücke nicht umsonst gelernt wurden, sondern einem Publikum vorgetragen werden. Dieses innerhalb der Gruppe zu erleben, ist für die Lernenden eine große Motivation. Somit wird das wichtige Ziel **Freude am Singen** erreicht.

Ebenso wichtig ist die **Transparenz in der gesanglichen Entwicklung**. Innerhalb des Konzeptes muss es immer wieder Entwicklungsmöglichkeiten für die Schülerinnen und Schüler geben. Der Lehrende muss auf die Entwicklungsschritte der Schülerinnen und Schüler eingehen und sich diesen anpassen. Er muss seine Lernenden immer wieder fordern. Dies ergibt sich auch daraus, dass die Angebote für die Schülerinnen und Schüler immer vielseitiger werden. Ab der Jahrgangsstufe sieben können sie sich dem großen Schulchor anschließen, der unterschiedliches Repertoire erarbeitet. Die Schülerinnen und Schüler singen nun nicht mehr ein- oder zweistimmig, sondern werden an den vierstimmigen Chorgesang herangeführt. Außerdem haben die Schülerinnen und Schüler die Möglichkeit, sich einem weiteren Ensemble anzuschließen, wie zum Beispiel dem Mädchenensemble und einem je nach Bedarf eingerichteten Jungenensemble, welches vom Stimmambitus in den Gegebenheiten der Stimmmutation vorgeht. Die Schülerinnen und Schüler spüren, dass sie sich weiterentwickeln und dies erfolgreich verläuft. Zudem vernetzen die Schülerinnen und Schüler die zuvor grundgelegten Ward-Inhalte immer mehr mit ihrer musikalischen Praxis, sodass sie sich das Liedrepertoire nicht nur sehr einfach erarbeiten können, sondern zudem ein selbstverständliches musiktheoretisches Verstehen der Stücke vorliegt, das den Umgang damit erleichtert und gehaltvoll werden lässt. Musiktheoretische Phänomene werden an den Stücken erlernt und in das allgemeine musikalische Wissensnetzwerk integriert, **musikalische Intelligenz** entsteht.

Wichtig ist zudem, dass die Schülerinnen und Schüler von Beginn an ein Gespür für ihr eigenes Singen und das Singen der Gruppe entwickeln. Hierbei spielen immer wieder die Intonation und das Einhalten der erlernten Singparameter eine wesentliche Rolle. Dieses muss von der Gesangslehrkraft mit Hinweis auf die entsprechende stimmbildnerische Körpertechnik eingefordert werden. Ebenso müssen die Schülerinnen und Schüler von Beginn an das Zuhören lernen. Sie müssen in sich selbst hineinhören und auch den Gruppenklang wahrnehmen. Hierzu müssen Übungen gemacht werden. Die Lernenden müssen beispielsweise mit geschlossenen Augen singen, sich gegenseitig etwas vorsingen und sich korrigieren und Ähnliches. Auf diese Weise wird schon zu Anfang der Arbeit eine Basis für ein **musikalisches Reflexionsvermögen** gelegt. Außerdem müssen die Schülerinnen und Schüler von Beginn an selbstständig mit den einzelnen Stimmparametern umgehen. Die Lehrkraft muss darauf bedacht sein, dass die Schülerinnen und Schüler diese Parameter verinnerlichen und mit ihnen genauso eigenständig umgehen wie mit den Ward-Inhalten. Ebenso sollten die Schülerinnen und Schüler in Kleingruppen immer wieder das Vom-Blatt-Singen üben und die Töne der Stücke eigenständig erarbeiten, auch mehrstimmig. Auf diese Weise entwickelt sich **musikalische Selbstständigkeit**. All dies führt zu einer besonderen musikalischen Kompetenz, die über eine reine Grundmusikalisierung hinausgeht.

Die Schülerinnen und Schüler lernen sich selbst und ihr Stimmmaterial kennen, darüber hinaus lernen sie es anzuwenden. Sie bekommen ein besonderes Training für ihren Körper, Bewegungsabläufe und körperliche Präsenz geboten. Hier werden Hemmungen abgebaut und wird musikalisches Selbstbewusstsein aufgebaut. Zudem entwickeln sie eine musikalische Intelligenz und ein musikalisches Reflexionsvermögen, welches die eigene Singleistung und die Leistung der Gruppe betrifft. Sie werden innerhalb dieser Arbeit stark zum gemeinsamen Musizieren motiviert, da sie immer wieder Erfolgserlebnisse haben und ihr eigener Entwicklungsprozess transparent bleibt. Es gibt die Möglichkeit, immer wieder neue Angebote wahrzunehmen und sich selbst zu erarbeiten. Die Freude am Singen bleibt auch durch gemeinsame Konzerte erhalten. Zunehmend werden die Schülerinnen und Schüler musikalisch selbstständiger. Eventuell kann sogar in einzelnen Fällen darüber nachgedacht werden, ältere, gesangserfahrene Schülerinnen und Schüler als Experten für die Anfängerinnen und Anfänger einzusetzen. Dies wäre eine besondere Herausforderung für die älteren Schülerinnen und Schüler, von der die jüngeren Schülerinnen und Schüler sicherlich profitieren könnten.

4.4 Pädagogische Ziele/Nebeneffekte der Rahmenkonzeption

Wie bereits hinreichend festgestellt, bringen das gemeinsame Singen und der Gesang nicht immer nur einen primären, musikalischen Effekt mit sich, sondern auch zahlreiche Nebeneffekte, die ganz unterschiedlicher Natur sein können, aber besondere Wichtigkeit für die Ausführenden haben. Das gemeinsame Singen innerhalb der Singklasse oder innerhalb des Chores stärkt die **Gemeinschaft** und schenkt den Mitwirkenden ein **Zugehörigkeitsgefühl**. Dieses ist ein besonderes Ziel der Chorarbeit, denn wie bereits erwähnt bietet diese Arbeit ein Gegengewicht zur sonstigen, kognitiven Leistungsdimension. Hier geht es um ästhetische Bildung, um die Entwicklung einer sinnlichen Wahrnehmung und die Auseinandersetzung mit sich selbst. Ein herkömmliches Leistungsbewertungssystem ist hier nicht sinnvoll, zumal es auch darum gehen soll, **Integrationsarbeit** zu leisten. Unabhängig vom kulturellen, sozialen oder schulischen Leistungsstand sollen Schülerinnen und Schüler die Möglichkeit bekommen, sich musikalisch auszudrücken. Auch sollen sie die **gleichen Chancen für ihre musikalische Bildung** erhalten.

Immer wieder wird dem Singen von Expertenseite eine therapeutische und heilende Wirkung zugeschrieben. Durch das mehrmalige Singen in der Woche profitieren die Schülerinnen und Schüler auch von diesem Aspekt.

Eines der wichtigsten Sekundärmerkmale dieses gesangspädagogischen Konzeptes ist die **Förderung der Wahrnehmung und Schulung der Sinne und der Sensibilität**. Dieser Aspekt ist wesentlich an die Zieldimension des Projektes, „die ästhetische Bildung", gebunden. Durch die stetige Schulung der Sinne, also des Zuhörens, der Eigendiagnose und der Abgleichung der etablierten Singparameter, wird die Eigen- und Fremdwahrnehmung gefördert. Die Schülerinnen und Schüler entwickeln so eine große Sensibilität für das sinnlich Wahrnehmbare. Sie gelangen zu einer Reflexion des Selbst und auch des künstlerischen Gegenstandes und werden so zu ästhetisch Gebildeten.

Ein weiteres Ziel dieser Arbeit liegt wiederum auf der sozialen Ebene. Durch die starke Eigenständigkeit im Erarbeiten von neuen Stücken und die Zusammenarbeit der Schülerinnen und Schüler innerhalb der Gruppe gelangen die Schülerinnen und Schüler zu großem Selbstbewusstsein. Ebenso interessant wäre auch der Einsatz älterer Schülerinnen und Schüler als Experten für die Anfängerinnen und Anfänger. Hier gäbe es Perspektiven für ein musikalisches, kooperatives Lernen.

4.5   Methodisches Vorgehen

In den ersten beiden Jahren wird die Ward-Methode weitergeführt. Im ersten Jahr wird der Stand der Lernenden angeglichen. Hier müssen für die Warderfahrenen Schülerinnen und Schüler immer wieder Förderungsmöglichkeiten entwickelt werden.

So können sie zum Beispiel als Experten fungieren oder auch musiktheoretische Transferleistungen erbringen. Ebenso wäre denkbar, dass sie zusätzlichen Stimmbildungsunterricht erhielten, wenn die anderen Schülerinnen und Schüler die Ward-Lektion bekommen. Dies ist abhängig von der personalen Kapazität. Ein wesentlicher Bestandteil ist also die Arbeit nach der Ward-Methode. Zwei Mal wöchentlich erhalten die Kinder der fünften und sechsten Klasse eine 25-minütige Ward-Lektion. Zudem bekommen sie einmal wöchentlich Stimmbildungsunterricht in einer Kleingruppe. Das Chorsingen ist ein weiterer Bestandteil der Arbeit, der einmal wöchentlich, ebenso wie der reguläre Musikunterricht, stattfindet. Ab der Jahrgangsstufe sieben wirken die Schülerinnen und Schüler dann in den einzelnen Chorensembles mit. Parallel dazu kann ein Stimmbildungsunterricht in Kleingruppen angewählt werden, der jedoch zusätzlich zu finanzieren ist. Die Chor- und Ensemblearbeit steht ab der siebten Klasse im Vordergrund. In der Oberstufe ist dies auf ein höheres Niveau zu bringen. Hier sollte ein Oberstufenensemble oder ein Kammerchor gegründet werden.

4.6   Finanzierung

Innerhalb der Jahrgangsstufen fünf und sechs sind die Ward-Lektion sowie das Chorsingen ein kostenfreies Angebot der Schule. Lediglich für die Stimmbildungseinheit ist von den Eltern eine Pauschale in Höhe von 20 Euro im Monat zu entrichten. Eltern, die finanzielle, soziale Unterstützung erhalten, müssen diese Pauschale nicht entrichten. Hierfür sollten Sponsoren oder Fördervereine der Schule aufkommen.

4.7   Konzerte und Auftritte

Die Motivation von Konzerten und Auftritten sollte nicht unterschätzt werden. Für Schülerinnen und Schüler ist es von enormer Wichtigkeit, dass sie das Erarbeitete ihren Angehörigen präsentieren dürfen. Aus diesem Grunde sollten zwei Mal im Jahr Chorkonzerte stattfinden, die die gesamte Sing- und Chorarbeit an der Schule präsentieren. Die Chorlehrkraft sollte darüber hinaus Wert darauf legen, den Schulchor oder die Stimmensembles zu wichtigen schulischen Anlässen auftreten zu lassen. Dies schult auch die Disziplin innerhalb des Chores und stärkt das Selbstbewusstsein der Schülerinnen und Schüler.

4.8   Singende Schule/Ehemaligenarbeit

Diese Konzeption bietet den Schülerinnen und Schülern der Schule ein umfassendes Chor- und Singangebot. Ebenso sind die Schülerinnen und Schüler als Ehemalige in Kammerchor, Schulchor und Oberstufenensemble willkommen. Dies gilt auch für Lehrerinnen, Lehrer und Eltern. Auf diese Weise findet ein generationenübergreifendes Singen statt, welches von sehr hoher musikalischer Qualität sein kann.

4.9   Zusammenfassung der Rahmenkonzeption

Innerhalb der Schule ist das gezielte Singen, welches auf ein Konzept gegründet ist, ein wesentliches Mittel, um ästhetische Bildungspotentiale anzuregen. Wichtige Eckpfeiler dieser Rahmenkonzeption sind die fundierte sängerische Grundmusikalisierung durch die Ward-Methode und die Etablierung der Singparameter. Diese Basis ist für die Schülerinnen und Schüler grundlegend. Von enormer Wichtigkeit ist zudem, dass die Schülerinnen und Schüler von Beginn an in einer Gemeinschaft, zum Beispiel einem Chor, musizieren. Auf diese Weise können sie mit ihren eigenen Fähigkeiten die Gemeinschaft bereichern und werden durch die Fähigkeiten der Gemeinschaft getragen. Ebenso wichtig sind dann auch die gemeinsamen Konzerte und Auftritte, die das Selbstbewusstsein der Schülerinnen und Schüler stärken und ihnen vor Augen führen, zu welcher musikalischen Leistungsfähigkeit sie unabhängig von ihrem sozialen und kulturellen Hintergrund fähig sind. Die Schülerinnen und Schüler engagieren sich für „das Andere der Schule". Jenseits von standardisierten Leistungskompetenzen lernen sie etwas, das ihr ganzes Leben bereichert.

Literatur

Adamek, Karl: Singen als Lebenshilfe, Münster 1996

Agricola, Johann-Friedrich: Anleitung zur Singkunst. Aus dem Italienischen des Herren Peter Franz Tosi, Mitglieds der philharmonischen Akademie mit Erläuterungen und Zusätzen von Johann-Friedrich Agricola, Berlin 1757

Auerbacher, Hanna: Stimmen bilden. Leben mit neuer Vokalmusik. In: Musik und Kirche, 09/10 2011, Nr. 5, S. 342-349

Barz, Heiner, Kosubek; Tanja: Begleitforschung zu „Jedem Kind seine Stimme". Ein Projekt der Musikschule der Stadt Neuss in Kooperation mit Neusser Grundschulen, Evaluationsbericht, Februar 2011

Bastian, Hans-Günther: „Ohne Musik ist die Schule ein Irrtum". Nachdenken über Humanisierungspotenziale von Musik(erziehung). In: Bastian, Hans Günther; Kreutz, Gunter (Hrsg.): Musik und Humanität, Mainz 2003, S. 73-88

Berend, Joachim-Ernst: Nada Brahma – die Welt ist Klang, Frankfurt a.M. 1983

Biehle, Herbert: Die Stimmkunst. Bd. 1: Geschichtliche Grundlagen. Leipzig 1931

Biehle, Herbert: Die Stimmkunst, Bd. 2: Ästhetische Grundlagen, Leipzig 1932

Biermann, Kirsten: Musikbezogene Erfahrungen durch Singen in allgemeinbildenden Schulen der DDR. Eine Untersuchung im Hinblick auf die weltanschauliche Beeinflussung. In: Fröde, Bernd; Jank, Birgit (Hrsg.): 10 Jahre danach – Sichten auf die schulische Musikpädagogik in der DDR. Probleme – Impulse – Initiativen (Musikwissenschaft, Musikpädagogik in der Blauen Eule, 45), Essen 2002, S. 153-185

Bilstein, Johannes; Liebau, Eckart: Einleitung. In: Liebau, Eckart; Peskoller, Helga; Wulf, Christoph (Hrsg.): Natur. Pädagogisch-anthropologische Perspektiven. Weinheim, Basel, Berlin 2003, S. 9-26

Bilstein, Johannes; Peskoller, Helga (Hrsg.): Erfahrung – Erfahrungen, Wiesbaden 2013

Bittner, Günther: Erscheinungsleib, Werkzeugleib, Sinnenleib. Zur Ästhetik kindlichen Leiberlebens. In: Duncker, Ludwig (Hrsg.): Kindliche Phantasie und ästhetische Erfahrung. Langenau/Ulm 1990, S. 63-78

Bittner, Günther: Tiefenpsychologie und Kleinkinderziehung, Paderborn 1979

Brandt, Gisbert: Die Ward-Methode. Ein systematischer und lebendiger Weg zur Musik. In: Musica Sacra. Zeitschrift für katholische Kirchenmusik, 125. Jg., 2005, Heft 5, S. 26-28

Bücher, Karl: Arbeit und Rhythmus, Leipzig 1924

Canacakis, Jorgos: Trauerverarbeitung im Trauerritual. Psychologische Felduntersuchung zur psychohygienischen Wirksamkeit der Totenklagen (Moiroloja) in Mani, Griechenland. Dissertation an der Universität Essen 1982

Cerone, Pietro: El melopeo y maestro, Neapel 1613

Chatwin, Bruce: Traumpfade. The Songlines. Roman. Aus dem Englischen von Anna Kamp, München 1990

Dietrich, Cornelie: Wozu in Tönen denken. Musik im Diskurs, Band 13, Kassel 1998

Daucher, Hans: Zum Legitimationsproblem der ästhetischen Erziehung. In: Kraemer, Rudolf-Dieter (Hrsg.): Musik und Bildende Kunst, Essen 1990, S. 17-30

Dümling, Albrecht: Fremd- oder selbstbestimmtes Musizieren? Musik im KZ. In: Musik und Ästhetik, 7. Jahrgang, Heft 28, Hrsg.: Holtmeier, Ludwig; Klein, Richard; Mahnkopf, Claus-Steffen, Stuttgart 2003

Ehrenforth, Karl-Heinz: Verstehen und Nichtverstehen – Erfahrungen an einer Grenze. In: Niermann, Franz (Hrsg.): Erlebnis und Erfahrung im Prozess des Musiklernens. (Fest-)Schrift für Christoph Richter. Augsburg 1999, S. 70-81

Elmiger, Christina: Die Bedeutung der Stimme im Umgang mit körperlich und geistig behinderten Kindern. In: Hefele, Michaela; Yemen-Dzakis, Mirka: Jedes Kind kann singen. Stimmbildung in Kindergarten und Grundschule, Kassel 2006, S. 123-125

Faulstich, Gerhard: Singen lehren – singen lernen: Grundlagen für die Praxis des Gesangsunterrichtes, Augsburg 1997

Fischer-Meyenberg, Hermann: Stimme und Gesang. Handbuch der Gesangsdidaktik, Wilhelmshafen 2005

Franke, Annette: Aktuelle Konzeptionen der Ästhetischen Erziehung, München 2007

Freud, Anna; Burlingham, Dorothy: Heimatlose Kinder, Frankfurt/Main 1971

Fröde, Bernd; Jank, Birgit (Hrsg.): 10 Jahre danach – Sichten auf die schulische Musikpädagogik in der DDR. Probleme – Impulse – Initiativen (Musikwissenschaft, Musikpädagogik in der Blauen Eule, 45), Essen 2002

Geering, Arnold: Gesangspädagogik. In: Die Musik in Geschichte und Gegenwart, Band 4, Kassel 1955

Gembris, Heiner; Kraemer, Rudolf-Dieter; Maas, Georg (Hrsg.): Singen als Gegenstand der Grundlagenforschung. In: Musikpädagogische Forschungsberichte 1996, Augsburg: Wißner. Forum Musikpädagogik Bd. 27, S. 257-266

Gläser, Jochen; Laudel, Grit: Experteninterviews und qualitative Inhaltsanalyse, 4. Auflage, Wiesbaden 2010

Goldschmidt, Hugo: Die italienische Gesangsmethode des 17. Jh., 1890

Goldschmidt, Hugo: Handbuch der deutschen Gesangspädagogik, I. Teil: Das erste Studienjahr, Leipzig 1896

Göpfert, Bernd: Handbuch der Gesangskunst, Wilhelmshaven 1988/1991

Gruhn, Wilfried: Geschichte der Musikerziehung. Eine Kultur- und Sozialgeschichte vom Gesangsunterricht der Aufklärungspädagogik zu ästhetisch-kultureller Bildung, 2., überarbeitete und erweiterte Auflage, Hofheim 2003

Grün, Anselm: Chorgebet und Kontemplation, Münsterschwarzach 1989

Habermann, Günther: Stimme und Sprache. Stuttgart 1986

Haeflinger, Ernst: Die Singstimme, Bern 1983

Haiker, Friedrich: Aussehen und Beliebtheitsgrad in der Volksschule. Psychologische Rundschau 1949/1950

Hänsgen, Daniel: Klassenmusizieren und Musizieren in Arbeitsgemeinschaften an der allgemein bildenden Schule, Norderstedt 2006

Hanslick, Eduard: Vom Musikalisch Schönen, Leipzig 1/1854

Hentig, Hartmut von: Bildung. Ein Essay, München, Wien 1996

Hentig, Hartmut von: Das Leben mit der Aisthesis. In: Ders.: Systemzwang und Selbstbestimmung. Über die Bedingung der Gesamtschule in der Industriegesellschaft, 3. Auflage, Stuttgart 1970 (1968)

Herzfeld, Friedrich: Magie der Stimme, Berlin 1961

Heygster, Malte: Was ich gespürt habe, kann ich auch verstehen. Die sinnliche Intelligenz der relativen Solmisation. In: Musica Sacra. Zeitschrift für katholische Kirchenmusik, 125. Jg., 2005, Heft 5, S. 23-25

Humboldt, Wilhelm von: Briefe. Auswahl von W. Rößle, München 1952

Humboldt, Wilhelm von: Theorie der Bildung des Menschen (1793, 1794). In: Humboldt, Werke in 5 Bänden, Bd. I.

Humboldt, Wilhelm von: Wie weit darf sich die Sorgfalt des Staates um das Wohl seiner Bürger erstrecken? In: Ders.: Bildung und Sprache. Eine Auswahl aus seinen Schriften, besorgt von C. Menze, Paderborn 1959, S. 131-169

Jank, Birgit; Vogt, Jürgen: Dokumentation Erziehungswissenschaft, Schriften aus dem Fachbereich 06 der Universität Hamburg, Heft 13/1998

Jank, Birgit: Wozu das Singen da ist ... – Überlegungen zum Gesang – nicht nur im Musikunterricht. In: Musikforum, Themenheft Stimmen, Heft 4/2006, Schott Musik International, Mainz, 2006, S. 8-11

Jauss, Hans Robert: Ästhetische Erfahrung und literarische Hermeneutik. Frankfurt/M. 1991

Kaiser, Hermann Josef: Meine Erfahrung – Deine Erfahrung?! Oder: Die grundlagentheoretische Frage nach der Mitteilbarkeit musikalischer Erfahrung. In: Ders. (Hrsg.): Musikalische Erfahrung: Wahrnehmen – Erkennen – Aneignen. Musikpädagogische Forschung, Bd. 13. Essen 1992, S. 100-113

Klausmeier, Friedrich: Belcanto oder Pop. Zwei Arten des Singens, Augsburg 1999

Klusen, Ernst: Singen. Materialien zu einer Theorie, Regensburg 1989

Klusen, Ernst: Zur Situation des Singens in der Bundesrepublik Deutschland. 2 Bände. (Musikalische Volkskunde – Materialien und Analysen, IV) Köln 1974

Knoll, Reinhard: Vorwort. In: Singen in der Grundschule. Tagungsdokumentation, Hrsg.: Stadt Neuss, der Bürgermeister, Musikschule, Reinhard Knoll, Redaktion: Dr. Annekatrin Schaller 1. Auflage Oktober 2009, Neuss 2009, S. 8-11

Kosubek, Tanja; Barz, Heiner: Auszug aus dem Gesamtbericht: Evaluation des Projekts „Jedem Kind seine Stimme" (JeKiSti) der Musikschule der Stadt Neuss in Kooperation mit Neusser Grundschulen, Zwischenbericht zur qualitativen Ersterhebung Juli 2009, Düsseldorf 2010

Kraemer, Rudolf-Dieter: Musikpädagogik – eine Einführung in das Studium. Forum Musikpädagogik Band 55, Augsburg 2004

Krakauer, Peter Maria; Khittl, Christoph; Mittendorfer, Monika (Hrsg.): Der Diskurs des Möglichen. Musik zwischen Kunst, Wissenschaft und Pädagogik. Festschrift für Wolfgang Roscher zum 70. Geburtstag, Anif/Salzburg 1999

Kranefeld, Ulrike; Krause, Martina: Vom Sinn des Singens – Rekonstruktion von Begründungszusammenhängen. In: Greuel, Thomas, Kranefeld, Ulrike, Szczepaniak, Elke (Hrsg.): Singen und Lernen – Perspektiven auf schulische und außerschulische Vokalpraxis, Aachen 2011, S. 119-138

Kuckartz, Udo; Dresing, Thorsten; Rädiker, Stefan; Stefer, Claus: Qualitative Evaluation. Der Einstieg in die Praxis, 2., aktualisierte Auflage, Wiesbaden 2007

Lacan, Jacques: Das Spiegelstadium als Bildner der Ich-Funktion. In: Ders., Schriften I, Olten 1973, S. 61-70

Lehrmann-Wermser, Andreas; Niessen, Anne (Hrsg.): Aspekte des Singens. Ein Studienbuch, Augsburg 2008

Lemmermann, Heinz: Musikunterricht, 2. Auflage, Bad Heilbrunn 1978

Liebau, Eckart: Braucht die Pädagogik ein Menschenbild? In: Bizer, Christoph (Hrsg.): Menschenbilder im Umbruch. Jahrbuch der Religionspädagogik 20, Neukirchen-Vluyn 2004, S. 123-135

Liebau, Eckart: „Kulturelles Lernen", Vortrag Fachgespräch zur ästhetischen Bildung, 4. Dezember 2006, Akademie Schloss Rotenfels

Liebau, Eckart: Paradoxien des Unnützen. In: Bilstein, Johannes; Dornberg, Bettina; Kneip, Winfried (Hrsg.): Curriculum des Unabwägbaren, Oberhausen 2007a

Liebau, Eckart; Zirfas, Jörg: Schönheit. Traum – Kunst – Bildung, Bielefeld 2007b

Liebau, Eckart; Klepacki, Leopold; Zirfas, Jörg: Theatrale Bildung. Theaterpädagogische Grundlagen und kulturpädagogische Perspektiven für die Schule, Weinheim und München 2009

Lothwesen, Kai; Müllensiefen, Daniel: Vom Castingshow-Teilnehmer zum Star? Empirische Befunde zu den Urteilskategorien jugendlicher Musikhörer. In: Diskussion Musikpädagogik, 23, S. 11-21

Lutschewitz, Martin: Das Lied der Soldaten der Bundeswehr. Warum und wie wird in der Bundeswehr gesungen? In: Schriftenreihe der Bundeszentrale für politische Bildung, Heft 76: Das Politische im Lied. Politische Momente in der Leidpflege und Musikerziehung, Bonn 1967, S. 51-58

Mahlert, Ulrich; Krause-Pichler, Adelheid (Hrsg.): Über ästhetische Bildung und ihre Funktion, Schriftenreihe des Deutschen Tonkünstlerverbandes Berlin, Band 2, Regensburg 2004

Mannstein, Heinrich Ferdinand: Das System der großen Gesangsschule des Bernacchi von Bologna. Dresden/Leipzig1834. Geschichte, Geist und Ausübung des Gesanges, Leipzig 1845

Mass, Georg: Methoden des Musikunterrichts an allgemeinbildenden Schulen (historisch) – 4. Musizieren im Unterricht. In: Helms, Siegmund; Schneider, Reinhard; Weber, Rudolf: Kompendium der Musikpädagogik, Kassel 1995, S.165-169

Mathelitsch, Leopold; Friedrich, Gerhard: Die Stimme. Instrument für Sprache, Gesang und Gefühl, Heidelberg 1995

Matthies, Klaus; Polzin, Manfred; Schmitt, Rudolf (Hrsg.): Ästhetische Erziehung in der Grundschule, Frankfurt 1987, Arbeitskreis Grundschule, Band 69

Mayring, Philipp: Qualitative Inhaltsanalyse. Grundlagen und Techniken, Weinheim 2007

Morgan, Marlo: Traumfänger, München 1995

Müller, Edmund Joseph: Ziele und Wege der Musikerziehung in den höheren Mädchenschulen. In: Völkische Musikerziehung, 1934/35, Jg. 1, Heft 11, S. 442-450

Niermann, Franz (Hrsg.): Erlebnis und Erfahrung im Prozess des Musiklernens. (Fest-)Schrift für Christoph Richter. Augsburg 1999

Niessen, Anne: „Die Lieder waren die eigentlichen Verführer!". Mädchen und Musik im Nationalsozialismus, Mainz 1999

Niessen, Anne: Individualkonzepte von Musiklehrern (= Theorie und Praxis der Musikvermittlung, 6). Berlin 2006

Niessen, Anne: Anmerkungen zum Singen aus sozialisationstheoretischer Perspektive. In: Lehrmann-Wermser Andreas; Niessen, Anne (Hrsg.): Aspekte des Singens. Ein Studienbuch, Augsburg 2008, S. 35-49

Nimczik, Ortwin: Gedanken zum Singen in der Schule. In: Musik & Bildung 3/2002, S. 4-6

Nolte, Eckhard: Musikpädagogik. Forschung und Lehre, Band 3, Lehrpläne und Richtlinien für den schulischen Musikunterricht in Deutschland vom Beginn des 19. Jahrhunderts bis in die Gegenwart, Mainz 1975

Nolte, Eckhard: Die Musik im Verständnis der Musikpädagogik des 19. Jahrhunderts, Paderborn 1982

Oliver, Paul: Die Story des Blues. Worksongs, Ragtime, Rhythm and Blues, Hamburg 1978

Otto, Gunter: Schule und Ästhetik sind kein Widerspruch. Gegen Klaus Mollenhauers „pädagogische Kiste". In: Otto, Gunter: Lehren und Lernen zwischen Didaktik und Ästhetik. Bd. 1: Ästhetische Erfahrung und Lernen, 1998, S. 93-108

Otto, Gunter: Über die Veränderung des Lernens durch ästhetische Erfahrung als Beitrag zur (ästhetischen) Bildung. In: Krakauer, Peter Maria; Khittl, Christoph; Mittendorfer, Monika (Hrsg.): Der Diskurs des Möglichen. Musik zwischen Kunst, Wissenschaft und Pädagogik. Festschrift für Wolfgang Roscher zum 70. Geburtstag, Anif/Salzburg 1999, S. 349-361

Pachner, Rainer: Vokalpädagogik. Theorie und Praxis des Singens mit Kindern und Jugendlichen, Kassel 2001

Petersen, Anna: Unterricht im Takt. In: Begegnung. Deutsche Schulische Arbeit im Ausland, 33. Jahrgang, 03/2012, Bremen 2012

Pezenburg, Michael: Stimmbildung. Wissenschaftliche Grundlagen – Didaktik – Methodik, Augsburg 2007

Picht, Georg: Kunst und Mythos, Stuttgart 1986

Praetorius, Michael: Syntagma musicum, Tom. III, Wolfenbüttel 1619

Publius ovidius naso: Orpheus und Eurydice. Metamorphosen. Hrsg. und übers. von Gerhard Fink, Sammlung Tusculum. Artemis & Winkler, Zürich 2004

Quiring-Perl, Angelika: Grußwort. In: Singen in der Schule. Tagungsdokumentation, Hrsg.: Stadt Neuss, der Bürgermeister, Musikschule, Reinhard Knoll, Redaktion: Dr. Annekatrin Schaller, 1. Auflage Oktober 2009, Neuss 2009, S. 6-7

Reichold, Anne: Die vergessene Leiblichkeit. Zur Rolle des Körpers in ontologischen und ethischen Persontheorien, Paderborn 2004

Reinfandt, Karl-Heinz: Warum singen wir im Musikunterricht? Umrisse einer künftigen Singedidaktik. In: Wulf Dieter Lugert; Volker Schütz (Hrsg.): Aspekte gegenwärtiger Musikpädagogik. Ein Fach im Umbruch, Stuttgart 1991, S. 149-158

Richter, Christoph: Erfahrung. In: Hopf, Helmut; Heise, Walter; Helms, Siegmund (Hrsg.): Lexikon der Musikpädagogik. Regensburg 1984

Richtlinien und Lehrpläne für die Sekundarstufe II– Gymnasium/Gesamtschule in Nordrhein-Westfalen, Musik, hg. v. Ministerium für Schule und Weiterbildung, Wissenschaft und Forschung des Landes Nordrhein-Westfalen, Frechen 1999

Riesch, Annelise: Lebendige Stimme. Stimmbildung für Sprache und Gesang, Mainz 2008

Rolle, Christian: Was heißt „ästhetische Erfahrung"? Annäherung an einen Grundbegriff der Ästhetik in musikdidaktischer Absicht. In: Jank, Birgit; Vogt, Jürgen: Dokumentation Erziehungswissenschaft, Schriften aus dem Fachbereich 06 der Universität Hamburg, Heft 13/1998, S. 187-217

Rolle, Christian: Musikalisch-ästhetische Bildung. Über die Bedeutung ästhetischer Erfahrung für musikalische Bildungsprozesse, Kassel 1999

Rossetto, Marieddy: Dokumentation „SingPause. Singen an Düsseldorfer Grundschulen", Düsseldorf 2006

Schwabe, Christoph: Aktive Gruppenmusiktherapie für erwachsene Patienten. Stuttgart 1983

Schatt, Peter W.: Stimm-Bildung als Enkulturation. Zur Didaktik in einer pluralen Kultur. In: Stimme, herausgegeben vom Institut für Neue Musik und Musikerziehung Darmstadt, Mainz 2003, S. 203-215

Schatt, Peter W.: Einführung in die Musikpädagogik, Darmstadt 2007

Schiller, Friedrich: Über die ästhetische Erziehung des Menschen, Reclam, München 2006

Schmitt, Rudolf: Das Zusammenspiel von Kognition und Emotion in der ästhetischen Erziehung. In: Matthies, Klaus; Polzin, Manfred; Schmitt, Rudolf (Hrsg.):

Ästhetische Erziehung in der Grundschule, Frankfurt 1987, Arbeitskreis Grundschule, Band 69, S. 5-44

Schoenmakers, Henri; Studt, André: Theater in der Schule. Der Traum von der Bildung zur Schönheit oder die Schönheit der Bildung als Traum. In: Liebau, Eckart; Zirfas, Jörg: Schönheit. Traum – Kunst – Bildung, Bielefeld 2007, S. 35-60

Schwarz, Christian: Erziehlehre, 2. Auflage, Band 3, Leipzig 1829

Seel, Martin: Das Glück der Form. In: Liebau, Eckart; Zirfas, Jörg: Schönheit. Traum – Kunst – Bildung, Bielefeld 2007, S. 17-32

Seitz, Hanne: In Bewegung – Ereignisfeld für ästhetische Erfahrung. In: Bilstein, Johannes; Peskoller, Helga (Hrsg.): Erfahrung – Erfahrungen, Wiesbaden 2013, S. 143-158

Selle, Gert: Experiment Ästhetische Bildung, Reinbek 1990

Sittner, Emmie: Wege zum Kunstgesang, Wien 1968

Staudte, Adelheid: Ästhetische Bildung oder Ästhetische Erziehung? In: Zacharias, Wolfgang: Schöne Aussichten? Ästhetische Bildung in einer technischmedialen Welt, Essen 1991, S. 11-27

Suppan, Wolfgang: Der musizierende Mensch. Eine Anthropologie der Musik, Mainz 1984

Tesarek, Leopold: Kleine Kulturgeschichte der Singstimme von der Antike bis heute, Wien 1997

Trebels, Gertrud; Riehm, Annette: 1986-2011. Kölner Domsingschule. Erzbischöfliche Grundschule für Jungen und Mädchen. Festschrift zum 25-jährigen Bestehen, Köln 2011

Ulrich, Bernhard: Über die Grundsätze der Stimmbildung während der Acapella-Periode und zur Zeit des Aufkommens der Oper (1474-1640), Leipzig 1910

Velthaus, Gerhard: Bildung als ästhetische Erziehung, Bad Heilbronn 2002

Wallbaum, Christoph: Zur ästhetisch-kulturellen Bildung mit Stimme. In: Lehrmann-Wermser, Anderas; Niessen, Anne (Hrsg.): Aspekte des Singens. Ein Studienbuch, Augsburg 2008, S. 93-110

Wehmeyer, Simone: Singen in der allgemeinbildenden Schule – Musikalische und soziale Erfahrungen am Beispiel des Musicalprojektes Tabaluga und Lilli, Norderstedt 2007

Winzen, Matthias: Eine eigene Form der Wissenschaft: Kunst. In: Bilstein, Johannes u.a. (Hrsg.): Curriculum des Unwägbaren. Ästhetische Bildung im Kontext von Schule und Kultur. Oberhausen 2007, S. 133-156

Internetquellen

http://www.bdg-online.org/index.php?art_id=default1, 26.06.2012, 16:37 Uhr

http://www.deutsche-chorjugend.de/positionen/, 29.12.2012, 11:56 Uhr

http://www.essen-fuer-das-ruhrgebiet.ruhr2010.de/sing/programm/sing-day-of-song.html, 04.01.2013, 13:35 Uhr

http://www.gymnasium-wk.de/chorklasse, 06.01.2013, 16:08 Uhr

http://gutenberg.spiegel.de/buch/1822/: Homer: Odyssee. In: Projekt Gutenberg-de, 23.06.2011, 14:39 Uhr

http://www.koelner-dommusik.de/index.php/de/musikschule/instrumentalunterricht, 17.09.2012, 16:40 Uhr

http://www.ku.de/ppf/musik/musikpaedagogik/forschung/chorsingen-in-deutschland, 28.12.2012, 11:40 Uhr

http://www.ku.de/presse/pi/einzelansicht/article/mehr-als-nur-musik-studie-zum-chorsingen-in-deutschland/, 28.12.12, 12:05 Uhr

http://www.paedagogik.phil.uni-erlangen.de/mitarbeiter/liebau/Kunst-der-Schule.pdf: Liebau, Eckart: Die Kunst der Schule, Essen, 12.10. 2007, 13.01.2013, 15:30 Uhr

http://www.muenster.de/stadt/musikschule/jekiss_projekt.html, 30.05.2012, 12:50 Uhr

http://muellerschmied.de/Solmisation.pdf, Müller Schmied, Martin: Solmisation im Klassenunterricht mit der Musikbuchreihe „Musik im Klassenunterricht, Georgenthal,03.08.2011, 12:33 Uhr

http://www.nmz.de/artikel/die-situation-der-chormusik-heute, 20.01.2013, 13:51 Uhr

http://www.stimmbildung.com/,06.05.2011, 14:40 Uhr

http://www.welt.de/fernsehen/article13443763/Menschen-den-Augen-zum-Frass-vorgeworfen.html, 15.01.2013, 21:42 Uhr

http://www.zfkm.org/12-vogt.pdf, Vogt, Jürgen: Musikalische Bildung – ein lexikalischer Versuch. In: Zeitschrift für Kritische Musikpädagogik (ZfKM) In Verbindung elektronischer Artikel, 27.09.2012, 16:50 Uhr

Filmmaterial

JeKiSti: http://www.youtube.com/watch?v=RBnS1fB0ufk, 30.01.2013, 12:46 Uhr

Das singende, klingende Bäumchen, Märchenverfilmung unter der Regie von Francesco Stefani, Drehbuch Anne Geelhaar, nach Motiven der Brüder Grimm, Filmdaten: Originaltitel: Das singende, klingende Bäumchen, Produktionsland: DDR, Originalsprache: Deutsch, Erscheinungsjahr: 1957, Länge: 73 Minuten, Regie: Francesco Stefani, Drehbuch: Anne Geelhaar nach Motiven der Brüder Grimm

Andreas Lehmann-Wermser,
Martina Kraus-Benz (Hrsg.)

Musiklehrer(-Bildung) im Fokus musikpädagogischer Forschung

2013, 148 Seiten, br., 29,90 €
ISBN 978-3-8309-2966-6

Wenn der Musikunterricht sich in einer rasch wandelnden Schule weiterentwickeln und neue Aufgaben und Herausforderungen meistern soll, dann ist ein besseres Verständnis der Unterrichtsprozesse und mehr Aufmerksamkeit für die Professionalisierung notwendig. Die Jahrestagung 2012 des Arbeitskreises Musikpädagogische Forschung hat sich deshalb dieser Thematik angenommen. Die Beiträge beleuchten unterschiedliche Aspekte der Musiklehrerbildung sowie der Musiklehrertätigkeit in Schule und Musikschule.